英文法授業ノート
Grammar Notebook

北村孝一郎＝著　Koichiro Kitamura

神田外語大学出版局

はじめに

　『英文法授業ノート（Grammar Notebook）』は、中学や高校で学んだ英文法の知識を再確認しつつ、これから英語でコミュニケーションをとる能力を高めていくための基礎を築くことを目的としたワークシート形式のテキストです。

　ここで言うコミュニケーション能力とは、単に英会話力だけでなく、グループワークやディスカッションにおいて相手の意見を聞いて自分の考えを端的に発信したり、プレゼンテーションやディベートの準備あるいはレポート作成のための情報収集において、アカデミックな文章を読んで考えをまとめて発表したりする力も含まれます。いずれの活動においても、言語を正確に理解して運用するためには文法の知識は欠かせません。

　学習者としては間違えることを恐れずに英語を使ってコミュニケーションを持続させるスキルも大切ですが、その場しのぎの英語で何とか切り抜けていくより、文法をしっかり学び表現を豊かにしていくことで、より深くコミュニケーションをとり、もっと自由に楽しく英語を使うことができたら素敵なことではないでしょうか。

　本書は、このようなコミュニケーションのための英文法の学習を支援するテキストです。タイトルに「授業ノート」とある通り、英文法を一から学ぶ参考書というよりは、教室での「授業」における板書や解説を学習者が自分でまとめた「ノート」をイメージした構成となっています。そのため読み物としてではなく、授業で板書をノートに書き写すように手を動かしながら要点を確認し、例文とそれぞれ横に添えてあるワンポイント解説に目を通しながら英文を空欄に書き込んで完成させていくワークシートとして活用してください。

　これまでの英語の授業でがんばってノートをとってきたものの、いつの間にかノートが複数冊になり、また教わる先生によって板書やプリント、解説の仕方も変わってくるため、すべての文法項目をまとめたノートを持っているという人は少ないのではないでしょうか。本書は、神田外語大学にて開講されている英語科目 Basic English Ⅰ・Ⅱ にて実際に使用している「ハンドアウト〜英文法編〜」を１冊のノートに見立てたものです。これから英語を使っていろいろなことにチャレンジしていこうとするみなさんに、基本となる文法の知識を確認し、実際のコミュニケーションの中で応用していけるように練習するためのノートとして役立てていただければ幸いです。

　２０１８年７月

　　　　　　　　　　　　　　　　　　　　　　　　　　　　　　　　　　　北村孝一郎

本書の使い方

　中学校・高校の授業で扱われる英文法の中で主だった２７項目を、さらに項目によっていくつかに分けて１０８のシートで取り上げています。文法項目の順序については、神田外語大学で開講されている英語科目 Basic English Ⅰ・Ⅱのシラバスに合わせていますが、自分の興味のある項目や授業で扱われている項目などを優先して取り組むこともできます。ただし、後の方にある項目では、それまでの項目で扱った内容を踏まえた説明や前出の形式を応用した例文が含まれることがありますので、全項目をまとめて学習するのであれば最初のページから順に進めていきましょう。

　構成は、１つの項目に見開きで２ページ、左ページの説明／右ページの練習用シートから成り、それぞれ［ 要点 ］・［ 例文 ］・［ ワンポイント解説 ］の大きく３つのパートに分かれています。なお、一部［ 要点 ］、［ 例文 ］のみを取り上げているシートもあります。

※ 左ページの説明シート

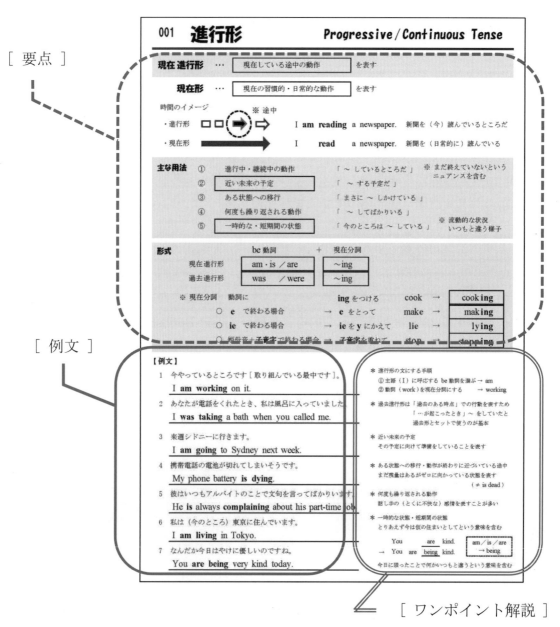

－ iv －

[要点]　授業での「板書」をイメージして書かれており、文法項目の重要なポイントを簡潔にまとめてあります。

　鍵となる情報については、右ページの練習用シートに空欄を設けてありますので、書き込みながら基本を1つ1つ確認して進めてください。要点だけ見てもよくわからない場合は、英文法の参考書等で適宜詳しい解説を読み直すようにしましょう。

[例文]　それぞれの文法形式で表すことのできる基本文として、アカデミックな内容や試験対策に特化した英文ではなく、汎用性の高いものを掲載しています。

　読んで理解するだけで済ませず、右ページの練習用シートに英文を書き、それを使えるようになるまで練習してください。さらに例文の一部（主語・動詞・目的語など）を書き換え自分自身や身の回りの事を表す内容にして、自分だけのオリジナルの台詞をつくっていきましょう。

※ 右ページの
　　練習用シート

【英作文】
6　私は（今のところ）東京に住んでいます。

_____

　　　　例文通り　I'm living in Tokyo.
　　　　　　→　I'm living in Makuhari.
　　　　　　　→　I'm staying with my sister （until I find an apartment）.

[ワンポイント解説]　それぞれの例文について授業でよく質問される点を中心に解説をメモ書きしてあります。

　文の構造・形式についての補足説明だけでなく、類似表現や微妙な意味の違いが生じる表現、間違えやすい用法の注意点など、様々な情報を添えています。なお、本書での説明は言語学的な厳密性よりも学習向けに実用に則したものとなっています。

　実際のコミュニケーションでは、あるいは英語の授業においてでさえ、失礼があったり誤解を招いたりするような重大な場面を除いては、英語を話している際に相手から文法の誤りを指摘されることはそう多くありません。普段の生活の中で英語を話す機会の多い人や長年英語を使って仕事をしている人でも、自分の英語の正確さを意識して修正することはあまりないものです。細かいミスに気を取られずにコミュニケーションをとれることも大切ですが、気づかないまま間違った文法形式を一生使い続けていくことにならないよう、流暢さだけでなく正確さを高める学習の機会も大切にして取り組んでいきましょう。

目次

PP.											
2 – 3	進行形	①									
4 – 15	助動詞	①	②	③	④	⑤	⑥				
16 – 31	不定詞	①	②	③	④	⑤	⑥	⑦	⑧		
32 – 41	動名詞	①	②	③	④	⑤					
42 – 53	名詞	①	②	③	④	⑤	⑥				
54 – 55	冠詞	①									
56 – 73	比較	①	②	③	④	⑤	⑥	⑦	⑧	⑨	
74 – 79	形容詞	①	②	③							
80 – 89	副詞	①	②	③	④	⑤					
90 – 95	動詞	①	②	③							
96 – 101	受動態	①	②	③							
102 – 109	文型	①	②	③	④						
110 – 111	原形不定詞	①									
112 – 123	完了形	①	②	③	④	⑤	⑥				
124 – 125	時制の一致	①									
126 – 137	分詞	①	②	③	④	⑤	⑥				
138 – 147	分詞構文	①	②	③	④	⑤					
148 – 159	関係詞	①	②	③	④	⑤	⑥				
160 – 163	接続詞	①	②								
164 – 173	否定文	①	②	③	④	⑤					
174 – 181	疑問文	①	②	③	④						
182 – 185	付加疑問	①	②								
186 – 189	話法	①	②								
190 – 195	仮定法	①	②	③							
196 – 203	代名詞	①	②	③	④						
204 – 209	数詞	①	②	③							
210 – 217	前置詞	①	②	③	④						

※ 学習を終えた項目の番号を塗りつぶして進捗を「見える化」しましょう ① ② → ● ②

英文法授業ノート

001 進行形　　Progressive/Continuous Tense

現在進行形 … 現在している途中の動作 を表す

現在形 … 現在の習慣的・日常的な動作 を表す

時間のイメージ　　　　※ 途中
- 進行形　□□▶▷　　I **am reading** a newspaper.　新聞を（今）読んでいるところだ
- 現在形　━━━▶　　I **read** a newspaper.　新聞を（日常的に）読んでいる

主な用法
① 進行中・継続中の動作　　「 ～ しているところだ 」　※ まだ終えていないというニュアンスを含む
② 近い未来の予定　　「 ～ する予定だ 」
③ ある状態への移行　　「 まさに ～ しかけている 」
④ 何度も繰り返される動作　　「 ～ してばかりいる 」
⑤ 一時的な・短期間の状態　　「 今のところは ～ している 」　※ 流動的な状況　いつもと違う様子

形式　　be動詞　＋　現在分詞

	be動詞	現在分詞
現在進行形	am・is / are	～ing
過去進行形	was / were	～ing

※ 現在分詞　動詞に
- **e** で終わる場合　→ **ing** をつける　cook → cook**ing**
- **e** で終わる場合　→ e をとって　make → mak**ing**
- **ie** で終わる場合　→ ie を y にかえて　lie → l**y**ing
- 短母音＋子音字で終わる場合　→ 子音字を重ねて　stop → sto**pp**ing

【例文】

1　今やっているところです［取り組んでいる最中です］。
　　I **am working** on it.
　　＊ 進行形の文にする手順
　　　① 主語（I）に呼応する be 動詞を選ぶ → am
　　　② 動詞（work）を現在分詞にする → working

2　あなたが電話をくれたとき、私は風呂に入っていました。
　　I **was taking** a bath when you called me.
　　＊ 過去進行形は「過去のある時点」での行動を表すため
　　　「…が起こったとき」～ をしていたと
　　　過去形とセットで使うのが基本

3　来週シドニーに行きます。
　　I **am going** to Sydney next week.
　　＊ 近い未来の予定
　　　その予定に向けて準備をしていることを表す

4　携帯電話の電池が切れてしまいそうです。
　　My phone battery **is dying**.
　　＊ ある状態への移行・動作が終わりに近づいている途中
　　　まだ残量はあるがゼロに向かっている状態を表す
　　　（ ≠ is dead ）

5　彼はいつもアルバイトのことで文句を言ってばかりいます。
　　He **is** always **complaining** about his part-time job.
　　＊ 何度も繰り返される動作
　　　話し手の（とくに不快な）感情を表すことが多い

6　私は（今のところ）東京に住んでいます。
　　I **am living** in Tokyo.
　　＊ 一時的な状態・短期間の状態
　　　とりあえず今は仮の住まいとしてという意味を含む

7　なんだか今日はやけに優しいのですね。
　　You **are being** very kind today.

You　are kind.　　am / is / are
→ You are being kind.　→ being

今日に限ったことで何かいつもと違うという意味を含む

Worksheet 001

現在進行形	…		を表す
現在形	…	現在の習慣的・日常的な動作	を表す

時間のイメージ　　　　※ 途中

・進行形　□□▶⇨　　　I **am reading** a newspaper.　新聞を（今）読んでいるところだ

・現在形　━━━▶　　　I **read** a newspaper.　新聞を（日常的に）読んでいる

主な用法
① 進行中・継続中の動作　　　「 ～ しているところだ 」　※ まだ終えていないというニュアンスを含む
② 　　　　　　　　　　　　　「 ～ する予定だ 」
③ ある状態への移行　　　　　「 まさに ～ しかけている 」
④ 何度も繰り返される動作　　「 ～ してばかりいる 」
⑤ 　　　　　　　　　　　　　「 今のところは ～ している 」　※ 流動的な状況　いつもと違う様子

形式　　　　be 動詞　　＋　現在分詞

	be 動詞	現在分詞
現在進行形	/	
過去進行形	/	

※ 現在分詞　動詞に　　　　　　**ing** をつける　　cook →

　○ **e** で終わる場合　　→　**e** をとって　　　make →

　○ **ie** で終わる場合　　→　**ie** を **y** にかえて　lie →

　○ 短母音＋子音字で終わる場合 → 子音字を重ねて　stop →

【英作文】

1　今やっているところです［取り組んでいる最中です］。

2　あなたが電話をくれたとき、私は風呂に入っていました。

3　来週シドニーに行きます。

4　携帯電話の電池が切れてしまいそうです。

5　彼はいつもアルバイトのことで文句を言ってばかりいます。

6　私は（今のところ）東京に住んでいます。

7　なんだか今日はやけに優しいのですね。

002 助動詞 ①　　　Auxiliaries

助動詞 … 文法機能 を表示する語
　　　　　└── 動詞に ＜未来＞・＜可能＞・＜許可＞・＜義務＞などの意味を加える

		He	swim**s**.	泳ぐ。
＜未来＞		He **will**	swim.	泳ぐ だろう・つもりだ。
＜可能＞		He **can**	swim.	泳ぐ ことができる。
＜許可＞		He **may**	swim.	泳い でもよい。
＜義務＞		He **must**	swim.	泳が なければならない。

Can

	主語　can　　　　動詞原形	「～ することができる」
≒	主語　be able to　　動詞原形	
過去形	主語　could　　　　動詞原形	「～ することができた」
未来形	主語　will be able to　動詞原形	「～ することができるようになるだろう」
［否定］	主語　cannot　　　　動詞原形 　　　［can't］	「～ することができない」　＜米＞＜英＞ 　　　　　　　　　　　　[kǽ:nt] [kάːnt] cf. can not ～ 「否定」の意味を強調
［疑問］	Can　主語　　　　　動詞原形	「～ することができるか」

【例文】

1　ジョンは日本語を話すことができます。
　　John **can**　speak Japanese.

2　ジョンは日本語を話すことができました。
　　John **could** speak Japanese.

3　ジョンは日本語を話すことができるようになるでしょう。
　　John **will be able to** speak Japanese.

4　ジョンは日本語を話すことができません。
　　John **cannot** speak Japanese.

5　ジョンは日本語を話すことができますか。
　　Can John　speak Japanese ?

6　私は昨日宿題を終わらせることができました。
　　I **was able to** finish my homework yesterday.

7　電話をかしてもらえますか。
　　Can　I　use the phone ?

8　あなたのノートをお借りしてもよろしいでしょうか。
　　Could I borrow　your notebook ?

9　あなたのノートを私に貸していただけますか。
　　Could you lend me your notebook ?

＊ can／could → be able to を使った文
　　be able to の be は「主語」「時制」に合わせる
　　→ John　**is**　able to speak Japanese.
　　→ John　**was** able to speak Japanese.

＊ ＜未来＞・＜可能＞ ２つの意味の組み合わせ
　　助動詞を２つ並べて使うことはできない
　　　× will can → can を be able to に書き換える

＊ 否定文　助動詞・be 動詞の後に not を入れる
　　　　John　is　　　　able to speak Japanese.
　　→ John　is　not　able to speak Japanese.

＊ 疑問文　助動詞・be 動詞を主語の前に移動する
　　　　John　is　able to speak Japanese.
　　→ **Is**　John　able to speak Japanese ?

＊ 「１回だけできた事」は was／were able to で表す
　　cf. could … 「ある時期にできていた事・能力」
　　　　　　　　を表すときに使う

＊ 依頼の文
　　さらに丁寧な表現：Could I ～, (please) / May I ～ ?
　　英語の丁寧さは言語形式（can / could など）だけでなく
　　言い方（イントネーションなど）による部分も大きい

　　borrow「借りる」と lend「貸す」の使い分けに注意
　　borrow は持ち運べるものを借りるときに使うことが多い
　　日本語の「トイレをかして」は use「使わせて」で表す

Worksheet 002

助動詞 … 文法機能 を表示する語
　　　　　　動詞に ＜未来＞・＜可能＞・＜許可＞・＜義務＞ などの意味を加える

	He	swim**s**.	泳ぐ。
＜未来＞	He **will**	swim.	泳ぐ だろう・つもりだ。
＜可能＞	He **can**	swim.	泳ぐ ことができる。
＜許可＞	He **may**	swim.	泳い でもよい。
＜義務＞	He **must**	swim.	泳が なければならない。

Can

	主語　can　　動詞原形	「～することができる」	
≒	主語　　　　　動詞原形		
過去形	主語　　　　　動詞原形	「～することができた」	
未来形	主語　　　　　動詞原形	「～することができるようになるだろう」	
［否定］	主語　　　　　動詞原形　[　　　]	「～することができない」　＜米＞＜英＞ [kǽːnt] [kάːnt]　cf. can not ～ 「否定」の意味を強調	
［疑問］	主語　　　動詞原形	「～することができるか」	

【英作文】

1　ジョンは日本語を話すことができます。
_____

2　ジョンは日本語を話すことができました。
_____

3　ジョンは日本語を話すことができるようになるでしょう。
_____

4　ジョンは日本語を話すことができません。
_____

5　ジョンは日本語を話すことができますか。
_____

6　私は昨日宿題を終わらせることができました。
_____

7　電話をかしてもらえますか。
_____

8　あなたのノートをお借りしてもよろしいでしょうか。
_____

9　あなたのノートを私に貸していただけますか。
_____

003　助動詞 ②　　　Auxiliaries

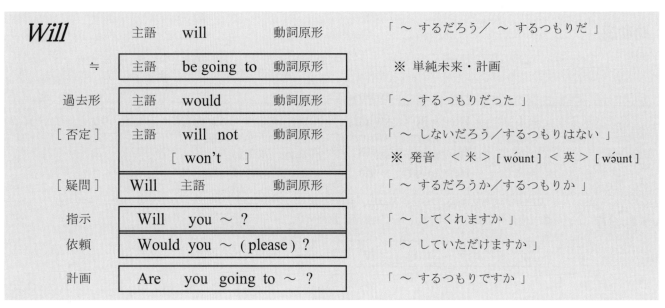

【例文】

1　6月は雨がたくさん降る。
　　It　　　　rains　a lot in June.

* 雨　<動詞>　　　It rains a lot in Japan.
　　<形容詞>　　It is rainy in Melbourne.
　　<名詞>　　　We have a lot of rain in June.
　　<名詞>　　　There was a heavy rain.

2　明日、雨が降るだろう。
　　It will　　　rain　tomorrow.

* 予測
未来に起こりそうなこと
未来の状態についての予測を表す

3　雨が降ってきそうだよ。見て、あの黒い雲。
　　It is going to rain.　Look at the dark clouds.

* 予測
何かが起こりそうな気配や前兆がある場合

4　今日、私は忙しい。
　　I　　　　am busy today.

* 助動詞＋be動詞
助動詞（will）を主語（I）と動詞（am）の間に入れて
動詞（am）を原形（be）にすると I will be busy となる

5　明日、私は忙しい［忙しくなりそうだ］。
　　I will　　　be busy tomorrow.
　　I am going to be busy tomorrow.

I am going to be busy.
　↑　　　　　　↑
　　　　　　　　── もとの文の動詞（am）は原形に
be going to の be は主語（I）に合わせて am にする

6　煙草をやめるぞ。
　　I will stop smoking.

* 意志
助動詞 shall も意志を表すが使用される場面は限定的
　「～すべき・であろう・（話者）～させる」
意志を表す例は主語が3人称の否定文に多く見られる
無生物主語の例　The door wouldn't open.
　　　　　　「その扉はどうしても開かなかった。」

7　彼女は私の言うことを聞こうとしてくれません。
　　She won't listen to me.

8　じゃあ、あとで電話するね／メールするね。
　　OK, I'll call you later / text you later.

* 意志未来
will は「その場で思ったこと」を表すことが多い
I'll think about it.「考えておくよ（検討します）。」

9　私は英語の先生になるつもりです。
　　I am going to be an English teacher.

* 用法（意志／単純未来）の区別は文脈や動詞の性質による
意志未来・計画
be going to は「前から思っていたこと」を表すことが多い

10　来年、私は英語の先生になります。
　　I am going to be an English teacher next year.

単純未来
ここでは「なることが決まっている」という意味を表す

11　今夜、何をする予定ですか。
　　What are you going to do tonight?

* 計画
相手の（すでに決めてあるであろう）予定について尋ねる

Worksheet 003

Will	主語	will	動詞原形	「～するだろう／～するつもりだ」
≒	主語		動詞原形	※ 単純未来・計画
過去形	主語		動詞原形	「～するつもりだった」
[否定]	主語 [　　]		動詞原形	「～しないだろう／するつもりはない」 ※ 発音　＜米＞[wóunt]　＜英＞[wóunt]
[疑問]		主語	動詞原形	「～するだろうか／するつもりか」
指示				「～してくれますか」
依頼				「～していただけますか」
計画				「～するつもりですか」

【英作文】

1　6月は雨がたくさん降る。

_____

2　明日、雨が降るだろう。

_____

3　雨が降ってきそうだよ。　見て、あの黒い雲。

_____

4　今日、私は忙しい。

_____

5　明日、私は忙しい［忙しくなりそうだ］。

_____

6　煙草をやめるぞ。

_____

7　彼女は私の言うことを聞こうとしてくれません。

_____

8　じゃあ、あとで電話するね／メールするね。

_____

9　私は英語の先生になるつもりです。

_____

10　来年、私は英語の先生になります（なることが決まっています）。

_____

11　今夜、何をする予定ですか。

_____

004 助動詞 ③　　　Auxiliaries

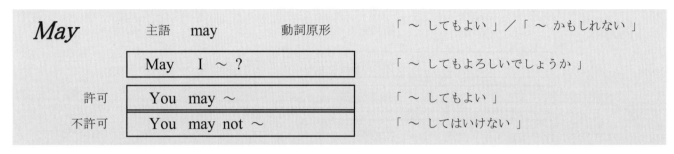

【例文】

1　試験中、紙の辞書は使用してもよい。
　　During the examination you **may** use a paper dictionary.
　　＊許可
　　　may は相手に許可を与えるかしこまった言い方で
　　　友人同士の会話では can を用いることが多い

2　ただし、電子辞書は使用してはいけない。
　　But you **may not** use an electronic dictionary.
　　＊不許可
　　　禁止の意味合いは
　　　may not よりも must not の方が強い

3　（建物・部屋の中に）入ってもよろしいでしょうか。
　　May I come in ?
　　＊許可　　　　　　　　（答え方の例）
　　　相手に許可を求める表現　→ Yes, please. ／ Sure.

4　（電話で）鈴木さんをお願いできますか。
　　May I speak to Ms.［Mr.］Suzuki, please ?
　　＊電話でよく使われる表現
　　　自分宛の電話であった場合の答え方は
　　　This is she［he］. ／ Speaking.（× I'm 〜 と言わない）

5　この映画はすごくいいよ。観た方がいいよ。
　　This movie is awesome. You **should** watch it.
　　＊助言
　　　should は「〜するべきだ」という日本語訳から
　　　押しつけがましい表現として受けとめられがちだが
　　　実際の会話では「相手にとってよかれと思うこと」
　　　について積極的に使われる
　　　　You should definitely 〜「絶対〜した方がいいよ」

6　どうしたらいいの？［私は何をするべきでしょうか。］
　　What **should** I do ?
　　そうするのが望ましい行動は ought to で表すことも
　　できるが使用される頻度は低い
　　　　＜否定の形＞ ought not to 〜

7　スープを飲むときに音を立てるべきではありません。
　　You **shouldn't** make noise when you eat soup.

8　歯医者に行かないとだめだよ［行った方がよい］。
　　You **had better** go to the dentist.
　　＊忠告
　　　had better は「命令的な意味合い」を持つため
　　　目上の人に使うと失礼にあたることが多いので注意

9　おまえたち夜更かしするべきではないぞ。
　　You **had better not** stay up late.
　　自分に言い聞かせるような表現としてもよく使われる
　　　　I'd better not stay up late.

Worksheet 004

May

	主語　may　　　動詞原形	「～してもよい」／「～かもしれない」
		「～してもよろしいでしょうか」
許可	You	「～してもよい」
不許可	You	「～してはいけない」

Should

	主語　should　　　動詞原形	「～するべきだ」／「～するはずだ」
≒	主語　　　　　　動詞原形	※発音 [ɔ́ːt tuː] [ɔ́ːtə] オート（✕オゥト）
[否定]	主語　　　　　　動詞原形　[　　]	「～するべきではない」 ※発音 [ʃúdnt]
[疑問]	主語　　　動詞原形	「～するべきか」
cf. 忠告	You	「～した方がよい」　＜命令口調＞
	You	「～しない方がよい」

【英作文】

1　試験中、紙の辞書は使用してもよい。

＿＿＿＿＿＿＿＿＿＿＿＿＿＿＿＿＿＿＿＿

2　ただし、電子辞書は使用してはいけない。

＿＿＿＿＿＿＿＿＿＿＿＿＿＿＿＿＿＿＿＿

3　（建物・部屋の中に）入ってもよろしいでしょうか。

＿＿＿＿＿＿＿＿＿＿＿＿＿＿＿＿＿＿＿＿

4　（電話で）鈴木さんをお願いできますか。

＿＿＿＿＿＿＿＿＿＿＿＿＿＿＿＿＿＿＿＿

5　この映画はすごくいいよ。観た方がいいよ。

＿＿＿＿＿＿＿＿＿＿＿＿＿＿＿＿＿＿＿＿

6　どうしたらいいの？［私は何をするべきでしょうか。］

＿＿＿＿＿＿＿＿＿＿＿＿＿＿＿＿＿＿＿＿

7　スープを飲むときに音を立てるべきではありません。

＿＿＿＿＿＿＿＿＿＿＿＿＿＿＿＿＿＿＿＿

8　歯医者に行かないとだめだよ［行った方がよい］。

＿＿＿＿＿＿＿＿＿＿＿＿＿＿＿＿＿＿＿＿

9　おまえたち夜更かしするべきではないぞ。

＿＿＿＿＿＿＿＿＿＿＿＿＿＿＿＿＿＿＿＿

005　助動詞 ④　　　Auxiliaries

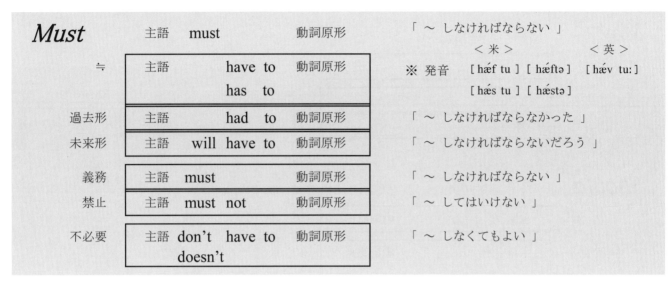

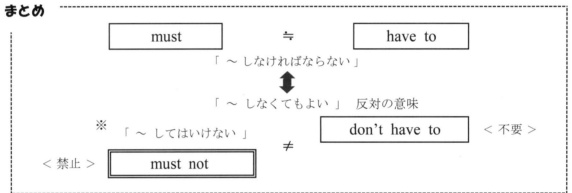

【例文】

1　煙草をやめないといけない。
　　I **must** stop smoking.
　　I **have to** stop smoking.

2　津田沼駅で電車を乗り換えないといけません。
　　I **have to** change trains at Tsudanuma Station.

3　そろそろおいとましないと [もう行かなければいけません]。
　　I **have to** go now. ＞ I **must** go now.

4　まる一日安静にして寝ていなければなりませんでした。
　　I **had to** stay in bed all day.

5　明日、私たちは早起きしなければなりません。
　　We **will have to** get up early tomorrow.

6　何度言ったらわかるんです [言わないといけないのです] か。
　　How many times **do** I **have to** tell you?

7　お昼ご飯は持ってこなくてもいいですよ。
　　You **don't have to** bring your lunch.

8　ここで写真を撮ってはいけません [撮影禁止です]。
　　You **must not** take pictures here.

＊ 内的要因（must）と外的要因（have to）
　　must　　話し手が自らの意志で　← 必要性や義務
　　　　　　　　　　　　　　　　　　を感じて
　　have to　周囲の状況から
　　　　　　　↑ 医者から言われてなど必要性が生じて

＊ 必然
　　主観的な判断と関係のない場合

＊ 会話での使用頻度　have to ＞ must
　　have to → 自分としては帰りたくはないのだけれど
　　　　　　事情（電車の時間や仕事の都合など）により帰ります

＊ 過去
　　must に過去形がないため have to の過去形で表す

＊ ＜未来＞・＜義務＞　2つの意味の組み合わせ
　　助動詞を2つ並べて使うことはできない
　　　×will must → must を have to に書き換える

＊ Do I have to ～?　　have to は助動詞ではないので
　　≒ Must I ～?　　　Do を使って疑問文にする

＊ must の意味上の否定　「～しなくてもよい」
　　≒ You **don't need** to bring your lunch.
　　≠ You **must not** bring your lunch.

＊ 禁止
　　≒ **Don't** take pictures here.

Worksheet 005

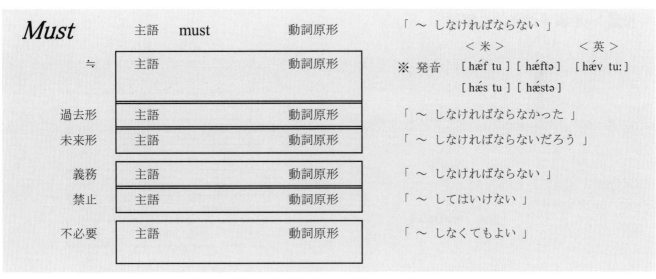

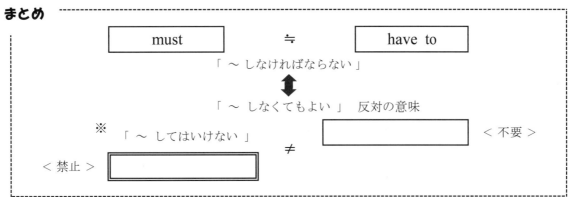

【英作文】

1　煙草をやめないといけない。

_____

2　津田沼駅で電車を乗り換えないといけません。

_____

3　そろそろおいとましないと [もう行かなければいけません]。

_____

4　まる一日安静にして寝ていなければなりませんでした。

_____

5　明日、私たちは早起きしなければなりません。

_____

6　何度言ったらわかるんです [言わないといけないのです] か。

_____

7　お昼ご飯は持ってこなくてもいいですよ。

_____

8　ここで写真を撮ってはいけません [撮影禁止です]。

_____

006 助動詞 ⑤　　Auxiliaries

＜推量＞を表す助動詞の用法

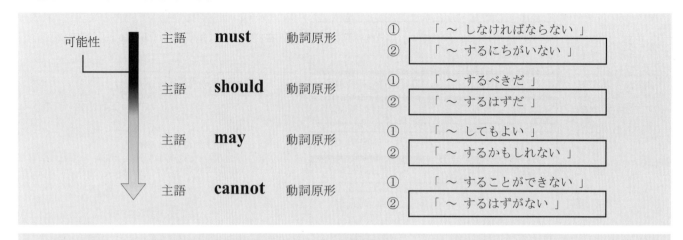

過去の推量	主語　must have　過去分詞	「～したにちがいない」
	主語　may have　過去分詞	「～したかもしれない」

【例文】

1　お疲れでしょう。
　　You **must** be tired.

2　彼は２０歳以上である［過ぎている］にちがいない。
　　He **must** be over 20 years old.

3　冗談でしょう！［冗談を言っているにちがいない！］
　　You **must** be joking !

4　彼は１０分かそこらでここに来るはずだ。
　　He **should** be here in 10 minutes or so.

5　（それは）そんなに難しくはないはずだ。
　　It **shouldn't** be so hard.

6　今日の午後は雨が降るかもしれない。
　　It **may** rain this afternoon.

7　彼女はパーティーに来ないかもしれない。
　　She **may not** come to the party.

8　その話は真実であるはずがない。
　　The story **cannot** be true.

9　彼は２０歳以上である［超えている］はずがない。
　　He **cannot** be over 20 years old.

10　昨夜は雨が降ったにちがいない。
　　It **must have rained** last night.

11　みなさんはこの話を聞いたことがあるかもしれません。
　　You **may have heard** of this story.

＊（強い）推量
　相手の様子を　　You must be hungry／worried.
　察した表現　　　「お腹すいている／心配でしょう。」

＊意味上の反対表現は must not ではない
　　⇔　He cannot be over 20 years old.

＊イギリス英語では must のかわりに
　have got to [həv gάtə] の形もよく使われる
　　　　　　You've got to be joking／be kidding (me) !

＊見込み
　should は「経験からわかっている」「そう聞いている」
　といった推測にもとづいて使われることが多い
　↑　彼の今いる所から１０分で到着するとわかっている
　←　自分でやってみて・みんなそう言っているから
　　　　　　　　　　　　　　　といった理由にもとづく推測

＊推量
　　⇔　It may not rain this afternoon.
　　⇔　She may come to the party.

　あまり確信がないときは might で表す「ひょっとしたら」
　　　　　She might not come to the party.

＊可能性の否定
　cannot は可能性（can）を否定する表現
　　そんな可能性は無い　→　「～であるはずがない」

　　⇔　The story must be true.
　　⇔　He must be over 20 years old.

＊過去の推量

　助動詞 ＋ have ＋ 過去分詞
　　　　　　過去の事柄

　cf.　It　must　rain …　「雨が降るにちがいない」
　　　　You may hear …　「聞くかもしれない」

Worksheet 006

＜推量＞を表す助動詞の用法

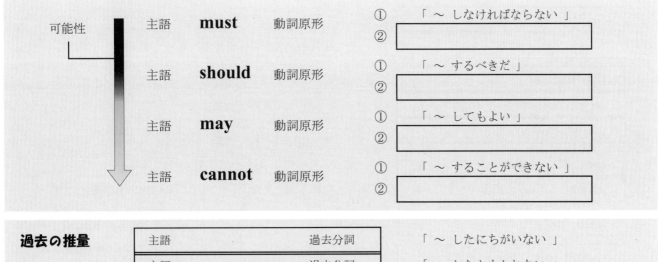

【英作文】

1　お疲れでしょう。

2　彼は２０歳以上である［過ぎている］にちがいない。

3　冗談でしょう！［冗談を言っているにちがいない！］

4　彼は１０分かそこらでここに来るはずだ。

5　（それは）そんなに難しくはないはずだ。

6　今日の午後は雨が降るかもしれない。

7　彼女はパーティーに来ないかもしれない。

8　その話は真実であるはずがない。

9　彼は２０歳以上である［超えている］はずがない。

10　昨夜は雨が降ったにちがいない。

11　みなさんはこの話を聞いたことがあるかもしれません。

007 助動詞 ⑥　　　Auxiliaries

助動詞を使ったさまざまな表現

表現	意味	補足
Shall I ～ ?	「（私が）～しましょうか」	
Shall we ～ ?	「（私たちが）～しましょうか」	
I'd like to ～	「～したいものです」	
would rather ～ (than …)	「（…するよりも）むしろ～したい」	
would (often) ～	「よく～したものだ」	≒ used to ～
cannot ～ too …	「いくら～しても…すぎることはない」	
cannot (help) but ～	「～せざるをえない」	≒ cannot help ～ing
need not ～	「～する必要はない」 ※助動詞としての用法＜否定文＞	≒ don't need to ～
should not have 過去分詞	「～するべきはなかったのに」	
might want to ～	「～してみたらいいかもしれない、した方がいいと思う」	
have only to ～	「ただ～しさえすればよい、～するだけでいい」	

【例文】

1　何か（飲み物を）もってきましょうか。
　　Shall I get you something (to drink) ?
　　＊申出（話者が行うことについて相手の意向を尋ねる）
　　≒ Do you **want me to** get you something ?

2　一緒に踊りませんか。
　　Shall we dance ?
　　＊勧誘（一緒に行うことについて相手の意向を尋ねる）
　　cf. **Let's** dance．（ピリオド：相手の意向確認なし）
　　　　How about dancing ?（提案）

3　すみません、予約を変更したいのですが。
　　Excuse me, **I'd like to** change my reservation.
　　＊希望
　　　過去形の would は現在の文で使うと
　　　仮定法（低い可能性）／婉曲・丁寧さを表す
　　　　丁寧度 would like to ～ ＞ want to ～

4　私は遠慮しておきます［やめておきます］。
　　I'd rather not.
　　＊婉曲
　　　I'd rather stay home (than go out in the rain).
　　　「どちらかと言うと私は家にいる方いいです。」

5　（以前は）よく一人で旅行をしたものだ。
　　I **used to** travel alone.
　　＊過去の習慣　今はそうしていないという意味を含む
　　≒ I **would**（often）travel alone.

6　いくら注意しても注意しすぎるということはない。
　　You **cannot** be **too** careful.
　　＊例 － when you swim in the sea.「海で泳ぐ際は」
　　　直訳：注意しすぎることはできない
　　　→ いくら注意しても足りないくらい注意が必要

7　泣かずにはいられなかった。
　　I **couldn't help** crying.
　　＊「～するのをどうにもできない、つい～してしまう」
　　≒ I **couldn't**（help）**but** cry.

8　そんな事までしてくれなくてよかったのに。ありがとう。
　　Oh, **you shouldn't have**. Thank you.
　　＊shouldn't have の後に「過去分詞」が省略された形
　　　相手が先に気を回して何かをしてくれた時などに
　　　「恐縮です」といった気持ちを伝える会話表現

9　上着を持って行った方がいいかもしれませんよ。
　　You **might want to** bring a jacket.
　　＊提案
　　　had better のように命令的な意味合いはなく
　　　押しつけがましくない提案の表現

10　ただそのボタンを押すだけでいいんですよ。
　　You **have only to** press the button.
　　＊
　　　　　　only　　「～だけ」
　　　＋ have　　to　「～しなければいけない」
　　　＝ have　only　to　「～するだけでよい」

— 14 —

Worksheet 007

助動詞を使ったさまざまな表現

[　　　　　　　　　]	「（私が）　　〜 しましょうか」
[　　　　　　　　　]	「（私たちが）〜 しましょうか」
[　　　　　　　　　]	「〜 したいものです」
[　　　　(than …)　]	「（… するよりも）むしろ 〜 したい」
[　　　　　　　　　]	「よく 〜 したものだ」　≒ used to 〜
[　　　　　　　　　]	「いくら 〜 しても … すぎることはない」
[　　　　　　　　　]	「〜 せざるをえない」　≒ cannot help 〜ing
[　　　　　　　　　]	「〜 する必要はない」 ※ 助動詞としての用法＜否定文＞ ≒ don't need to 〜
[　　　　過去分詞　　]	「〜 するべきはなかったのに」
[　　　　　　　　　]	「〜 してみたらいいかもしれない、した方がいいと思う」
[　　　　　　　　　]	「ただ 〜 しさえすればよい、〜 するだけでいい」

【英作文】

1　何か（飲み物を）もってきましょうか。

2　一緒に踊りませんか。

3　すみません、予約を変更したいのですが。

4　私は遠慮しておきます［やめておきます］。

5　（以前は）よく一人で旅行をしたものだ。

6　いくら注意しても注意しすぎるということはない。

7　泣かずにはいられなかった。

8　そんな事までしてくれなくてよかったのに。ありがとう。

9　上着を持って行った方がいいかもしれませんよ。

10　ただそのボタンを押すだけでいいんです。

008 不定詞 ①　　　　　　　　　　　　　Infinitives

不定詞 … 「 to + 動詞原形 」の形により
　　　　　動詞としての性質を持ちながら　名詞 ・ 形容詞 ・ 副詞　の働きをする詞

※　主語の　人称 ・ 単数／複数 ・ 時制　に「限定されない」ことから不定詞という

動詞のように活用しない　　We　　go　　to the beach　in summer.
　→　　　　　　　　　　　He　　go**es**　to the beach　in summer.　　＜3人称・単数・現在＞
　　　　　　　　　　　　　We　　**went**　to the beach　last summer.　＜過去＞

名詞的用法 … 不定詞が名詞のように　～すること　という意味を表す

　　I wanted　to go　to Australia.　　私はオーストラリアに行きたかった（行くコト を望んだ）。

　　ポイント
　　　不定詞　to go　が名詞のように　～するコト　と訳せるので　名詞　的用法

decide	to ～	「 ～する決心をする　／　～する コト に決める 」
plan	to ～	「 ～する予定だ　　　／　～する コト を計画する 」
try	to ～	「 ～しようとする　　／　～する コト を試みる 」
forget	to ～	「 ～し忘れる　　　　／　～する コト を忘れる 」
remember	to ～	「 忘れずに ～ する　／　～する コト を覚えておく 」

【例文】

1　英語を勉強することは（私たちにとって）大切だ。
　　To study English is important (for us).
　　＊不定詞 to study ＝ 「勉強するコト」→ 名詞的用法
　　　文中での働きは ＜主語＞　　第2文型　　to study ＝ important
　　　　　　　　　　　　　　　　　　　　　　＜主語＞　　　補語

2　私の夢は世界中を旅することだ。
　　My dream is **to travel** around the world.
　　＊不定詞 to travel ＝ 「旅行するコト」→ 名詞的用法
　　　文中での働きは ＜補語＞　　第2文型　　my dream ＝ to travel
　　　　　　　　　　　　　　　　　　　　　　　主語　　　＜補語＞

3　私の弟もオーストラリアに行きたいと思っている。
　　My brother **wants to go** to Australia, too.
　　＊不定詞 to go ＝ 「行くコト」→ 名詞的用法
　　　文中での働きは ＜目的語＞　第3文型　　my brother ≠ to go
　　　　　　　　　　　　　　　　　　　　　　主語　　　＜目的語＞

4　雨が降りはじめた。
　　It **started to rain**.
　　＊start は 不定詞・動名詞のどちらも目的語にとる
　　　　≒ It started raining.　（すでに今ザーザーと
　　　　　　　　　　　　　　　　　降ってきている状況で）

5　私は留学することに決めました。
　　I **decided to study** abroad.
　　＊decide は 不定詞のみを目的語にとる
　　　不定詞 は 前置詞 to（ ～ へ向かって）と同じように「方向性」の
　　　意味合いを持つため「これから行われる動作」を表すことが多い

6　昨年、私たちは富士山に登ろうとした。
　　We **tried to climb** Mt. Fuji last year.
　　＊try・forget は 不定詞・動名詞で意味に違いが出る動詞
　　　「登ろうと試みた」→「実際には登れなかった」可能性がある
　　　　cf. We tried **climbing** Mt. Fuji.「試しに登ってみた。」

7　傘を持っていくのを忘れないでね。
　　Don't **forget to take** your umbrella.
　　これから行われる動作（傘を持っていくこと）は 不定詞で表す

Worksheet 008

不定詞 … 「 to + 動詞原形 」の形により
動詞としての性質を持ちながら [名詞]・[形容詞]・[副詞] の働きをする詞

※ 主語の 人称・単数／複数・時制 に「限定されない」ことから不定詞という
動詞のように活用しない　　We　　go　　to the beach　in summer.
→　　　　　　　　　　　　　He　　____　to the beach　in summer.　＜3人称・単数・現在＞
　　　　　　　　　　　　　　We　　____　to the beach　last summer.　＜過去＞

名詞的用法 … 不定詞が名詞のように [　　　　　　] という意味を表す

I wanted to go to Australia.　私はオーストラリアに行きたかった (行くコト を望んだ)。

ポイント
不定詞 [　　　] が名詞のように [　　　　　] と訳せるので [　　　] 的用法

	「 ～する決心をする　／　～する コト に決める 」
	「 ～する予定だ　　　／　～する コト を計画する 」
	「 ～しようとする　　／　～する コト を試みる 」
	「 ～し忘れる　　　　／　～する コト を忘れる 」
	「 忘れずに ～ する　／　～する コト を覚えておく 」

【英作文】

1　英語を勉強することは（私たちにとって）大切だ。

_____

2　私の夢は世界中を旅することだ。

_____

3　私の弟もオーストラリアに行きたいと思っている。

_____

4　雨が降りはじめた。

_____

5　私は留学することに決めました。

_____

6　昨年、私たちは富士山に登ろうとした。

_____

7　傘を持っていくのを忘れないでね。

_____

009 不定詞 ② Infinitives

名詞的用法 － 形式主語の it －

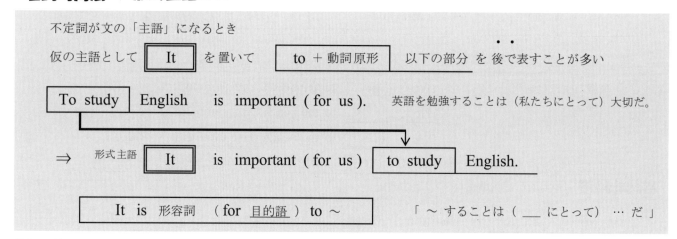

【例文】

1　その本を読むことは（私にとって）おもしろかった。
    It was interesting (for me) **to read** the book.

2　ここで泳ぐのは（子どもにとっては）危険かもしれない。
    It may be dangerous (for children) **to swim** here.

3　ここではスマートフォンの電源を切ることが必要だ。
    It is necessary **to switch off** the smart phone here.

＊ It は不定詞句（to ～）を指す「形式主語」
　　日本語に訳すときには「それは」としない
　→　「 その本を読むことが 」　名詞的用法
　→　「 ここで泳ぐことが 」
　→　「 携帯の電源を切ることが 」

主語にあたる不定詞句（to ～）が長くなるとき
形式主語 It の構文を使うことが多い

名詞的用法 － 形式目的語の it －

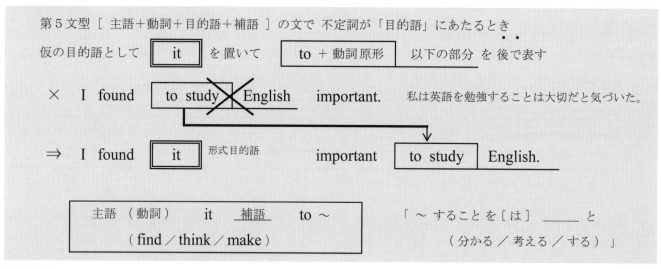

【例文】

4　その本を読むのは、おもしろいということが分かった。
    I found **it** interesting **to read** the book.

5　（子どもが）ここで泳ぐのは、危険だと思う。
    I think **it** dangerous (for children) **to swim** here.

6　ここではスマートフォンの電源を切ることをルールにしている。
    We make **it** a rule **to switch off** the smart phone here.

＊ it は不定詞句（to ～）を指す「形式目的語」
　　日本語に訳すときには「それを」としない
　→　「 読むことを／泳ぐことを／切ることを 」
　　　　　　　　　　　　　　　　　　名詞的用法
　第5文型　目的語　　　　補語
　　　　to read ...　　＝　interesting
　　　　to swim ...　　＝　dangerous
　　　　to switch ...　＝　a rule

Worksheet 009

名詞的用法 － 形式主語の it －

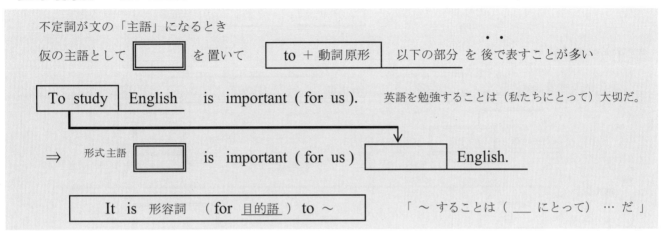

【英作文】

1　その本を読むことは（私にとって）おもしろかった。

_____

2　ここで泳ぐのは（子どもにとっては）危険かもしれない。

_____

3　ここではスマートフォンの電源を切ることが必要だ。

_____

名詞的用法 － 形式目的語の it －

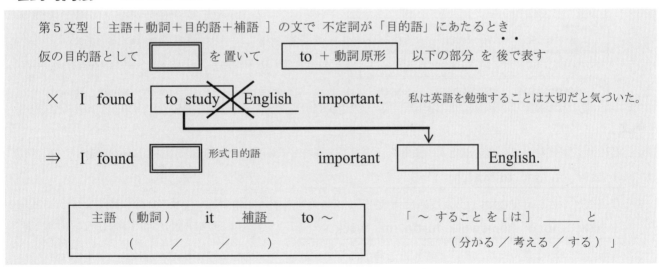

【英作文】

4　その本を読むのは、おもしろいということが分かった。

_____

5　（子どもが）ここで泳ぐのは、危険だと思う。

_____

6　ここではスマートフォンの電源を切ることをルールにしている。

_____

010 不定詞 ③ — Infinitives

不定詞 … 「 to + 動詞原形 」の形により
動詞としての性質を持ちながら 名詞 ・ 形容詞 ・ 副詞 の働きをする詞

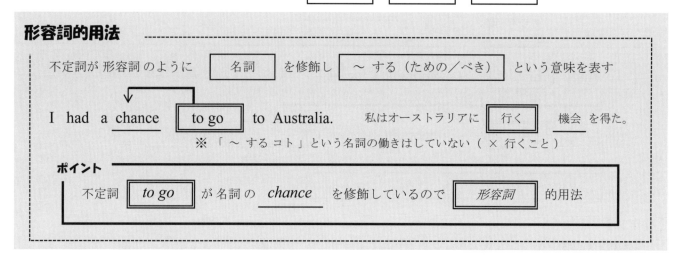

形容詞的用法

不定詞が 形容詞 のように 名詞 を修飾し 〜する（ための／べき） という意味を表す

I had a chance **to go** to Australia.　私はオーストラリアに 行く 機会 を得た。
※「〜するコト」という名詞の働きはしていない（× 行くこと）

ポイント
不定詞 *to go* が名詞の *chance* を修飾しているので 形容詞 的用法

time	to 〜	「〜する 時間」
a place	to 〜	「〜する 場所」
a thing	to 〜	「〜する 事」
a lot of things	to 〜	「たくさんの〜する 事」
something	to 〜	「〜する 何か」
something （形容詞）	to 〜	「〜する（　）何か」
a house	to live in	「住む家」　← live **in** a house
someone	to talk to	「話す相手」　← talk **to** someone
something	to worry about	「心配事」　← worry **about** something

【例文】

1　私にはテレビを見ている時間はありません。
　　I have no time **to watch** TV.
　　※ 不定詞 to watch が名詞の time を修飾している
　　　→ 形容詞的用法

2　今週はたくさん（やらないといけない）宿題があります。
　　I have a lot of homework **to do** this week.
　　※ 不定詞 to do が名詞の homework を修飾している
　　　→ 形容詞的用法　　homework は不可算名詞

3　北海道にはたくさんの訪れる（べき）ところがあります。
　　There are a lot of places **to visit** in Hokkaido.
　　※ 不定詞 to visit が名詞の places を修飾している
　　　→ 形容詞的用法　　There are 〜 「〜がある」

4　何か（あたたかい／つめたい）飲み物がほしい。
　　I want **something** (hot ／ cold) **to drink**.
　　※ 不定詞 to drink／to tell が（代）名詞の something を修飾
　　　不定詞句 to worry about が（代）名詞の nothing を修飾
　　　→ 形容詞的用法

5　あなたに伝えておかないといけない事があるんだけど。
　　I have **something to tell** you.
　　後置修飾： __thing / __one　形容詞を後に置いて修飾する
　　不定詞＋（前置詞）
　　something to tell　← tell something
　　nothing to worry about　← worry about nothing

6　あなたは何も心配する事はありませんよ。
　　You have **nothing to worry about**.

Worksheet 010

不定詞
… 「 to + 動詞原形 」の形により
動詞としての性質を持ちながら　名詞・□・副詞　の働きをする詞

形容詞的用法

不定詞が 形容詞 のように　□　を修飾し　□　という意味を表す

I had a chance **to go** to Australia.　　私はオーストラリアに　行く　機会 を得た。

※「～するコト」という名詞の働きはしていない（× 行くこと）

ポイント
不定詞　□　が名詞の____を修飾しているので　□　的用法

_____	「 ～ する 時間 」
_____	「 ～ する 場所 」
_____	「 ～ する 事 」
_____	「 たくさんの ～ する 事 」
_____	「 ～ する 何か 」
_____（形容詞）	「 ～ する（　）何か 」
_____	「 住む 家 」　←　live **in** a house
_____	「 話す 相手 」　←　talk **to** someone
_____	「 心配事 」　←　worry **about** something

【英作文】

1　私にはテレビを見ている時間はありません。
_____

2　今週はたくさん（やらないといけない）宿題があります。
_____

3　北海道にはたくさんの訪れる（べき）ところがあります。
_____

4　何か（あたたかい／つめたい）飲み物がほしい。
_____

5　あなたに伝えておかないといけない事があるんだけど。
_____

6　あなたは何も心配する事はありませんよ。
_____

011 不定詞 ④　　Infinitives

副詞的用法

不定詞が 副詞 のように 動詞／形容詞 を修飾し ～するために／～して という意味を表す

I <u>worked</u> hard **to go** to Australia.　私はオーストラリアに 行くために 懸命に 働いた。
　※「～するコト」という名詞の働きはしていない（× 行くこと）

ポイント
不定詞 *to go* が動詞の *worked* を修飾しているので 副詞 的用法

---

[1] 目的 「～するために」　　　　　　　　　　不定詞が 動詞 を修飾

| **become** a doctor **to help** people |
| **study** hard **to become** a doctor |

「人を助けるために」→「医者 になる」
「医者になるために」→「懸命に 勉強する」

【例文】

1　英語を勉強するためにフィリピンに行ってきます。
　　I'm going to the Philippines **to study** English.
2　私は始発電車に乗るために早起きした。
　　I got up early **to catch** the first train.
3　私は始発電車に乗り遅れないように早起きした。
　　I got up early so as **not to miss** the first train.

＊ 不定詞 to study が動詞の go [am going] を修飾している
　　to catch が動詞句の got up を修飾している
　　→ 副詞的用法　＜目的＞

不定詞句の否定：so as not to ～「～しないように」
　目的を表す不定詞を否定するときは so as ／ in order
　を付けるのが正式な形とされている
　例外 （be careful のように as to を伴わない形 ）
　Please be careful **not to** miss the train.
　「その電車に乗り遅れないように気をつけてください。」

---

[2] 感情の原因 「～して…」　　　不定詞が 形容詞 を修飾 ※日本語で形容動詞にあたる語を含む

(be) happy to ～	「～して 幸せだ」 （自分自身の喜び・満足感）
(be) glad to ～	「～して 嬉しい」 （相手への感謝を伝える気持ち）
(be) pleased to ～	「～して 喜ばしい」 （ややフォーマル・ビジネス的）
(be) surprised to ～	「～して 驚いている」 ※形容詞化した分詞を含む
(be) sorry to ～	「～して 残念だ、残念に思っている」

【例文】

4　あなたに会えて嬉しい［お会いできて嬉しく思います］。
　　I am **happy** [**glad**] [**pleased**] **to see** you.
5　彼女はその知らせを受けて驚いていました。
　　She was **surprised to receive** the news.
6　ご愁傷さまです［それを聞いて残念に思います］。
　　I am **sorry to hear** that.

＊ 不定詞 to see が形容詞の happy を修飾している
　　→ 副詞的用法　＜感情の原因＞

＊ 不定詞 to receive が分詞の surprised を修飾している
　　→ 副詞的用法　＜感情の原因＞

＊ 不定詞 to hear が形容詞の sorry を修飾している
　　→ 副詞的用法　＜感情の原因＞

Worksheet 011

副詞的用法

不定詞が 副詞 のように [　　　　] を修飾し [　　　　　　　　　　] という意味を表す

I worked hard to go to Australia.　私はオーストラリアに [行くために] 懸命に 働いた。

※「～するコト」という名詞の働きはしていない（× 行くこと）

ポイント

不定詞 [　　] が 動詞の ＿＿＿＿ を修飾しているので [　　　　] 的用法

---

[1] 目的 「～するために」　　　　　　　　不定詞が　<u>動詞</u>を修飾

to
to

「人を助けるために」→「医者に<u>なる</u>」

「医者になるために」→「懸命に<u>勉強する</u>」

【英作文】

1　英語を勉強するためにフィリピンに行ってきます。

_____

2　私は始発電車に乗るために早起きした。

_____

3　私は始発電車に乗り遅れないように早起きした。

_____

[2] 感情の原因 「～して…」　　　　不定詞が <u>形容詞</u> を修飾 ※日本語で形容動詞にあたる語を含む

(be)
(be)
(be)
(be)
(be)

「～して 幸せだ」　　（自分自身の喜び・満足感）

「～して 嬉しい」　　（相手への感謝を伝える気持ち）

「～して 喜ばしい」　（ややフォーマル・ビジネス的）

「～して 驚いている」　※形容詞化した分詞を含む

「～して 残念だ、残念に思っている」

【英作文】

4　あなたに会えて嬉しい [お会いできて嬉しく思います]。

_____

5　彼女はその知らせを受けて驚いていました。

_____

6　ご愁傷さまです [それを聞いて残念に思います]。

_____

012 不定詞 ⑤　　　　　　　　　　　　　　　　　　　Infinitives

副詞的用法

［3］結果「（結果）〜する」

| … to find — | 「…して（その結果）— であることがわかった」 |
| lived to be（年齢） | 「（　）歳まで生きた」 |

【例文】

1　図書館に行ったら、閉まっていた。
　　I went to the library **to find** it was closed.

2　ジョージ・ドーソン氏は１０３歳まで生きた。
　　Mr. George Dawson **lived to be** 103 years old.

＊（結果について）情報の付け足し
　×　閉まっているのに気づくために、図書館に行った。
　　→　図書館に行って
　　　　（その結果）閉まっていることが分かった。
　×　１０３歳になるために、生きた。
　　→　生きて（その結果）１０３歳になった。

［4］判断の根拠「〜するなんて … だ」

| （主格）be動詞　形容詞　to 〜 | 「（　）は 〜 してくれるなんて … だ」 |
| It is 形容詞 of（目的格）to 〜 | |

【例文】

3　私のことを助けてくれて、彼はとても親切だった。
　　He was very **kind** 　　　　**to help** me.
　≒ It was very **kind** of him **to help** me.

＊不定詞 to help が形容詞の kind を修飾
　「人の性質」を表す形容詞：
　careless／foolish／rude／stupid
　／brave／nice／sweet／wise なども同様に使われる

［5］直前の形容詞を修飾「〜するには …」

| 形容詞　to 〜 | 「〜するには …」 |

【例文】

4　この湖は泳ぐのには危険だ。
　　This lake is **dangerous to swim** in.

5　出かける準備はできています。
　　I'm **ready to go**.

6　よろこんでお手伝いしますよ。
　　I'm **willing to help** you.

＊不定詞句 to swim in が形容詞の dangerous を修飾
　不定詞　to go　　　　　　ready
　　　　　to help　　　　　 willing

be ready to 〜と同じようによく使われる表現
be keen to 〜「〜するのを切望して」
　└ 強い興味・欲望　cf. eager 熱心な気持ち
　　　　　　　　　　　　 anxious 不安な気持ち
be willing to 〜「よろこんで 〜する」

※ 目的

| in order to 〜 | 「〜するために」　≒ so as to 〜 |

【例文】

7　彼は医者になるために、懸命に勉強した。
　　He studied hard **(in order)** to become a doctor.

8　彼は人を助けるために、医者になった。
　　He became a doctor **(so as)** to help people.

＊＜目的＞の用法であることを明確にする
　（in order を前に置くことで他の用法と区別）
　ややかたい表現で書き言葉で使われることが多い
　≒ He studied (so as) to become a doctor.
so as to「結果として〜となるように」の例は否定文に多い
　≒ He became a doctor (in order) to help people.

— 24 —

Worksheet 012

副詞的用法

[3] 結果 「(結果) ～ する」

| … to | 「 … して (その結果) － であることがわかった 」 |
| to be (年齢) | 「 (　) 歳まで生きた 」 |

【英作文】

1　図書館に行ったら、閉まっていた。

2　ジョージ・ドーソン氏は１０３歳まで生きた。

[4] 判断の根拠 「～するなんて … だ」

| (主格) be動詞　形容詞　to ～ | 「 (　) は ～ してくれるなんて … だ 」 |
| to ～ | |

【英作文】

3　私のことを助けてくれて、彼はとても親切だった。

　≒

[5] 直前の形容詞を修飾 「～するには …」

| 形容詞 | 「～するには …」 |

【英作文】

4　この湖は泳ぐのには危険だ。

5　出かける準備はできています。

6　よろこんでお手伝いしますよ。

※ 目的

| to ～ | 「～するために」　≒ so as to ～ |

【英作文】

7　彼は医者になるために、懸命に勉強した。

8　彼は人を助けるために、医者になった。

013 不定詞 ⑥ Infinitives

程度を表す不定詞の形式

too （形容詞・副詞） to ～	「あまりに（　）で ～ することができない」
(形容詞・副詞) enough to ～	「～ するには 十分（　）だ」
so （形容詞・副詞） as to ～	「～ するほど（　）だ」
≒ so （形容詞・副詞） that …	「とても（　）なので … だ」

【例文】

1　海で泳ぐのには寒すぎる。
　　It is **too** cold **to swim** in the sea.

2　（私には）あのカレーは辛すぎて食べられなかった。
　　That curry was **too** hot (for me) **to eat**.

3　遠すぎて歩いては行けない。
　　It is **too** far **to walk**.

4　泳ぎに行けるくらい暑かった。
　　It was hot **enough to go** swimming.

5　彼はポルシェを買えるくらいお金持ちだ。
　　He is rich **enough to buy** a Porsche.

6　歩いて行けるくらい近い。
　　It is close **enough to go** on foot.

7　彼女は親切にも私に街中を案内してくれました。
　　She was **so** kind (**as**) **to** show me around the town.
　　She was **so** kind **that** she showed me around the town.

＊ too ___ to ～
　　／ so ___ that 節　＜否定＞
⇄ It is so cold
　　that we cannot swim in the sea.
⇄ That curry was so hot
　　that I could not eat it.
⇄ It is so far that we cannot walk.

＊ ___ enough to ～
　　／ so ___ that 節　＜肯定＞
⇄ It was so hot
　　that we could go swimming.
⇄ He is so rich
　　that he can buy a Porsche.
⇄ It is so close
　　that we can go on foot.

＊ so ___ as to ～　ややかたい表現
　so ___ that 主語＋動詞
　　　　　└─ 主語／時制に呼応
≒ It was kind of her
　　to show me around the town.

be動詞＋不定詞の形式

| (be) to ～ | （これからする）予定・義務／命令・（不）可能・運命・意図を表す |

【例文】

8　大統領は１１月に日本を訪問することになっています。
　　The president **is to visit** Japan in November.

9　新入生は説明会に出席しなければならない。
　　New students **are to attend** the orientation session.

10　通りには人っ子ひとり見られなかった。
　　Not a soul **was to be** seen on the street.

11　彼女は二度と彼に会えない運命にあった。
　　She **was** never **to see** him again.

＊ 予定
　公式の予定等を表すのに使われるかしこまった表現
　　"The next meeting is to take place in Italy."

＊ 規則／強い命令
　第三者が課す義務（規則等）を表すことが多く
　話者の意志よる義務 は 通常 should / must で表す

＊ （不）可能
　to be 過去分詞 ＜受動態＞ の形で可能の意味を表す
　soul = person の意味で否定語を伴う例が多い

＊ 運命　過去形で小説の中などで多く見られる表現
　　"He was never to return his hometown."

Worksheet 013

程度を表す不定詞の形式

(形容詞・副詞)	「 あまりに（　）で 〜 することができない 」
(形容詞・副詞)	「 〜するには 十分（　）だ 」
(形容詞・副詞)	「 〜するほど（　）だ 」
≒ (形容詞・副詞)	「 とても（　）なので … だ 」

【英作文】

1　海で泳ぐのには寒すぎる。

2　（私には）あのカレーは辛すぎて食べられなかった。

3　遠すぎて歩いては行けない。

4　泳ぎに行けるくらい暑かった。

5　彼はポルシェを買えるくらいお金持ちだ。

6　歩いて行けるくらい近い。

7　彼女は親切にも私に街中を案内してくれました。

be動詞 + 不定詞の形式

| (be) to 〜 | (これからする) 予定・義務／命令・(不) 可能・運命・意図を表す |

【英作文】

8　大統領は１１月に日本を訪問することになっています。

9　新入生は説明会に出席しなければならない。

10　通りには人っ子ひとり見られなかった。

11　彼女は二度と彼に会えない運命にあった。

014 不定詞 ⑦ Infinitives

主語 + 動詞 + 名詞（目的語） + 不定詞 の形式

| want | | to ~ | ※ 主語自身が　　「 ~ したい 」 |
| want | （目的語） | to ~ | ※ 主語は 「（　　）に ~ してほしい 」 |

| tell | （目的語） | to ~ | ※ 主語は 「（　　）に ~ するように言う 」 |
| ask | （目的語） | to ~ | 　　　　　「（　　）に ~ するように頼む 」 |

advise ／ encourage ／ expect　　　「 助言する 」／「 励ます 」／「 期待する 」
／ order ／ remind ／ warn　　　　／「 命令する 」／「 思い出させる 」／「 警告する 」

allow	（目的語）	to ~	※ 主語は 「（　　）が ~ するのを許す 」
enable	（目的語）	to ~	「（　　）が ~ するのを可能にさせる 」
persuade	（目的語）	to ~	「（　　）を ~ するように説得する 」

| get | （目的語） | to ~ | ※ 主語は 「（　　）に なんとか頼んで ~ してもらう 」 |

【例文】

1　私は、彼に謝りたい。
　　I **want** **to apologize** to him.

＊ 不定詞 to apologize の主語 ＝ 文の主語（I）
　　want to のかわりに
　　would like to を使うと丁寧（婉曲的）な表現になる

2　私は、彼に謝ってもらいたい。
　　I **want** him **to apologize** to me.

＊ 不定詞 to apologize の意味上の主語 ＝ 目的語（him）
　　「彼が 謝る」ことを望む

3　何か飲み物をもってきましょうか。
　　Do you **want** me **to get** you something to drink ?

"I want you to ~" という言い方は
相手に「自分の希望」を伝える形式ではあるが
依頼表現として使うと失礼にあたることが多いので注意

4　先生は、私たちに英語を話すように言います。
　　Our teacher **tells** us **to speak** English.

＊ 不定詞 to speak の意味上の主語 ＝ 目的語（us）
　≒ Our teacher **says** to us,
　　　　"Speak English."

5　先生は、私たちに日本語を話さないように言います。
　　Our teacher **tells** us **not to speak** Japanese.

　　　　"Don't speak Japanese."

6　彼女は、私にドアを閉めるように頼んだ。
　　She **asked** me **to close** the door.

＊ 不定詞 to close の意味上の主語 ＝ 目的語（me）
　≒ She **said** to me,
　　　　"Please close the door."

7　彼女は、私にドアを閉めないように頼んだ。
　　She **asked** me **not to close** the door.

　　　　"Please do not close the door."

8　私は、あなたがそんな事をするのを許すわけにはいかない。
　　I can't [won't] **allow** you **to do** that.

＊ 不定詞 to do の意味上の主語 ＝ 目的語（you）
　　無生物主語の例も多い「人が ~するのを可能にする」
　　The scholarship allowed me to study abroad.
　　　　　[enabled]　　　　　　　発音注意
　　「奨学金のおかげで留学できた。」　allow [əláu]

9　私たちは、彼を説得して自分たちのクラブに入ってもらった。
　　We **persuaded** him **to join** our club.

不定詞 to join の意味上の主語 ＝ 目的語（him）

10　私は、友人に（お願いして）空港に連れて行ってもらった。
　　I **got** my friend **to take** me to the airport.

＊ 使役
　　get 人 to~ 「なんとか頼んで~してもらう」
cf. force 人 to~ 「無理に ~させる」

Worksheet 014

主語 + 動詞 + 名詞（目的語）+ 不定詞の形式

＿＿＿＿＿＿＿＿ to ~	※ 主語自身が　　「 ~ したい 」
＿＿＿＿（目的語）to ~	※ 主語は 「 (　　) に ~ してほしい 」
＿＿＿＿（目的語）to ~	※ 主語は 「 (　　) に ~ するように言う 」
＿＿＿＿（目的語）to ~	「 (　　) に ~ するように頼む 」

advise ／ encourage ／ expect ／ order ／ remind ／ warn
「助言する」／「励ます」／「期待する」／「命令する」／「思い出させる」／「警告する」

＿＿＿＿（目的語）to ~	※ 主語は 「 (　　) が ~ するのを許す 」
＿＿＿＿（目的語）to ~	「 (　　) が ~ するのを可能にさせる 」
＿＿＿＿（目的語）to ~	「 (　　) を ~ するように説得する 」
＿＿＿＿（目的語）to ~	※ 主語は 「 (　　) になんとか頼んで ~ してもらう 」

【英作文】

1　私は、彼に謝りたい。

2　私は、彼に謝ってもらいたい。

3　何か飲み物をもってきましょうか。

4　先生は、私たちに英語を話すように言います。

5　先生は、私たちに日本語を話さないように言います。

6　彼女は、私にドアを閉めるように頼んだ。

7　彼女は、私にドアを閉めないように頼んだ。

8　私は、あなたがそんな事をするのを許すわけにはいかない。

9　私たちは、彼を説得して自分たちのクラブに入ってもらった。

10　私は、友人に（お願いして）空港に連れて行ってもらった。

015 不定詞 ⑧　Infinitives

疑問詞 + 不定詞の形式

how	to ～
what	to ～
which （名詞）	to ～
when／where	to ～

「どのように　～するか」「～の仕方」
「何を　　　　～するか」
「どの（　）を～するか」
「いつ／どこで　～するか」

【例文】

1　魚の料理の仕方［どうやって魚を料理するのか］を知りません。
　　I don't know **how to** cook fish.

2　何をしたらよいのか／何と言ったらよいのかわかりません。
　　I don't know **what to** do ／ **what to** say.

3　どの授業を履修するか決めかねています。
　　I can't decide **which class**(es) **to** take.

＊ 疑問詞＋不定詞／疑問詞＋主語 should ～
　≒ I don't know how I should cook fish.
　　 I can't cook fish.
　≒ I don't know what I should do ／ say.
　 I don't know
　"which textbook(s) to buy" どのテキストを買うか
　"when and where to buy the textbook(s)"
　　　　　　　　いつ・どこでそのテキストを買うか

自動詞 + 不定詞の形式

happen	to ～
seem	to ～
turn out	to be ～
come	to ～

「偶然、たまたま～する」
「～のようだ」
「～であることがわかる」
「～するようになる」

【例文】

4　私たちは偶然同じ電車に乗っていました。
　　We **happened to** take the same train.

5　今日、彼女は体調が悪そうです。
　　She **seems to** be sick today.

6　昨日、彼女は体調が悪そうでした。
　　She **seems to** have been sick yesterday.

7　彼の話は本当であることがわかった。
　　His story **turned out to be** true.

8　私はタイ料理が好きになってきました。
　　I **came to** like Thai food.

＊ happen to ～　疑問文で「ひょっとして」
　"Do you happen to know where he is?"
　「彼がどこにいるかご存じではありませんか。」

＊ 現在の様子について
　≒ It seems that she is sick today.

＊ 過去の様子について
　≒ It seems that she was sick yesterday.
　　　　現在　　　　　過去

＊ 類似表現　prove to ～　「～であることが判明する」
　"His theory proved (to be) correct."
　「彼の理論は正しいことが判明した。」

＊ 類似表現　get to ～　「～するようになる」
　　　　　like／know など状態を表す動詞が続く

独立不定詞

to be honest ／ to make matters worse ／ to tell the truth ／ needless to say ／ so to speak ／ strange to say
「正直に言うと」「さらに都合の悪いことに」「実を言うと」「言うまでもなく」「言わば」「変な話だが」

9　正直なところ、私はあまり好きではありませんでした。
　　I didn't really like it **to be honest**.

＊ 文全体を修飾
　類似表現　to be frank「率直に言うと」
　（遠慮や隠しだてをせず本心を打ち明けると）

Worksheet 015

疑問詞 + 不定詞の形式

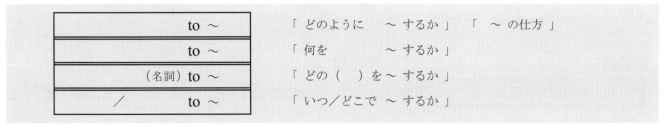

___ to ~	「どのように ～するか」「～の仕方」
___ to ~	「何を ～するか」
___ （名詞）to ~	「どの（ ）を～するか」
___／___ to ~	「いつ／どこで ～するか」

【英作文】

1　魚の料理の仕方［どうやって魚を料理するのか］を知りません。

2　何をしたらよいのか／何と言ったらよいのかわかりません。

3　どの授業を履修するか決めかねています。

自動詞 + 不定詞の形式

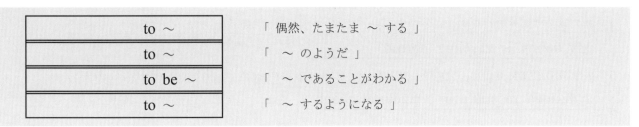

___ to ~	「偶然、たまたま ～する」
___ to ~	「～のようだ」
___ to be ~	「～であることがわかる」
___ to ~	「～するようになる」

【英作文】

4　私たちは偶然同じ電車に乗っていました。

5　今日、彼女は体調が悪そうです。

6　昨日、彼女は体調が悪そうでした。

7　彼の話は本当であることがわかった。

8　私はタイ料理が好きになってきました。

独立不定詞

to be honest ／ to make matters worse ／ to tell the truth ／ needless to say ／ so to speak ／ strange to say
「正直に言うと」「さらに都合の悪いことに」「実を言うと」「言うまでもなく」「言わば」「変な話だが」

9　正直なところ、私はあまり好きではありませんでした。

016 動名詞 ①　　　　　　　　　　　　　　　　　　　　　　　　　　**Gerunds**

動名詞 … 動詞の現在分詞［ing 形］により　　「〜 すること」
　　　　　　動詞としての性質を持ちながら　名詞　の働きをする詞

動名詞	**不定詞** 前置詞 to が方向性「〜へ向かって」の意味を持つ
これまで実際に行われていること を表す	のと同じように これから先のこと を表す
※「何度も繰り返しやっていること」 　「すでに起こったこと」	※「何かを達成しようとすること」 　「まだ起こっていないこと」

【例文】

1　はじめまして［お会いできて嬉しく思います］。　　＊不定詞　← 会話のはじめに（これからはじまる動作）
　　(It is)　Nice **to meet** you.　　　　　　　　　　　　　初対面の人に使う表現であり二度目以降は Nice to see you.

2　あなたにお会いできてよかったです。　　　　　　　＊動名詞　← 会話のおわり・別れ際に（会話を交わした後）
　　(It was)　Nice meet**ing** you.　　　　　　　　　　　　初対面でなければ (It was) Nice seeing you.

3　私の夢は海外旅行をすることです。　　　　　　　＊不定詞
　　My **dream** is **to travel** abroad.　　　　　　　　　　「夢」＝ これから先に実現しようとすること

4　私の趣味は海外旅行をすることです。　　　　　　＊動名詞
　　My **hobby** is travel**ing** abroad.　　　　　　　　　　「趣味」＝ 何度も繰り返し行っていること

5　大学院で勉強することに決めました。　　　　　　＊不定詞　「これから先に実現しようと決めたこと」
　　I **decided to study** in a graduate school.　　　　　plan・refuse・want・wish なども不定詞を目的語にとる

6　SALC で英語を話す練習をしています。　　　　　　＊動名詞　「すでに実践した／繰り返し実践している練習」
　　I **practice** speak**ing** English at the SALC.　　　同様に enjoy・finish・give up なども動名詞を目的語にとる
　　　　　　　　　　　　　　　　　　　　　　　　　　　　"SALC" stands for Self-Access Learning Center.

動名詞・不定詞で 意味が異なる動詞

forget	〜ing	「〜したことを忘れる」	to 〜	「〜し忘れる」
remember	〜ing	「〜したことを覚えている」	to 〜	「忘れずに 〜 する」
try	〜ing	「試しに 〜 してみる」	to 〜	「〜しようと試みる」
regret	〜ing	「〜したことを後悔する」	to 〜	「残念ながら 〜 する」

【例文】

7　レポートを提出するのを忘れないように。　　　　　＊不定詞　「これから先に行うこと」
　　Don't **forget to submit** your paper.　　　　　　　ここで動名詞 submitting を forget の目的語にすると
　　　　　　　　　　　　　　　　　　　　　　　　　　　「すでに提出済みであることを忘れないで」という意味になる

8　（確かに）レポートを提出したのを覚えています。　＊動名詞　「すでに行ったこと」
　　I **remember** submitt**ing** my paper.　　　　　　　ここで不定詞 to submit を remember の目的語にする
　　　　　　　　　　　　　　　　　　　　　　　　　　　「（これから）提出するのを覚えている」という意味になる

9　昨年、私たちは富士山に登ってみました。　　　　　＊動名詞で「実際に登った（実行済み）」であることを表している
　　We **tried** climb**ing** Mt. Fuji last year.　　　　　cf. 不定詞　We tried to climb Mt. Fuji last year.
　　　　　　　　　　　　　　　　　　　　　　　　　　　　　　「富士山に登ろうとした（試みたが未達）。」

10　遺憾ながら、今回の募集におきましては貴意に添えない結果となりましたので、ご通知申し上げます。
　　We **regret to inform** you that your application has not been successful.

Worksheet 016

動名詞 … 動詞の現在分詞［ing 形］により 「〜すること」
動詞としての性質を持ちながら [　　　] の働きをする詞

動名詞　[　　　　　　　　　　] を表す
※「何度も繰り返しやっていること」
　「すでに起こったこと」

不定詞　前置詞 to が方向性「〜へ向かって」の意味を持つ
のと同じように [　　　　　　　　　　] を表す
※「何かを達成しようとすること」
　「まだ起こっていないこと」

【英作文】

1　はじめまして［お会いできて嬉しく思います］。

2　あなたにお会いできてよかったです。

3　私の夢は海外旅行をすることです。

4　私の趣味は海外旅行をすることです。

5　大学院で勉強することに決めました。

6　SALC で英語を話す練習をしています。

動名詞・不定詞で 意味が異なる動詞

		「〜したことを忘れる」	to 〜	「〜し忘れる」
		「〜したことを覚えている」	to 〜	「忘れずに 〜 する」
		「試しに 〜 してみる」	to 〜	「〜しようと試みる」
		「〜したことを後悔する」	to 〜	「残念ながら 〜 する」

【英作文】

7　レポートを提出するのを忘れないように。

8　（確かに）レポートを提出したのを覚えています。

9　昨年、私たちは富士山に登ってみました。

10　遺憾ながら、今回の募集におきましては貴意に添えない結果となりましたので、ご通知申し上げます。

017 動名詞 ② Gerunds

不定詞 or 動名詞

動詞によって目的語に　① 不定詞のみ
　　　　　　　　　　② 動名詞のみ
　　　　　　　　　　③ 不定詞・動名詞の両方　をとるものと3通りに分けられる

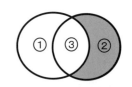

見極めのポイント

「これから行おうとすること」を表す動詞 → ① 不定詞 ／「すでに行っていること」を表す動詞 → ② 動名詞
decide・plan・refuse・want・wish など　　　　　　　　practice・enjoy・give up など

覚えるときのアドバイス

この動詞のとる目的語は① 不定詞／この動詞のとる目的語は② 動名詞と同時に覚えていくと混同しやすいのでまずは「どちらか一方」の動詞グループをまとめて確実に覚える

例えば② 動名詞のみを目的語にとる動詞だけ覚えていれば　知っている動詞 → ② 動名詞　と選択できる
　　　　　　　　　　　　　　　　　　　　　　　　　　　　知らない動詞　→ ① 不定詞
　　　　　　　　　　　　　　　　　　　　　　　　　　　　　　　　　　　（③ 不定詞でもよい）

基本8動詞を覚えるためのキーワード

メ・ガ・フェ・プ・ス (megafeps)　　動名詞を目的語にとる動詞　　その他

m	mind	～ing	～することを「気にする」	admit	「認める」
e	enjoy	～ing	「楽しむ」	consider	「よく考える」
g	give up	～ing	「あきらめる」	deny	「否定する」
a	avoid	～ing	「避ける」	discuss	「議論する」
f	finish	～ing	「終える」	dislike	「嫌う」
e	escape	～ing	「逃れる」	recommend	「勧める」
p	practice	～ing	「練習する」	suggest	「提案する」
s	stop	～ing	「やめる」	put off	「延期する」

【例文】

1　窓を開けてもらえませんか [構いませんか]。
　　Would you **mind** open**ing** the window?

＊ Would you mind ～ing? の依頼文は答え方に注意
　・Yes (I mind).　　　「はい、気にします（嫌です）。」
　・No (I don't mind). 「いいえ、気にしません（いいですよ）。」

2　私は野球を観戦して楽しく過ごします。
　　I **enjoy** watch**ing** baseball games.

＊ 動名詞と名詞
「野球が好き」と名詞だけで表すよりも
「野球を観戦するのが好き（プレイするのでなく）」と詳しく説明

3　煙草をやめました [吸うのをあきらめました]。
　　I **gave up** smok**ing**.

＊ give up は動名詞（～ing）のみを目的語にとる
「あきらめる」のは「これまでしてきた動作（喫煙）」← 動名詞

4　昨日その本を読み終えました。
　　I **finished** read**ing** the book yesterday.

＊ finish は動名詞（～ing）のみを目的語にとる
「終える」のは「これまでしてきた動作（読書）」← 動名詞

5　彼はその質問に答えることを拒んだ。
　　He **refused to answer** the question.

＊ refuse は不定詞（to ～）のみを目的語にとる
「拒む」のは「これからする動作（返答）」← 不定詞

6　彼女は煙草を吸うのをやめた。
　　She **stopped** smok**ing**.

＊「～することをやめる」という意味を表すのは動名詞のみ
　cf. She stopped to smoke. 不定詞の副詞的用法 ＜目的＞
　　「彼女は煙草を吸うために、立ち止まった。」

Worksheet 017

不定詞 or 動名詞

動詞によって目的語に
① 不定詞のみ
② 動名詞のみ
③ 不定詞・動名詞の両方 をとるものと3通りに分けられる

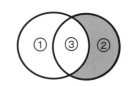

見極めのポイント

「これから行おうとすること」を表す動詞 → ① 不定詞 ／「すでに行っていること」を表す動詞 → ② 動名詞
decide・plan・refuse・want・wish など　　　　　　　　practice・enjoy・give up など

覚えるときのアドバイス

この動詞のとる目的語は① 不定詞／この動詞のとる目的語は② 動名詞と同時に覚えていくと混同しやすいので
まずは「どちらか一方」の動詞グループをまとめて確実に覚える

例えば② 動名詞のみを目的語にとる動詞だけ覚えていれば　知っている動詞 → ☐　　　　と選択できる
　　　　　　　　　　　　　　　　　　　　　　　　　　　知らない動詞　 → ☐

基本8動詞を覚えるためのキーワード

メ・ガ・フェ・プ・ス (megafeps)　　動名詞を目的語にとる動詞　　その他

m	～ing	～することを「気にする」	admit	「認める」
e	～ing	「楽しむ」	consider	「よく考える」
g	～ing	「あきらめる」	deny	「否定する」
a	～ing	「避ける」	discuss	「議論する」
f	～ing	「終える」	dislike	「嫌う」
e	～ing	「逃れる」	recommend	「勧める」
p	～ing	「練習する」	suggest	「提案する」
s	～ing	「やめる」	put off	「延期する」

【英作文】

1　窓を開けてもらえませんか [構いませんか]。

2　私は野球を観戦して楽しく過ごします。

3　煙草をやめました [吸うのをあきらめました]。

4　昨日その本を読み終えました。

5　彼はその質問に答えることを拒んだ。

6　彼女は煙草を吸うのをやめた。

018　動名詞 ③　　　　　　　　　　　　　　　　　　　Gerunds

動名詞の慣用表現 Ⅰ

be afraid of	～ing	「 ～することを恐れる 」
be fond of	～ing	「 ～することを好む 」
be good at	～ing	「 ～することが得意である 」
be interested in	～ing	「 ～することに興味がある 」
be used to	～ing	「 ～することに慣れている 」
be worth	～ing	「 ～するだけの価値がある 」
cannot help	～ing	「 ～するのをどうにもできない、つい ～ してしまう 」
feel like	～ing	「 ～したい気がする 」
look forward to	～ing	「 ～することを楽しみにしている 」
put off	～ing	「 ～することを延期する 」
How about	～ing ?	「 ～するのはいかがですか。 」
Thank you for	～ing	「 ～してくれてありがとう、感謝しています。 」

【例文】

1　間違えをするのを恐れないで。
　　Don't **be afraid of** mak**ing** mistakes.

2　私は本を読むのが好きです。
　　I **am fond of** read**ing** books.

3　彼女は英語を話すのが得意です。
　　She **is good at** speak**ing** English.

4　私は一人で旅行するのに慣れています。
　　I **am used to** travel**ing** alone.

5　その映画は観る価値があると思います。
　　I think the movie **is worth** watch**ing**.

6　ブュッフェ［食べ放題］だとつい食べ過ぎてしまいます。
　　I **cannot help** eat**ing** too much at the Buffet.

7　なんだか食欲がありません［何も食べたくない気分です］。
　　I don't **feel like** eat**ing** anything.

8　近くお会いできるのを楽しみにしています。
　　I am **look**ing **forward to** see**ing** you soon.

9　歯医者に行くのを先延ばししない方がいいですよ。
　　You shouldn't **put off** go**ing** to the dentist.

10　珈琲でも飲みながら話しませんか。
　　How about talk**ing** over (a cup of) coffee?

＊ be afraid of の後に続くのは（動）名詞のみ
　　be 動詞は主語・時制に呼応 → am・is (was) ／ are (were)
　　　　　ここでは Don't の後に続くので原形 be のまま

＊ fond 　「ずっと前から好きで思い入れの深いこと」
　　　　　　　　について表すのに使われることが多い

＊ be good at 動名詞
　　　　　≒ She is a good speaker of English.
　　　　　≒ She can speak English well.

＊ be used to ～ing と used to ～ の違いに注意
　　cf. I used to travel alone.「よく一人旅をしたものだ。」

＊ be worth 動名詞
　　　　　≒ I think it is worth watching the movie.
　　　　　≒ I think it is worthwhile to watch the movie.

＊ cannot help 動名詞
　　　　　≒ I cannot (help) but eat too much at the Buffet.

＊ feel like ～ing と feel like ... の違いに注意
　　cf. I feel like I'm getting a cold.
　　　　　「風邪をひきそうな気がする。」

＊ look forward to 動名詞
　　　　　to ＋ 動詞原形（不定詞）にしないように注意

＊ put off 　時間的に「離れたところに off」「置く put」
　　　　　　過去に置くことはできないので未来に置く
　　　　　　　＝「延期する」

＊ 提案
　　類似表現 What do you say to ～ing ? ／ Why don't we ～ ?
　　友人同士の会話では Do you want to ～ ? の形が多く使われる

Worksheet 018

動名詞の慣用表現 I

	～ing	「 ～することを恐れる 」
	～ing	「 ～することを好む 」
	～ing	「 ～することが得意である 」
	～ing	「 ～することに興味がある 」
	～ing	「 ～することに慣れている 」
	～ing	「 ～するだけの価値がある 」
	～ing	「 ～するのをどうにもできない、つい ～ してしまう 」
	～ing	「 ～したい気がする 」
	～ing	「 ～することを楽しみにしている 」
	～ing	「 ～することを延期する 」
	～ing ?	「 ～するのはいかがですか。 」
	～ing	「 ～してくれてありがとう、感謝しています。 」

【英作文】

1　間違えをするのを恐れないで。

2　私は本を読むのが好きです。

3　彼女は英語を話すのが得意です。

4　私は一人で旅行するのに慣れています。

5　その映画は観る価値があると思います。

6　ブュッフェ [食べ放題] だとつい食べ過ぎてしまいます。

7　なんだか食欲がありません [何も食べたくない気分です]。

8　近くお会いできるのを楽しみにしています。

9　歯医者に行くのを先延ばししない方がいいですよ。

10　珈琲でも飲みながら話しませんか。

019 動名詞 ④　　　　　　　　　　　　　　　　　　　Gerunds

動名詞の慣用表現 Ⅱ

表現	意味
in ～ing	「 ～するとき、～している間に 」
on ～ing	「 ～するとすぐに、～するのと同時に 」
before / after ～ing	「 ～する前に ／ ～した後に 」
without ～ing	「 ～することなしに、～しないで 」
It is no use ～ing	「 ～しても無駄だ 」
There is no ～ing	「 ～することはできない 」
keep (on) ～ing	「 ～し続ける 」
need ～ing	「 ～する必要がある 」
prevent … from ～ing	「 …が～するのを妨げる 」
When it comes to ～ing	「 （話が）～するということになると 」

【例文】

1　道路を横切る際は、両側を確認するのを忘れないように。
　　In cross**ing** the road, remember to look both ways.

＊ in＜範囲＞＋～ing 「～している間」
　≒ When [While] you cross the road,
　　　　　　　　　　remember to look both ways.

2　見知らぬ人を見た途端、その犬は吠え出した。
　　On see**ing** the stranger, the dog started barking.

＊ on＜接点＞＋～ing 「～する時点」
　≒ As soon as the dog saw the stranger,
　　　　　　　　　it started barking.

3　私は寝る前に本を読みます [本を読んでから寝ます]。
　　I read a book **before** go**ing** to bed.

＊ before ⇔ after ～ing　　複数冊読むなら↓
　≒ I go to bed after reading a book. ／ books

4　彼女はさよならを言わないで帰ってしまった。
　　She left **without** say**ing** good-bye.

＊ never を伴った二重否定の形でも使われる
　　They never meet without quarreling.
　　「彼らは言い争いをしないで会うことはない。」
　　「彼らは会うと必ず言い争いをする。」

5　彼女のことを（彼女が来るのを）待っても無駄だ。
　　It is no use wait**ing** for her (to come).

＊ It is no use [no good] ～ing
　　It is no use crying over spilt milk.
　　「覆水盆に返らず（こぼれた牛乳を嘆いても無駄だ）」

6　明日何が起こるか分かりません。
　　There is no tell**ing** what will happen tomorrow.

＊ There is no ～ing ≒ It is impossible to ～
　　There is no accounting for tastes.
　　「たで食う虫も好き好き（人の好みは説明できない）」

7　彼女は（何度もずっと）同じ事を私に話してきます。
　　She **keeps** (**on**) tell**ing** me the same thing.

＊ on＜接点＞ → 継続・スイッチが入っているイメージ
　　on を入れると "not giving up" のニュアンスが加わり
　　　　反復を強調ときに執拗さを暗示

8　私の時計は修理する必要がある。
　　My watch **needs** [**wants**] repair**ing**.

＊ need [want] ～ing
　　主語に対して「～をしてやる必要がある」という意味
　　≒ My watch needs to be repaired.

9　台風のせいで私たちは外出できませんでした。
　　The typhoon **prevented** us **from** go**ing** out.

＊ prevent [keep] … from ～ing
　　直訳「台風は私たちが外出するのを妨げた。」
　　≒ We couldn't go out because of the typhoon.

10　英語を話すということになると、私は緊張してしまいます。
　　When it comes to speak**ing** English, I get nervous.

＊ When it comes to (動)名詞
　　「話す」という動作は動名詞 speaking で表す

動名詞の慣用表現 II

	~ing	「 ～するとき、～している間に 」
	~ing	「 ～するとすぐに、～するのと同時に 」
／	~ing	「 ～する前に ／ ～した後に 」
	~ing	「 ～することなしに、～しないで 」
	~ing	「 ～しても無駄だ 」
	~ing	「 ～することはできない 」
	~ing	「 ～し続ける 」
	~ing	「 ～する必要がある 」
	~ing	「 …が ～するのを妨げる 」
	~ing	「 （話が）～するということになると 」

【英作文】

1　道路を横切る際は、両側を確認するのを忘れないように。

2　見知らぬ人を見た途端、その犬は吠え出した。

3　私は寝る前に本を読みます［本を読んでから寝ます］。

4　彼女はさよならを言わないで帰ってしまった。

5　彼女のことを（彼女が来るのを）待っても無駄だ。

6　明日何が起こるか分かりません。

7　彼女は（何度もずっと）同じ事を私に話してきます。

8　私の時計は修理する必要がある。

9　台風のせいで私たちは外出できませんでした。

10　英語を話すということになると、私は緊張してしまいます。

020 動名詞 ⑤　　　　　　　　　　　　　　　　　　　　　　　　Gerunds

動名詞の意味上の主語

意味上の主語は　動名詞の直前　に置く　　※ 文の主語と一致する場合はたいてい省略される
　　　　　　代名詞の場合は　目的格／所有格

　　　　　　　　　　　　　　　　　　　　　　　　　　　　　While eating noodles,
主語 ＝ 動名詞の意味上の主語　「私は（自分が）音をたてるのが嫌だ。」I don't like　　　making noise.
主語 ≠ 動名詞の意味上の主語　「私は、彼らが 音をたてるのが嫌だ。」I don't like them making noise.

動名詞の否定形

否定語の not を　動名詞の直前　に置く

Is there a difference between　not telling the truth　and　telling a lie ?
　　　　　　　　　　　　　　　「本当の事を言わないこと」　　「嘘を言うこと」

動名詞と受動態　　　　　　　　　　　　　　　　動名詞と完了形

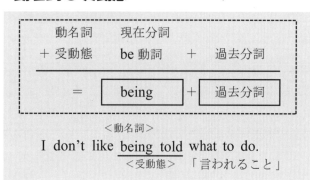

I don't like being told what to do.
　　　　　　＜受動態＞「言われること」

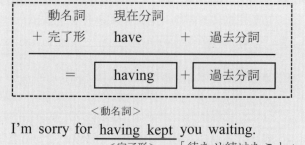

I'm sorry for having kept you waiting.
　　　　　　＜完了形＞「待たせ続けたこと」

【例文】

1　彼は、その会社で働いていることを誇りに思っている。　　＊ 時制・主語の一致　（主語 ＝ 動名詞の意味上の主語）
　　He is proud of　　working in the company.　　　　≒ He is proud that he works in the company.

2　彼は、その会社で働いていたことを誇りに思っている。　　＊ 時制の不一致
　　He is proud of　having worked in the company.　　　≒ He is proud that he worked in the company.

3　彼は、私がその会社で働いていることを誇りに思っている。　＊ 主語の不一致　（主語 ≠ 動名詞の意味上の主語）
　　He is proud of　　me　working in the company.　　≒ He is proud that I work in the company.

4　私は、留学したことを後悔している。　　　　　　　　　　＊ 過去の事柄を表す動詞は完了形にしないことが多い
　　I　regret　studying abroad.　　　　　　　　　　　　≒ I regret having studied abroad.
　　　　　　　　　　　　　　　　　　　　　　　　　　　　≒ I regret that I studied abroad.

5　私は、留学したことを後悔していない。　　　　　　　　　＊ （述語）動詞の否定
　　I don't regret　studying abroad.　　　　　　　　　≒ I don't regret that I studied abroad.

6　私は、留学しなかったことを後悔している。　　　　　　　＊ 動名詞の否定
　　I　regret　not studying abroad.　　　　　　　　　　≒ I regret that I didn't study abroad.

7　私は、人に指図されるのが好きではない。　　　　　　　　＊ 動名詞の受動態　（主語 ≠ 動名詞の意味上の主語）
　　I don't like being told what to do.　　　　　　　　≒ I don't like that people tell me what to do.
　　　　　　　　　　　　　　　　　　　　　　　　　　　　≒ I don't like people telling me what to do.

Worksheet 020

動名詞の意味上の主語

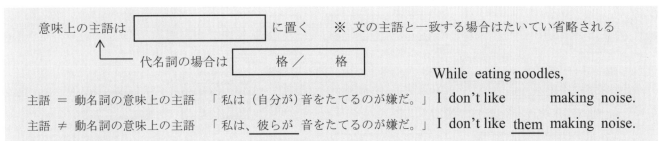

動名詞の否定形

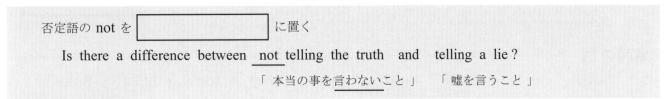

動名詞と受動態

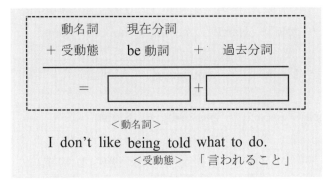

動名詞と完了形

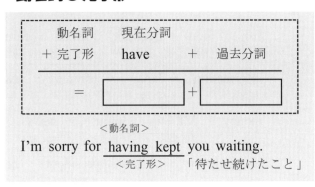

【英作文】

1　彼は、その会社で働いていることを誇りに思っている。

_____

2　彼は、その会社で働いていたことを誇りに思っている。

_____

3　彼は、私がその会社で働いていることを誇りに思っている。

_____

4　私は、留学したことを後悔している。

_____

5　私は、留学したことを後悔していない。

_____

6　私は、留学しなかったことを後悔している。

_____

7　私は、人に指図されるのが好きではない。

_____

021 名詞 ①　　　Nouns

英語の名詞

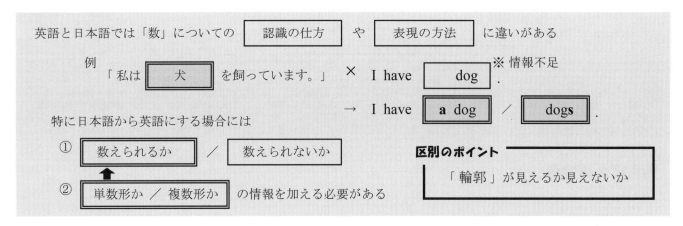

英語と日本語では「数」についての 認識の仕方 や 表現の方法 に違いがある

例 「私は 犬 を飼っています。」　× I have dog .　※情報不足
　　　　　　　　　　　　　　　　　→ I have a dog / dogs .

特に日本語から英語にする場合には
① 数えられるか / 数えられないか
② 単数形か / 複数形か の情報を加える必要がある

区別のポイント
「輪郭」が見えるか見えないか

名詞の例

| advice | air | audience | baggage [luggage] | boy | bottle | bread | Buddha |
| 助言 | 空気 | 観客 | 手荷物 | 男の子 | ボトル［瓶］ | パン | 仏陀［釈迦］ |

| captain | child | class | clothing | cow | coffee | crew | crowd | cup | family |
| キャプテン | 子ども | 授業／クラス | 衣類 | 乳牛 | コーヒー | 乗組員 | 群衆 | カップ | 家族 |

| fish | food | freedom | friend | furniture | gold | Harry | health | hope | hour |
| 魚 | 食物 | 自由 | 友だち | 家具 | 金 | ハリー | 健康 | 希望 | (1)時間 |

| information | Japan | Jeannie | jewelry | kindness | knowledge | Michael |
| 情報 | 日本 | ジニー | 宝石 | 親切 | 知識 | マイケル［ミカエル］ |

| money | Mt. Fuji | mouse | news | oxygen | peace | passer-by | people |
| 金 | 富士山 | ねずみ | ニュース | 酸素 | 平和 | 通行人 | 人々／民族［国民］ |

| phenomenon | police | president | rain | salt | school | Sky Tree | shoe | soap |
| 現象 | 警察 | 大統領［社長］ | 雨 | 塩 | 学校 | スカイツリー | くつ | 石けん |

| staff | stone | sugar | tea | team | Tokyo Dome | truth | water | wine | wood |
| スタッフ | 石 | 砂糖 | 茶 | チーム | 東京ドーム | 真実 | 水 | ワイン | 木材 |

不可算名詞（×印）

× advice ・ air ・ × audience ・ baggage [luggage] ・ boy ・ × bottle ・ × bread ・ Buddha

captain ・ child ・ × class ・ △ clothing ・ cow ・ × coffee ・ crew ・ crowd ・ cup ・ family

× fish ・ △ food ・ × freedom ・ friend ・ × furniture ・ × gold ・ Harry ・ × health ・ × hope ・ hour

× information ・ × Japan ・ × Jeannie ・ × jewelry ・ × kindness ・ × knowledge ・ × Michael

× money ・ × Mt. Fuji ・ mouse ・ × news ・ × oxygen ・ × peace ・ passer-by ・ people

phenomenon ・ police ・ president ・ × rain ・ × salt ・ school ・ × Sky Tree ・ shoe ・ × soap

staff ・ △ stone ・ × sugar ・ × tea ・ team ・ × Tokyo Dome ・ × truth ・ × water ・ × wine ・ × wood

Worksheet 021

英語の名詞

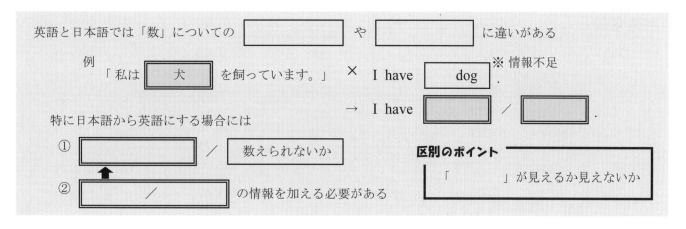

次の名詞のうち ① 数えられない名詞に × をつけ、② それぞれ下の枠内に書き出してみましょう。

例　×　　×
　　advice ・ air ・ audience

例
advice ・ air

①
```
  ×      ×
advice ・ air ・ audience ・ baggage [ luggage ] ・ boy ・ bottle ・ bread ・ Buddha

captain ・ child ・ class ・ clothing ・ cow ・ coffee ・ crew ・ crowd ・ cup ・ family

fish ・ food ・ freedom ・ friend ・ furniture ・ gold ・ Harry ・ health ・ hope ・ hour

information ・ Japan ・ Jeannie ・ jewelry ・ kindness ・ knowledge ・ Michael

money ・ Mt. Fuji ・ mouse ・ news ・ oxygen ・ peace ・ passer-by ・ people

phenomenon ・ police ・ president ・ rain ・ salt ・ school ・ Sky Tree ・ shoe ・ soap

staff ・ stone ・ sugar ・ tea ・ team ・ Tokyo Dome ・ truth ・ water ・ wine ・ wood
```

②
advice ・ air

022　名詞 ②　　　　　　　　　　　　　　　　　　　　　Nouns

数えられる名詞

普通名詞 … 　形や区切り　 があって　その中の1つをイメージできる　名詞

※ 形はなくても (an) hour のようにある一定の「時間の区切り」（始まりと終わり）を表すものは普通名詞とみなされる

boy・bottle・captain・child・class(授業)・cow・cup・fish・friend
hour・mouse・passer-by・people・phenomenon・president・school　など

単数形と複数形がある　・単数形は冠詞（a～）や代名詞（my～）を伴い原則として単独で使わない
　　　　　　　　　　　・複数形で　その種類全体　を表すことができる

集合名詞 … 人や物の　集合体　を表す名詞

audience・class(クラス・組)・crowd・family・people(人々)・staff・team　など

集合体を「1つのまとまったもの」として　単数　扱いにする

例外　① 集合体が複数あるとき　② 集合体を構成する個々のメンバーを意識するとき　→ 複数扱い

集合名詞でも「異なる種類の集合」を表す名詞は数えられない　他に　baggage（手荷物）　clothing（衣類）
例　furniture（家具）←「机」・「本棚」・「ベット」…　　　　　　　　food（食物）　jewelry（宝石）など

【例文】

1　私の伯父は農場で乳牛と羊を飼っています。
　　My uncle has **cows** and **sheep** on his farm.

　＊普通名詞は単数／複数を区別して表す
　　・単数形は冠詞や代名詞を伴い単独で使わない
　　・複数のものを表すときには複数形にする
　　　不規則に変化する名詞に注意
　　　　a child ／ **children**　　a sheep ／ **sheep**　など

2　彼には妻と3人の子どもがいます。
　　He has **a wife** and three **children**.

3　私は犬が好きです。
　　I like **dogs**.

　＊複数形で総称（その種類全体）を表す
　　注意　I like a dog／dog.「1匹の犬」／「犬肉」が好き

4　私は留学生たちと友だちになりたい。
　　I want to make **friends** with overseas students.

　＊ make friend**s** with ～「～と友達になる、親しくなる」
　　 shake hand**s** with ～「～と握手する」
　　　二人（以上）いてはじめて成立する動作 → 複数形

5　私の家族は大家族です。
　　My family is a big one [family].

　＊ family は集合名詞
　　「1つのまとまったもの」として単数扱い（be動詞 → is）

6　私の家族はみんな野球ファンです。
　　My family are all baseball fans.

　　集合体を構成するメンバー1人1人を意識するときは
　　　単数形であっても複数扱いする（be動詞 → are）

7　その村には100の家族がいます。
　　There are one hundred **families** in the village.

　＊集合体が複数あるときには複数形で表す
　　　family ＋ family ＋ family … ＝ 100 families

8　警察はその事件を調査している。
　　The police are looking into the incident.

　＊ police は警察を構成する「個々の警察官たち」に焦点
　　　→ 単数形であっても複数扱いする（be動詞 → are）
　　　cf. a police officer／two officers「警察官」

9　その国には56の民族がいます。
　　There are fifty-six **peoples** in the country.

　＊ people が「民族・国民」の意味で使われる例
　　　　　複数の「民族」は複数形（peoples）で表す

Worksheet 022

数えられる名詞

普通名詞 … ☐ があって ☐ 名詞

※ 形はなくても (an) hour のように ☐（始まりと終わり）を表すものは普通名詞とみなされる

> boy ・ bottle ・ captain ・ child ・ class (授業) ・ cow ・ cup ・ fish ・ friend
> hour ・ mouse ・ passer-by ・ people ・ phenomenon ・ president ・ school など

単数形と複数形がある ・ 単数形は冠詞（a ～）や代名詞（my ～）を伴い原則として単独で使わない
・ 複数形で ☐ を表すことができる

集合名詞 … 人や物の ☐ を表す名詞

> audience ・ class (クラス・組) ・ crowd ・ family ・ people (人々) ・ staff ・ team など

集合体を「1つのまとまったもの」として ☐ 扱いにする

例外 ① 集合体が複数あるとき ② 集合体を構成する個々のメンバーを意識するとき → 複数扱い

集合名詞でも「異なる種類の集合」を表す名詞は数えられない　　他に　baggage (手荷物)　clothing (衣類)
例　furniture (家具) ←「机」・「本棚」・「ベット」…　　　　　　　　food (食物)　　jewelry (宝石) など

【英作文】

1　私の伯父は農場で乳牛と羊を飼っています。

2　彼には妻と3人の子どもがいます。

3　私は犬が好きです。

4　私は留学生たちと友だちになりたい。

5　私の家族は大家族です。

6　私の家族はみんな野球ファンです。

7　その村には100の家族がいます。

8　警察はその事件を調査している。

9　その国には56の民族がいます。

023 名詞 ③ Nouns

数えられない名詞

物質名詞 … 液体・気体・材料・金属など 　決まった形をもたない　 物質を表す名詞

> water ・ coffee ・ tea ・ milk ・ beer ・ wine ・ rain ・ snow ・ air ・ oxygen
> salt ・ sugar ・ bread ・ meat ・ soap ・ paper ・ wood ・ stone ・ gold　など

※ 決まった形のない物質であっても「輪郭」がイメージされる場合は数えられる名詞として扱うこともある

coffee が液体ではなく具体的な形（カップに入った飲み物）を表す場合　　"Two **coffees**, please."

paper が素材ではなく決まった形を持つもの（レポート）として使われる場合 "I have to write **a paper**."

物質名詞の数量表現

● 不定量

	たくさんある	いくらかある	少しある	ほとんどない	まったくない
	much / ~~many~~	some	a little / a few	little / ~~few~~	no

● 一定量

		<単数>	<複数>	
1杯／～杯の	コーヒー	a cup of	～ cups of	coffee
1杯／～杯の	水	a glass of	～ glasses of	water
1本／～本の	ワイン	a bottle of	～ bottles of	wine
1個／～個の	角砂糖	a lump／cube of	～ lumps／cubes of	sugar
さじ1杯／～杯の	塩	a spoonful of	～ spoonfuls of	salt
1斤／～斤の（切れ）（切れ）	パン	a loaf (slice) of	～ loaves (slices) of	bread
1枚／～枚の	紙	a sheet of／piece	～ sheets of／pieces	paper
1個／～個の	石けん	a bar of	～ bars of	soap

【例文】

1　ここでは6月にたくさん雨が降ります。
　　We have a lot of **rain** in June.
　　＊ rain は物質名詞：a／an をつけず複数形にもしない
　　　≒ There **is** a lot of rain here in June.　<単数扱い>

2　その橋は、石／木でつくられています。
　　The bridge is made of **stone／wood**.
　　＊ stone 石材／wood 木材は決まった形のない物質名詞
　　　cf.「小石」のように決まった形を表すときには普通名詞
　　　　　Don't throw **a** stone.「石を投げないで。」

3　（そこにある）塩をとってもらえますか。
　　Can you pass me the **salt**, please?
　　＊ ここでの salt は 物質名詞（塩）ではなく
　　　　　普通名詞（食卓にある塩入れ）を指す

4　お茶を1杯いかがですか。
　　Would you like **a cup of tea**?
　　＊ 液体は物質名詞：原則として数えられない名詞
　　　　→ それを入れる容器（普通名詞）によって数量を表す

5　冷蔵庫にワインが2本入っています。
　　There are two **bottles of wine** in the refrigerator.
　　＊ 物質名詞でも具体的な形をイメージして数えることもある
　　　We select two wines .「ワインを2種類選びます。」

Worksheet 023

数えられない名詞

物質名詞 ・・・ 液体・気体・材料・金属など [　　　　　　　　　　　] 物質を表す名詞

> water ・ coffee ・ tea ・ milk ・ beer ・ wine ・ rain ・ snow ・ air ・ oxygen
> salt ・ sugar ・ bread ・ meat ・ soap ・ paper ・ wood ・ stone ・ gold　など

※ 決まった形のない物質であっても＿＿＿＿＿がイメージされる場合は数えられる名詞として扱うこともある

coffee が液体ではなく具体的な形（カップに入った飲み物）を表す場合　"Two ＿＿＿＿ please."
paper が素材ではなく決まった形を持つもの（レポート）として使われる場合 "I have to write ＿＿＿＿

物質名詞の数量表現

● 不定量

	たくさんある	いくらかある	少しある	ほとんどない	まったくない
	many		a few	few	

● 一定量　　　　＜単数＞　　　　　　　＜複数＞

		＜単数＞		＜複数＞	
1杯／〜杯の	コーヒー	＿＿＿ of	/	〜 ＿＿＿ of	coffee
1杯／〜杯の	水	＿＿＿ of	/	〜 ＿＿＿ of	water
1本／〜本の	ワイン	＿＿＿ of	/	〜 ＿＿＿ of	wine
1個／〜個の	角砂糖	a lump/cube of	/	〜 lumps/cubes of	sugar
さじ1杯／〜杯の	塩	a ＿＿＿ of	/	〜 ＿＿＿ of	salt
1斤／〜斤の（切れ）（切れ）	パン	a loaf (slice) of	/	〜 loaves (slices) of	bread
1枚／〜枚の	紙	a ＿＿／＿＿ of	/	〜 ＿＿／＿＿ of	paper
1個／〜個の	石けん	a bar of	/	〜 bars of	soap

【英作文】

1　ここでは6月にたくさん雨が降ります。

_____

2　その橋は、石／木でつくられています。

_____

3　（そこにある）塩をとってもらえますか。

_____

4　お茶を1杯いかがですか。

_____

5　冷蔵庫にワインが2本入っています。

_____

— 47 —

024 名詞 ④　　　Nouns

数えられない名詞

抽象名詞 … 目に見えるような　形のない抽象的概念　を表す名詞

> advice ・ attention (注意) ・ beauty ・ belief (信念) ・ freedom ・ happiness ・ health
> honesty (正直) ・ hope ・ importance ・ information ・ kindness ・ knowledge (知識)
> news (ニュース) ・ peace ・ time ・ truth ・ value (価値) ・ work／homework　など

※ 形はなくても　具体的な例　を表す場合は数えられる名詞として扱うこともある　例　beauty「美人」

固有名詞 … 人名や地名など　特定のもの　を表す名詞

> Buddha ・ Harry ・ Jeannie ・ Michael ・ Mr. Suzuki ・ Ms. Smith ・ Dr. White
> Mt. Fuji ・ Kyoto ・ Japan ・ Sky Tree ・ Kanda University of International Studies　など

※ （原則）冠詞をつけない　　例外　 a／an ＋ 固有名詞 　「～ という人・のような人」
　　　　　　　　　　　　　　　　　　　　　　　　　　　　「～ の作品 [製品]」
※ （原則）複数形にしない　　例外　 the ＋ 苗字（姓）s 　「～ 夫妻・一家」

【例文】

1　私は友だちに助言を求めました。
　　I asked my friends for **advice**.

* advice は抽象名詞 → a／an をつけず複数形にもしない
　　　＜名詞＞　　　　　　　　＜動詞＞
　　　advice [ædváis]　　　　 advise [ædváiz]
　　advice は具体的な形がない不可算名詞
　　　単数／複数の区別は a piece of／pieces of ～ の形で表す

2　彼は私に2つ助言をくれました。（1つ目は …）
　　He gave me two **pieces of advice**. (First, …)

3　朝ごはんを食べる十分な時間がなかった。
　　I didn't have enough **time** to eat breakfast.

* time は数えられないため原則として複数形にしない
　　cf. 例外　歴史上の時代　ancient times「古代」

4　その噂には真実味がない。
　　There is no **truth** in the rumor.

* truth は数えられないため複数形はなく単数扱い
　　There is (×are) no truth (×truths) in the rumor.

5　皆様にご案内申し上げます。
　　(May I have your) **Attention**, please !

* attention には具体的な形がなく複数形はない
　　飛行機内のアナウンスでは "Ladies and gentlemen."

6　そのスキャンダルについてさんざんニュースを聞いた。
　　I've heard so **much news** about the scandal.

* news は数えられない抽象名詞で単数扱い
　　量を表現する場合は many ではなく much を使う

7　スミスさんという人が今朝あなたを訪ねて来ましたよ。
　　A Mr. Smith came to see you this morning.

* a／an ＋ 固有名詞 「～という人」
　　cf. There is a Picasso on the wall.
　　　　「ピカソの作品が壁にかかっている。」

8　スミス一家は毎週日曜日に教会に行きます。
　　The Smith(')s go to church every Sunday.
　　The Smith family go to church on Sundays.

* the ＋ 苗字s 「～ 一家」（the ＋ 苗字's の使用例も多い）
　　その姓で呼ばれるあるグループ全員「夫妻・一家」を表す

　go to ＿ church　「教会に（礼拝に）行く」
　go to ＿ school　「学校に（教育を受けに）行く」

9　マイケルは学校に電車で通っています。
　　Michael **goes to school by train**.

礼拝／教育を行う場という機能に焦点が当てられ
具体的な建物として意識しないときは冠詞をつけない
同様に train も車両ではなく交通手段を指し冠詞をつけない

Worksheet 024

数えられない名詞

抽象名詞 … 目に見えるような [　　　　　　　　　　] を表す名詞

> advice ・ attention (注意) ・ beauty ・ belief (信念) ・ freedom ・ happiness ・ health
> honesty (正直) ・ hope ・ importance ・ information ・ kindness ・ knowledge (知識)
> news (ニュース) ・ peace ・ time ・ truth ・ value (価値) ・ work ／ homework　　など

※ 形はなくても _____ を表す場合は数えられる名詞として扱うこともある　　例　beauty「美人」

固有名詞 … 人名や地名など [　　　　　　　] を表す名詞

> Buddha ・ Harry ・ Jeannie ・ Michael ・ Mr. Suzuki ・ Ms. Smith ・ Dr. White
> Mt. Fuji ・ Kyoto ・ Japan ・ Sky Tree ・ Kanda University of International Studies　など

※ （原則）冠詞をつけない　　例外　[　　　a　　　] + 固有名詞　　「～ という人・のような人」「～ の作品［製品］」

※ （原則）複数形にしない　　例外　[　　the　　] + 苗字（姓）s　　「～ 夫妻・一家」

【英作文】

1　私は友だちに助言を求めました。
_____

2　彼は私に2つ助言をくれました。（1つ目は …）
_____

3　朝ごはんを食べる十分な時間がなかった。
_____

4　その噂には真実味がない。
_____

5　皆様にご案内申し上げます。
_____

6　そのスキャンダルについてさんざんニュースを聞いた。
_____

7　スミスさんという人が今朝あなたを訪ねて来ましたよ。
_____

8　スミス一家は毎週日曜日に教会に行きます。
_____

9　マイケルは学校に電車で通っています。
_____

025 名詞 ⑤　　　　　　　　　　　　　　　　　　　　　　Nouns

名詞の所有「～の」

[1]　A's B　← A にあたる名詞が 生物

		例	
単数名詞の所有格	単数名詞 + **'s**	「ジョンの計画」	**John's** plan
複数名詞の所有格	s で終わる 複数名詞 + **s'**	「女子高校」	a **girls'** high school
	s で終わらない 複数名詞 + **'s**	「紳士服」	**men's** wear

[2]　the B of A　← A にあたる名詞が 無生物

例　「その家の屋根」　　the roof　of the house
　　「ヨーロッパの歴史」　the history　of Europe

例外
　「時」の表現／「距離や重さ」／「地名」など
　today's newspaper ・ five minutes' walk ・ ten miles' distance ・ the earth's surface
　「今日の新聞」　　　「5分の徒歩」　　　「10マイルの距離」　　　「地球の表面」
　≒ a five-minute walk　a distance of ten miles　the surface of the earth

所有格（＋名詞）

所有格に続く名詞は文脈から何を指すのかが明らかな場合 省略 されることが多い（特に家やお店など）

例　I am going to　my **uncle's**　(house)．　「おじさんの家」
　　I am going to　the **baker's**　(shop)．　「パン屋さん」

【例文】

1　あの建物は男子高校です。
　　That building is a **boys'** high school.

＊複数名詞の所有格は語尾に ' をつける
　男子高校（複数の男子が通う高校）→ boys' high school
　職員室　（複数の先生が使う部屋）→ teachers' room
　イギリス英語（文化圏）では
　1階を the ground floor　2階を the first floor と表す

2　職員室は1階［2階］にあります。
　　The **teachers'** room is on the first floor.

3　ポールの娘は女子大学に通っています。
　　Paul's daughter goes to a **women's** college.

＊単数名詞の所有格は語尾に **'s** をつける → Paul's
　複数名詞でも s で終わらない不規則変化をする名詞の場合
　所有格は語尾に **'s** をつける → women's

4　その都市の名前は何ですか。
　　What is **the name of the city**?

＊無生物の名詞の所有
　A's B ではなく the B of A の形で表すのが基本

5　駅まで徒歩10分です。
　　It is ten **minutes' walk** to the station.

＊「時」の表現は無生物でも所有格（A's B の形）で表す
　≒ It is a ten-minute walk to the station.

6　地球の表面の4分の3は水です。
　　Three-quarters of the earth's surface is water.

＊ the B of A と A's B　両方の形が使用されている例
　4分の1 quarter → 4分の3 three-quarters

7　今週末はおばあちゃんのところ［家］にいます。
　　I'm staying at my **grandmother's** this weekend.

＊所有格に続く名詞の省略
　my grandmother's (house ／ place)

Worksheet 025

名詞の所有「〜の」

[1]　**A's B**　← A にあたる名詞が _____

単数名詞の所有格	単数名詞 +
複数名詞の所有格	s で終わる　複数名詞 +
	s で終わらない 複数名詞 +

例

「ジョンの計画」　_____ plan

「女子高校」　_____ high school

「紳士服」　_____ wear

[2]　**the B of A**　← A にあたる名詞が _____

例　「その家の屋根」　_____

　　「ヨーロッパの歴史」　_____

例外 ─────────────────────────
「時」の表現／「距離や重さ」／「地名」など
today's newspaper ・ five minutes' walk ・ ten miles' distance ・ the earth's surface
「今日の新聞」　　　「5分の徒歩」　　　「10マイルの距離」　「地球の表面」
　≒　a five-minute walk　a distance of ten miles　the surface of the earth

所有格（＋名詞）

所有格に続く名詞は文脈から何を指すのかが明らかな場合　省略　されることが多い（特に家やお店など）

例　I am going to _____ (house).　「おじさんの家」
　　I am going to _____ (shop).　「パン屋さん」

【英作文】

1　あの建物は男子高校です。
_____

2　職員室は1階［2階］にあります。
_____

3　ポールの娘は女子大学に通っています。
_____

4　その都市の名前は何ですか。
_____

5　駅まで徒歩10分です。
_____

6　地球の表面の4分の3は水です。
_____

7　今週末はおばあちゃんのところ［家］にいます。
_____

026 名詞 ⑥   Nouns

名詞の形　〜『TOEIC』頻出の名詞〜

TOEIC stands for Test Of English for International Communication.
（ETS: Educational Testing Service）

名詞をつくる接尾辞

● ---tion 型

accommoda**tion**	「宿泊施設」
applica**tion**	「応用・申請」
apprecia**tion**	「感謝・評価・鑑賞」
atten**tion**	「注目」
competi**tion**	「競争」
descrip**tion**	「描写」
evalua**tion**	「評価」
expecta**tion**	「期待」
founda**tion**	「創設・財団・基礎」
informa**tion**	「情報」
innova**tion**	「革新・変革」
loca**tion**	「位置・所在地」
organiza**tion**	「組織・団体」
posi**tion**	「位置・所在地」
presenta**tion**	「発表・公開」
produc**tion**	「生産・制作」
recogni**tion**	「認識・承認」
regula**tion**	「規則・規制」

● ---ness 型

eager**ness**	「熱心さ」
eas**i**ness	「容易さ」
happ**i**ness	「幸せ・幸福」
kind**ness**	「優しさ・親切」
weak**ness**	「弱さ・短所」

● ---ity 型

abil**ity**	「能力」
／capabil**ity**	「（専門的な）能力」
activ**ity**	「活動」
equal**ity**	「平等・公平」
feasibil**ity**	「（実現）可能性」
possibil**ity**	「可能性」
profitabil**ity**	「収益性」

● ---ment 型

agree**ment**	「合意」
depart**ment**	「部・課」
develop**ment**	「発展」
equip**ment**	「設備・機材」
improve**ment**	「改善」
invest**ment**	「投資」

解答のポイント　TOEIC Part 5「品詞」の問題

TOEIC の文法問題では「品詞」に関する問題が多く出題されます。同じようなスペルの単語が並んだ４つの選択肢（例：(A) agree (B) agreement (C) agreeable (D) agreeably）の中から空所に入る適切な品詞を選びます。品詞の問題では空所の前後を見れば「動詞」・「名詞」・「形容詞」・「副詞」のうち、どの品詞が入るのが適切か見当がつきますので、語尾から品詞を特定さえできれば正解を（単語の意味がわからなくても）選ぶことができます。
（例：the ( ) of …　← 空所に入る品詞が「名詞」と特定できるので ---ment などの接尾辞がついた単語が正解）

【例文】

1　彼らはついに合意に至ることができた。
　　They were finally able to reach **an**（**agreement**）.

2　これはあなたの支援に対するささやかな感謝のしるしです。
　　This is just a small token of **my**（**appreciation**）**for** your support.

＊ TOEIC Part 5　文法問題における「品詞」問題の例
(A) agree (B) agreement (C) agreeable (D) agreeably
冠詞 an +＿＿. 後に続く名詞なし → 名詞の(B)が正解

(A) appreciate　　　所有格の代名詞　前置詞
(B) appreciation　　　my +＿＿+ for
(C) appreciated　　　　　　　↑
(D) appreciatively　 ---tion で終わる名詞の(B)が正解

Worksheet 026

名詞の形　〜『TOEIC』頻出の名詞〜

TOEIC stands for Test Of English for International Communication.
（ETS: Educational Testing Service）

名詞をつくる接尾辞

● --- tion 型

	「宿泊施設」
	「応用・申請」
	「感謝・評価・鑑賞」
	「注目」
	「競争」
	「描写」
	「評価」
	「期待」
	「創設・財団・基礎」
	「情報」
	「革新・変革」
	「位置・所在地」
	「組織・団体」
	「位置・所在地」
	「発表・公開」
	「生産・制作」
	「認識・承認」
	「規則・規制」

● --- ness 型

	「熱心さ」
	「容易さ」
	「幸せ・幸福」
	「優しさ・親切」
	「弱さ・短所」

● --- ity 型

／	「能力」
	「（専門的な）能力」
	「活動」
	「平等・公平」
	「（実現）可能性」
	「可能性」
	「収益性」

● --- ment 型

	「合意」
	「部・課」
	「発展」
	「設備・機材」
	「改善」
	「投資」

解答のポイント　TOEIC Part 5 「品詞」の問題

TOEIC の文法問題では「品詞」に関する問題が多く出題されます。同じようなスペルの単語が並んだ4つの選択肢（例：(A) agree (B) agreement (C) agreeable (D) agreeably）の中から空所に入る適切な品詞を選びます。品詞の問題では空所の前後を見れば「動詞」・「名詞」・「形容詞」・「副詞」のうち、どの品詞が入るのが適切か見当がつきますので、語尾から品詞を特定さえできれば正解を（単語の意味がわからなくても）選ぶことができます。
（例：the (　) of …　← 空所に入る品詞が「名詞」と特定できるので ---ment などの接尾辞がついた単語が正解）

【英作文】

1　彼らはついに合意に至ることができた。

_____

2　これはあなたの支援に対するささやかな感謝のしるしです。

_____

027　冠詞 a/the　　　Articles

不定冠詞 a / an … 後に続く名詞が　1つのまとまった形を持つもの　であることを示す

数えられるもの
どれのことなのか特定していないもの

I want to buy <u>a</u> computer.　×a computers　×a milk
　　　　　　単数形の名詞　　複数形の名詞　　数えられない名詞

※
a [ə] ＋ 子音の発音 で始まる語	an [ən] ＋ 母音の発音 で始まる語
a computer / a Japanese teacher	an **o**ld computer / an **E**nglish teacher
a friend / a hand / a university	an **F** / an h**o**ur / an **u**ncle

① 初めて話題に出すとき　　　　　　　I have <u>a</u> friend in China. ／ I have <u>an</u> uncle in Chiba.
② 職業が何かを述べるとき　　　　　　She is <u>an</u> English teacher. ／ He is <u>a</u> Japanese teacher.
　　（特定の技術職を除く）
③ 1（one）の意味を表すとき　　　　She studied in Sydney for <u>a</u> year. ≒ for one year.
④ 単位（数量や期間など）　　　　　　They worked eight hours <u>a</u> day. ≒ eight hours per day.
　　「～につき」という意味を表すとき

定冠詞 the … 後に続く名詞が　他とはっきり区別がつくもの　であることを示す

数えられる／数えられないもの
どれのことなのか特定できるもの

I want to buy <u>the</u> computer.　○the computers　○the milk
　　　　　　「その」単数形の名詞　　複数形の名詞　　数えられない名詞

※
the [ðə] ＋ 子音の発音 で始まる語	the [ði] ＋ 母音の発音 で始まる語
the new computer / the beginning	the **o**ld computer / the **e**nd

① すでに話題に出ているとき　　　　　She really liked <u>the</u> city.　← She studied in Sydney. に続けて
② 状況から何を指すかわかるとき　　　How can I get to <u>the</u> station?　← 最寄りの駅
③ 1つしかないものを表すとき　　　　The moon goes around <u>the</u> earth.
④ 身体の一部を表すとき　　　　　　　The ball hit me on <u>the</u> head.
⑤ 形容詞の最上級などで限定　　　　　Mt. Fuji is <u>the</u> highest mountain in Japan.
　／句や節で特定されているとき　　　<u>The</u> movie I saw yesterday was boring.

【例文】

1　広島には空港があります。
　　There is **an airport** in Hiroshima.

＊ There ＋ be動詞 ＋ （名詞）
　　どこかに（何か）が存在していることを表す
　　相手が知っていることを示す語（the＋名詞）は入らない
　　　　cf. The airport is in Hiroshima.

2　空港から市の中心地に到着するまでほぼ1時間かかります。
　　It takes almost **an hour** from **the airport** to reach **the city center**.

＊ an hour「1時間」
　　1つの意味を表す ≒ one hour
　the airport「その空港」 the＋すでに話題に出ている語
　the city center「市の中心」← どの市を指すかわかる場合

3　月は地球のまわりを月に1度まわっています。
　　The moon goes around **the earth** once **a** month.

＊ the moon ／ the earth　← どの月／地球？
　once a month　　　　　　と言わずと知れた唯一のもの
　「1ヶ月に1回」

4　窓を開けても構いませんか。
　　Do you mind if I open **the window**?

＊ the window「その窓」　← 状況からどの窓を指すか
　　　　　　　　　　　　　　説明しなくてもわかる場合
　答 "No."「どうぞ」

Worksheet 027

不定冠詞　a / an　… 後に続く名詞が [　　　　　　　　　　　] であることを示す

数えられるもの　　　　　　　　　　I want to buy a computer.　　×a computers　　×a milk
どれのことなのか特定していないもの　　　　　　　　　　単数形の名詞　　　　複数形の名詞　　　数えられない名詞

※
- a [ə] ＋ 子音の発音 で始まる語　　　　　　an [ən] ＋ _____ で始まる語
- a computer ／ a Japanese teacher　　　　　an old computer ／ an English teacher
- a friend ／ a hand ／ a university　　　　　an F ／ an hour ／ an uncle

① 初めて話題に出すとき　　　　　　　I have ____ friend in China. ／ I have ____ uncle in Chiba.
② 職業が何かを述べるとき　　　　　　She is ____ English teacher. ／ He is ____ Japanese teacher.
　（特定の技術職を除く）
③ 1 (one) の意味を表すとき　　　　　She studied in Sydney for ____ year. ≒ for one year.
④ 単位（数量や期間など）　　　　　　They worked eight hours ____ day. ≒ eight hours per day.
　「〜につき」という意味を表すとき

定冠詞　the　… 後に続く名詞が [　　　　　　　　　　　] であることを示す

数えられる／数えられないもの　　　　I want to buy the computer.　○the computers　○the milk
どれのことなのか特定できるもの　　　　　　　　　「その」単数形の名詞　　複数形の名詞　　　数えられない名詞

※
- the [ðə] ＋ 子音の発音 で始まる語　　　　the [ði] ＋ _____ で始まる語
- the new computer ／ the beginning　　　　the old computer ／ the end

① すでに話題に出ているとき　　　　　She really liked ____ city.　← She studied in Sydney. に続けて
② 状況から何を指すかわかるとき　　　How can I get to ____ station?　← 最寄りの駅
③ 1つしかないものを表すとき　　　　____ moon goes around ____ earth.
④ 身体の一部を表すとき　　　　　　　The ball hit me on ____ head.
⑤ 形容詞の最上級などで限定　　　　　Mt. Fuji is ____ highest mountain in Japan.
　／句や節で特定されているとき　　　____ movie I saw yesterday was boring.

【英作文】
1　広島には空港があります。

_____

2　空港から市の中心地に到着するまでほぼ1時間かかります。

_____

_____

3　月は地球のまわりを月に1度まわっています。

_____

4　窓を開けても構いませんか。

_____

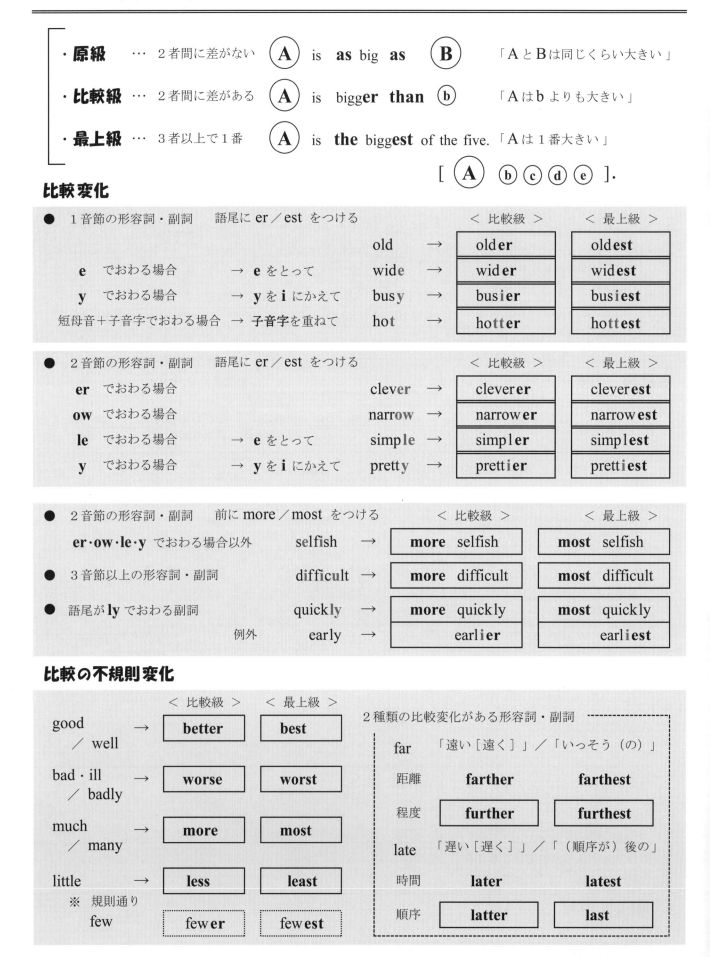

Worksheet 028

- **原級** … 2者間に差がない　Ⓐ is **as** big **as** Ⓑ　「AとBは同じくらい大きい」
- **比較級** … 2者間に差がある　Ⓐ is big**er than** ⓑ　「Aはbよりも大きい」
- **最上級** … 3者以上で1番　Ⓐ is **the** big**gest** of the five.「Aは1番大きい」

[Ⓐ ⓑ ⓒ ⓓ ⓔ].

比較変化

● 1音節の形容詞・副詞　語尾に er ／ est をつける　　　＜比較級＞　＜最上級＞

		old →	
e でおわる場合	→ e をとって	wid**e** →	
y でおわる場合	→ y を i にかえて	bus**y** →	
短母音＋子音字でおわる場合	→ 子音字を重ねて	hot →	

● 2音節の形容詞・副詞　語尾に er ／ est をつける　　　＜比較級＞　＜最上級＞

er でおわる場合		clev**er** →	
ow でおわる場合		narr**ow** →	
le でおわる場合	→ e をとって	simp**le** →	
y でおわる場合	→ y を i にかえて	prett**y** →	

● 2音節の形容詞・副詞　前に more ／ most をつける　　　＜比較級＞　＜最上級＞

er・ow・le・y でおわる場合以外	selfish →	
● 3音節以上の形容詞・副詞	difficult →	
● 語尾が ly でおわる副詞	quick**ly** →	
例外	early →	

比較の不規則変化

		＜比較級＞	＜最上級＞
good ／ well	→		
bad・ill ／ badly	→		
much ／ many	→		
little	→		
※ 規則通り　few			

2種類の比較変化がある形容詞・副詞

far	「遠い［遠く］」／「いっそう（の）」	
距離	**farther**	**farthest**
程度		

late	「遅い［遅く］」／「（順序が）後の」	
時間	**later**	**latest**
順序		

029 比較 ②　　　　　　　　　　　　　　　　　　　　　Comparison

> **原級** … 2者間に差がない　　Ⓐ is **as** big **as** Ⓑ　「AとBは同じくらい大きい」
>
> ※　　ⓐ is **not** **as** big **as** Ⓑ　「aはBほど大きくはない」

形式

| | as （形容詞・副詞） as … | 「…と同じくらい（　　）だ」 |

[否定]

| not | as （形容詞・副詞） as … | 「…ほど（　　）ではない」 |
| not | so （形容詞・副詞） as … | |

[倍数]

X times	as （形容詞・副詞） as …	「…のX倍（　　）だ」
three times	as （形容詞・副詞） as …	「…の3倍（　　）だ」
four times	as （形容詞・副詞） as …	「…の4倍（　　）だ」
twice	as （形容詞・副詞） as …	「…の2倍（　　）だ」
half	as （形容詞・副詞） as …	「…の半分（　　）だ」

[名詞]

| as many （可算名詞の複数形） as … | 「…と同じ数の（　　）だ」 |
| as much （不可算名詞） as … | 「…と同じ量の（　　）だ」 |

【例文】

1. 私の車は古い。
   My car is **old**.

2. 私の車はあなたの車と同じくらい古い。
   My car is **as** old **as** yours [your car].

3. 私の車はあなたの車ほど古くない。
   My car is **not as** old **as** yours [your car].

4. 私は姉ほど早く起きない。
   I **don't** get up **as** early **as** my sister.

5. そのパソコンは私のパソコンより2倍処理速度が速い。
   The computer is **twice as** fast **as** my computer.

6. そのパソコンは私のより3倍値段が高い。
   The PC is **three times as** expensive **as** mine.

7. 中国は日本より25倍面積が広い。
   China is **twenty-five times as** large **as** Japan.

8. 私のとっている授業はあなたのとっている授業の半数です。
   I take **half as many** classes **as** you do.

＊ 程度表現
　形容詞は補語として「主語の性質」について説明
　　　　　　　　　　　　　　　　「私の車＝古い」

＊ 原級比較 ＜形容詞＞
　比較対象と「同じ古さ」であることを表し必ずしも
　「私の車＝古い」という性質を表しているわけではない

＊ 原級比較の否定 ＜形容詞＞＜副詞＞
　比較対象と「同じではない」ことを表すだけでなく
　「比較対象（your car）の方が古い」という差を示す
　　≒ Your car is older than my car.
　「比較対象（my sister）の方が早く」という差を示す
　　≒ My sister gets up earlier than I (get up) / me.

＊ 倍数表現
　～倍に等しいと表すときは数詞＋times を前につける
　　　2倍 twice　　1.5倍 one and a half times
　～分の1のように分数で差を示すときは times の前に
　基数＋序数をつける
　　　　　　　1／3 one third　　2／3 two thirds
　大きさ／重さ／長さは名詞を使って差を表すことも多い
　　　twice the size／the weight／the length of ～

＊ 原級比較 ＜名詞＞
　　≒ You take twice as many classes as I do.

Worksheet 029

原級 … 2者間に差がない　　Ⓐ　is **as** big **as** Ⓑ　「AとBは同じくらい大きい」

　　　　※　　ⓐ　is **not** **as** big **as** Ⓑ　「aはBほど大きくはない」

形式	（形容詞・副詞）　　　…	「 … と同じくらい（　　　）だ 」

［否定］	（形容詞・副詞）　　　…	「 … ほど（　　　）ではない 」
	（形容詞・副詞）　　　…	

［倍数］	（形容詞・副詞）　　　…	「 … の X 倍（　　　）だ 」
	（形容詞・副詞）　　　…	「 … の 3 倍（　　　）だ 」
	（形容詞・副詞）　　　…	「 … の 4 倍（　　　）だ 」
	（形容詞・副詞）　　　…	「 … の 2 倍（　　　）だ 」
	（形容詞・副詞）　　　…	「 … の半分（　　　）だ 」

［名詞］	（可算名詞の複数形）　　…	「 … と同じ数の（　　　）だ 」
	（不可算名詞）　　　　…	「 … と同じ量の（　　　）だ 」

【英作文】

1　私の車は古い。

_____

2　私の車はあなたの車と同じくらい古い。

_____

3　私の車はあなたの車ほど古くない。

_____

4　私は姉ほど早く起きない。

_____

5　そのパソコンは私のパソコンより2倍処理速度が速い。

_____

6　そのパソコンは私のより3倍値段が高い。

_____

7　中国は日本より25倍面積が広い。

_____

8　私のとっている授業はあなたのとっている授業の半数です。

_____

030 比較 ③　　　　Comparison

原級を使ったさまざまな比較表現

表現	意味
as good as （原級）	「ほとんど（　　）と同じ、（　　）同然」
as （原級） as ever	「相変わらず（　　）」
as （原級） as ～ can ≒ as （原級） as possible	「～ができるだけ（　　）」「できるだけ（　　）」
as soon as possible	「できるだけ　早く」
as many as possible	「できるだけ　たくさん［多数］」
as much as possible	「できるだけ　たくさん［多量］」
as many / much as …	「…もの」　※続く数／量を強調
not so much （B） as （A） ≒ （A） rather than （B）	「（B）というよりもむしろ（A）」

【例文】

1　この車は新品同様です。
　　This car is **as good as** new.

2　彼女は相変わらず若々しく見える。
　　She looks **as young as ever**.

3　彼女は相変わらず頑張って仕事している。
　　She works **as hard as ever**.

4　できるだけ早く折り返し電話するようにします。
　　I will call you back **as soon as I can**.

5　私たちはできるだけ早く結婚したいと思っていました。
　　We wanted to get married **as soon as possible**.

6　私はできるだけたくさんの本を読むようにします。
　　I will read **as many** books **as I can**.

7　先週は１０人もの学生が欠席していました。
　　As many as ten students were absent last week.

8　私は駐車場に月２００ドルも払っています。
　　I pay **as much as** $200/month for a parking lot.

9　この公園には６００本もの桜の木があります。
　　In this park there are **as many as** six hundred cherry trees.

10　彼女は先生というよりもむしろ研究者だ。
　　She is **not so much** a teacher **as** a researcher.

＊ as good as （原級）「（　）同然」
　cf. as good as （代）名詞 ← 通常の原級比較の文
　　as good as mine 「私のものと同じくらいよい」

＊ as … as ever 「相変わらず…」
　「これまで（ever）」と「同じくらい（as…as）」
　・She looks young. 主語の性質を説明する形容詞
　・She works hard. 動詞の様態を説明する副詞

＊ as （原級） as possible の形で表すこともできる
　≒ I will call you back as soon as possible.

＊ as （原級） as 人 can/could の形で表すこともできる
　≒ We wanted to get married as soon as we could.

＊ many → books ＜名詞＞ ／ read ＜動詞＞ ← much
　≒ I will read books as much as possible.
　　「本をできるだけたくさん読むようにします。」

＊ 強調
　数・量が かなり多いことを強調する表現
　⇔　かなり少ないことを強調「たった ～」
　　＜数＞ as few as ～　＜量＞ as little as ～

The number of cherry trees in 隅田公園 is 600.
　葛西臨海公園　　760　seven hundred and sixty
　上野恩賜公園　　710　seven hundred and ten
　新宿御苑　　　1,500　fifteen hundred
　　　　　　　　　　／one thousand five hundred

＊ not so much ～ as … ≒ … rather than ～
　≒ She is a researcher rather than a teacher.

Worksheet 030

原級を使ったさまざまな比較表現

（原級）	「 ほとんど（　　）と同じ、（　　）同然 」
（原級）	「 相変わらず（　　）」
（原級） ≒　　　　　（原級）	「 ～ ができるだけ（　　）」 「 できるだけ（　　）」
	「 できるだけ　早く 」 「 できるだけ　たくさん［多数］」 「 できるだけ　たくさん［多量］」
	「 …もの 」 ※ 続く数／量を強調
 ≒ （A）rather than（B）	「（B）というよりもむしろ（A）」

【英作文】

1　この車は新品同様です。
　_____

2　彼女は相変わらず若々しく見える。
　_____

3　彼女は相変わらず頑張って仕事している。
　_____

4　できるだけ早く折り返し電話するようにします。
　_____

5　私たちはできるだけ早く結婚したいと思っていました。
　_____

6　私はできるだけたくさんの本を読むようにします。
　_____

7　先週は１０人もの学生が欠席していました。
　_____

8　私は駐車場に月２００ドルも払っています。
　_____

9　この公園には６００本もの桜の木があります。
　_____

10　彼女は先生というよりもむしろ研究者だ。
　_____

031 比較 ④　　　　　　　　　　　　　　　　　　Comparison

> **比較級** … 2者間に差がある　 is bigg**er** than 　「Aはbよりも大きい」

形式

	（形容詞・副詞の比較級） than …	「…よりも（　）だ」
[強調] ⇔	much／a lot／far （比較級） than …	「…よりもずっと（　）だ」
	a little／a bit （比較級） than …	「…よりもちょっとだけ（　）だ」
	like （A） better than （B）	「（B）よりも（A）の方が好き」
	like （A） more than （B）	
[疑問]	Who （比較級）の疑問文, 〜 or …？	「〜と…のどちらがより（　）か」
	Which （比較級）の疑問文, 〜 or …？	※who←人　which←物
[差]	[差] （比較級） than …	「…より[差]の分（　）だ」
	（比較級） than … by [差]	

【例文】

1　姉は私よりも早く起きます。
　　My sister gets up **earlier than** me [I do].

2　彼女の自転車は私のよりも値段が高い。
　　Her bike is **more expensive than** mine.

3　東京は札幌よりも大きい。
　　Tokyo is **bigger than** Sapporo.

4　北海道は東京よりもはるかに面積が広い。
　　Hokkaido is **much larger than** Tokyo.

5　日本はイギリスよりも少しだけ面積が広い。
　　Japan is **a little larger than** England.

6　あなたとお姉ちゃんのどちらの方が早く起きますか。
　　Who gets up **earlier,** you **or** your sister?

7　日本とイギリスのどちらの方が面積が広いですか。
　　Which is **larger,** Japan **or** England?

8　珈琲と紅茶のどちらの方が好きですか。
　　Which do you **like better,** coffee **or** tea?

9　私は紅茶よりも珈琲の方が好きです。
　　I **like** coffee **better than** tea.

10　姉は私よりも3歳年上です。
　　My sister is **three years older than** me.

＊ 比較級 & 原級
　≒ I don't get up **as early as** my sister.

＊ 比較級の書き換え　　A＞B → B＜A
　≒ My bike is **cheaper** than hers.
　　 My bike is **less** expensive than hers.
　　 My bike is **not as** expensive **as** hers.
　≒ Sapporo is **smaller** than Tokyo.

＊ 比較級の強調
　a lot／far／much を比較級の前に置くことで
　2者間の差が「大きい」ことを表す

　a bit／a little を比較級の前に置くことで
　2者間の差が「小さい」ことを表す

＊ Who　← 比較対象が「人」
　Which ← 比較対象が「もの」
　比較級は2者間の差を表すため質問は2択（〜 or …）
　答えはどちらか一方　I do [Me].／My sister (does).
　　　　　　　　　　Japan (is).

＊ like は more より better との組み合わせの方が用例が多い
　　more：bigger quantity　量的 ┐
　　better：higher quality　質的 ┘ な差を表す
　両者（coffee「珈琲」と tea「紅茶」）の位置に注意
　⇔　I like tea better than coffee.

＊ 差 ＋ 比較級
　比較級の後で by をつけて [差] を示すこともできる
　≒ My sister is older than me **by** three years.

Worksheet 031

比較級 … 2者間に差がある Ⓐ is bigger than ⓑ 「Aはbよりも大きい」

形式	（形容詞・副詞の比較級）	「…よりも（　　）だ」
［強調］	／　　／　（比較級）	「…よりもずっと（　　）だ」
⇔	／　（比較級）	「…よりもちょっとだけ（　　）だ」
		「（B）よりも（A）の方が好き」
［疑問］	（比較級）の疑問文, ～ or …？	「～と…のどちらがより（　　）か」
	（比較級）の疑問文, ～ or …？	※ who ← 人　which ← 物
［差］	（比較級）	「…より［差］の分（　　）だ」
	（比較級）	

【英作文】

1　姉は私よりも早く起きます。

2　彼女の自転車は私のよりも値段が高い。

3　東京は札幌よりも大きい。

4　北海道は東京よりもはるかに面積が広い。

5　日本はイギリスよりも少しだけが面積が広い。

6　あなたとお姉ちゃんのどちらの方が早く起きますか。

7　日本とイギリスのどちらの方が面積が広いですか。

8　珈琲と紅茶のどちらの方が好きですか。

9　私は紅茶よりも珈琲の方が好きです。

10　姉は私よりも3歳年上です。

032 比較 ⑤　　　　　　　　　　　　　　　　　Comparison

比較級を使ったさまざまな比較表現 Ⅰ

表現	意味
more than ～	「～以上・～より多い」
more (A) than (B) ≒ (A) rather than (B)	「(B)というよりもむしろ(A)」　※名詞が入るとき more of (A) than (B)
more or less	「多かれ少なかれ・多少 ／ ある程度 ／ だいたい」
sooner or later	「遅かれ早かれ・いずれは」
no longer ～	「これ以上～ない・もはや～ない」
the (比較級) of the two	「2つのうち～」
(比較級) and (比較級)	「だんだん・ますます～」
the (比較級①) , the (比較級②)	「① すればするほど、ますます ②」

【例文】

1　５０％以上の生徒が大学に進学する。
   More than 50% of students go on to university.

＊ more than ～ 「～以上」
　日本の大学進学率　　2016年　52.0％
　（文部科学省学校基本調査）　2001年　39.9％

2　彼女は非社交的というよりもむしろ恥ずかしがり屋だ。
   She is **more** shy **than** unsocial [unsociable].

3　彼は先生というよりもむしろ研究者だ。
   He is **more of** a researcher **than** a teacher.

＊「②というよりもむしろ①」
　・more　形容詞① than　形容詞②
　　≒ She is shy rather than unsocial.
　・more of 名詞① than 名詞②
　　≒ He is not so much a teacher as a researcher.

4　人は多かれ少なかれ互いに依存している。
   People are **more or less** dependent on each other.

＊ more or less は「だいたい」に近い意味でも使う
　　I have more or less finished my work.
　　「仕事をだいたい片付けてある。」

5　遅かれ早かれ私たちはみなそれをやらないといけない。
   We all have to do it **sooner or later**.

＊日本語で「早かれ遅かれ」と言わないのと同様に
　"later or sooner" と逆には言わない

6　そのテキストはもう手に入らない。
   The textbook is **no longer** available.

＊ no longer ～ ≒ not ～ any longer
　available には「手に入る」「求めに応じられる」
　　「利用できる」など様々な使い方がある

7　ポールは2人のうち背の高い方だ。
   Paul is **the** taller **of the two**.

＊最上級の形式 (the 最上級 of the three) を使って
　2者間の比較 (the 比較級 of the two) を表現

8　だんだん寒くなってきている。
   It is getting **colder and colder**.

＊寒暖の他に天気・時刻・日付・曜日・距離などは
　主語 It で表す（気候は寒い・天気は晴・時間は3時
　　にある文脈からわかる主語の代わり）

9　早ければ早いほどよい。
   The sooner, the better.

＊比較級のよく使われるフレーズ
　The cheaper, the better.「安ければ安いほどよい。」
　The more, the merrier.「人数が多いほど楽しい。」

10　「学べば学ぶほど自分がどれだけ無知であるかを思い知らされる。
　　自分が無知であることを知れば知るほどより一層学びたくなる。」
   "**The more** I learn, **the more** I realize I don't know.
   The more I realize I don't know, **the more** I want to learn."

← Albert Einstein (1879-1955) の言葉
　The only source of knowledge is experience.
　You can't blame gravity for falling in love.
　　など世界中で引用される言葉が多い

Worksheet 032

比較級を使ったさまざまな比較表現 Ⅰ

[ ]	「 ～ 以上 ・ ～ より多い 」
more (A) than (B) ≒ [ ]	「 (B) というよりもむしろ (A) 」 ※ 名詞が入るとき more of (A) than (B)
[ ]	「 多かれ少なかれ・多少 ／ ある程度 ／ だいたい 」
[ ]	「 遅かれ早かれ・いずれは 」
[ ]	「 これ以上 ～ ない・もはや ～ ない 」
[ ] (比較級)	「 2つのうち ～ 」
[ ] (比較級) [ ] (比較級)	「 だんだん・ますます ～ 」
[ ] (比較級①) , [ ] (比較級②)	「 ① すればするほど、ますます ② 」

【英作文】

1　５０％以上の生徒が大学に進学する。

2　彼女は非社交的というよりもむしろ恥ずかしがり屋だ。

3　彼は先生というよりもむしろ研究者だ。

4　人は多かれ少なかれ互いに依存している。

5　遅かれ早かれ私たちはみなそれをやらないといけない。

6　そのテキストはもう手に入らない。

7　ポールは２人のうち背の高い方だ。

8　だんだん寒くなってきている。

9　早ければ早いほどよい。

10　「学べば学ぶほど自分がどれだけ無知であるかを思い知らされる。
　　自分が無知であることを知れば知るほどより一層学びたくなる。」

033 比較 ⑥　　Comparison

比較級を使ったさまざまな比較表現 Ⅱ

no … 強い否定の意味を持ち（not at all）むしろ逆であることを示す

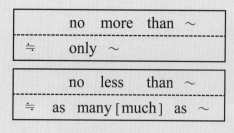

	no more than ~	「~しか（ない）」
≒	only ~	※ ~よりも多い（more）ことは「決してない（no）」→ 少なさを強調
	no less than ~	「~も（ある）」
≒	as many [much] as ~	※ ~よりも少ない（less）ことは「決してない（no）」→ 多さを強調

not … 強い否定の意味を持たず単に同じでないこと（≠）を示す

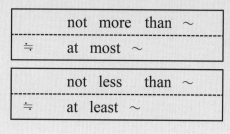

	not more than ~	「多くて・せいぜい ~」
≒	at most ~	※ ~よりも多くなる（more）ことは「ない（not）」→ 上限を表示
	not less than ~	「少なくとも ~」
≒	at least ~	※ ~よりも少なくなる（less）ことは「ない（not）」→ 下限を表示

【例文】

1　私は3万円しか持っていません。
　　I have **no more than** 30,000 yen.
　　＊ no（マイナス）× more（プラス）＝（マイナス）
　　≒ I have only 30,000 yen.　「少ない」イメージ

2　私は3万円も持っています。
　　I have **no less than** 30,000 yen.
　　＊ no（マイナス）× less（マイナス）＝（プラス）
　　≒ I have as much as 30,000 yen.　「多い」イメージ

3　私が電話料金に使うお金は多くても3千円です。
　　I spend **at most** 3,000 yen on my phone bill.
　　＊ at most ~「多くても・最高でも ~」
　　≒ I spend not more than 3,000 yen.　「上限」

4　私は電話料金に少なくとも3千円は使います。
　　I spend **at least** 3,000 yen on my phone bill.
　　＊ at least ~「少なくても・最低でも ~」
　　≒ I spend not less than 3,000 yen.　「下限」

ラテン語を由来とする比較級

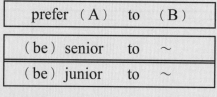

prefer (A) to (B)	「(B)よりも(A)の方が好き」
(be) senior to ~	「~よりも年齢が上（である）」
(be) junior to ~	「~よりも年齢が下（である）」

その他　superior / inferior　　prior / posterior　　major / minor　など
　　　　「優れた」「劣った」　　「前の」「後の」　　「大きい方の」「小さい方の」

【例文】

5　私は珈琲の方が好きです。
　　I **prefer** coffee.
　　＊ラテン語を由来とする比較級 ＆ 通常の比較級
　　　・like　「~が好き」
　　　・prefer ≒ like better
　　　　何かと比較して「いずれかを選ぶ・好む」
　　　　会話では好む方の選択肢のみを伝える例が多い

6　私の従姉妹は私よりも（3歳）年上です。
　　My cousin is (three years) **senior to** me.
　　≒ My cousin is (three years) older than me.

7　私は従姉妹よりも（3歳）年下です。
　　I am (three years) **junior to** my cousin.
　　≒ I am (three years) younger than my cousin.

Worksheet 033

比較級を使ったさまざまな比較表現 Ⅱ

no … 強い否定の意味を持ち（not at all）むしろ逆であることを示す

≒

「 〜しか（ない） 」
　　※ 〜よりも多い（more）ことは「決してない（no）」
　　　　　　　　　→ 少なさを強調

≒

「 〜も（ある） 」
　　※ 〜よりも少ない（less）ことは「決してない（no）」
　　　　　　　　　→ 多さを強調

not … 強い否定の意味を持たず単に同じでないこと（≠）を示す

≒

「 多くて・せいぜい〜 」
　　※ 〜よりも多くなる（more）ことは「ない（not）」
　　　　　　　　　→ 上限を表示

≒

「 少なくとも〜 」
　　※ 〜よりも少なくなる（less）ことは「ない（not）」
　　　　　　　　　→ 下限を表示

【英作文】

1　私は3万円しか持っていません。

_____

2　私は3万円も持っています。

_____

3　私が電話料金に使うお金は多くても3千円です。

_____

4　私は電話料金に少なくとも3千円は使います。

_____

ラテン語を由来とする比較級

（be）
（be）

「（B）よりも（A）の方が好き」
「〜よりも年齢が上（である）」
「〜よりも年齢が下（である）」

その他　superior / inferior　　prior / posterior　　major / minor　など
　　　　「優れた」「劣った」　　「前の」「後の」　　「大きい方の」「小さい方の」

【英作文】

5　私は珈琲の方が好きです。

_____

6　私の従姉妹は私よりも（3歳）年上です。

_____

7　私は従姉妹よりも（3歳）年下です。

_____

034 比較 ⑦　　　　　Comparison

最上級 … 3者以上で1番　 is **the** bigg**est** of the five. 「Aは（5つの中で）1番大きい」

[Ⓐ ⓑ ⓒ ⓓ ⓔ].

形式

| the （形容詞・副詞の最上級） | | 「1番（　　）だ」 |

※ the … 名詞の前に置いて名詞を特定（他と区別）
　　in … 「グループ」「枠組み」の中で
　　of … グループを構成する「数」のうちで

→ 「形容詞の最上級 ＋ 名詞」の前には必ず置かれるが
　「副詞の最上級」の前には置かれないこともある（特定する名詞を伴わないため）

| like ~ （the） best [most] （in／of …） | 「（…の中で）1番好き」 |

[強調]
- by far the （形容詞・副詞の最上級）　「飛び抜けて1番（　　）だ」
- the very （形容詞の最上級 ＋ 名詞）　「まさに1番の（　　）だ」

[順位]
- the [序数] （形容詞・副詞の最上級）　「[　]番目に（　　）だ」
- the second （形容詞・副詞の最上級）　「2番目に（　　）だ」
- the third （形容詞・副詞の最上級）　「3番目に（　　）だ」

【例文】

1　シドニーはオーストラリアで1番大きい都市です。
　　Sydney is **the biggest** city in Australia.

＊ the＋形容詞の最上級＋名詞
　豪州の首都は Sydney－Melbourne の中間にある
　Canberra（8番目の都市）

2　メルボルンはオーストラリアで2番目に大きい都市です。
　　Melbourne is **the second biggest** city in Australia.

＊ the ＜序数＞＋形容詞の最上級＋名詞
　Brisbane is the third biggest city in Australia.
　Perth 　　 the fourth

3　メルボルンは世界で1番人気のある都市です。
　　Melbourne is **the most popular** city in the world.

＊ 6年連続1位　英『エコノミスト誌』2016年
　世界で最も住みやすい都市ランキング
　Perth is the seventh most popular city in the world.

4　ポールは3人のうちで1番背が高い。
　　Paul is **the tallest of** the three.

＊ in 枠組み　「あるまとまりの中で1番」は in
　 of 数　　「いくつかのうちで1番」は of で表す

5　私は（四季の中で）夏が1番好きです。
　　I **like** summer **best** （**of** the four seasons）.

＊ （the）副詞の最上級
　（名詞を伴わない）副詞の最上級には
　（名詞の前に置く）定冠詞 the のない例が多い

6　私は読書をしているときが1番幸せに感じます。
　　I feel **happiest** when I am reading.

＊ 比較対象が他の人や物でない場合（同一人物の比較）
　他と区別する働きをする定冠詞 the を置く必要がない

7　彼女は私たちのクラスで飛び抜けて優秀な学生です。
　　She is **by far the best** student in our class.

＊ 最上級の強調　by far＋the＋形容詞の最上級＋名詞
　　　　　　　／the＋very＋形容詞の最上級＋名詞
　by far the best student
　　　例外的に優秀（他の学生の出来が悪い可能性もある）

8　彼女は私たちのクラスでまさに最優秀の学生です。
　　She is **the very best** student in our class.

　the very best student
　　　優秀な学生が多い中でも彼女が1番というニュアンス

Worksheet 034

最上級 … 3者以上で1番　Ⓐ is **the** big**est** of the five.「Aは（5つの中で）1番大きい」

[Ⓐ ⓑ ⓒ ⓓ ⓔ].

形式

| （形容詞・副詞の最上級） | 「 1番（　）だ 」 |

※ **the**
名詞の前に置いて名詞を特定
（他と区別）
　… 「グループ」「枠組み」の中で
　… グループを構成する「数」のうちで

→ 「形容詞の最上級＋名詞」の前には必ず置かれるが
　「副詞の最上級」の前には置かれないこともある（特定する名詞を伴わないため）

| like ～　　　（　／　…） | 「（…の中で）1番好き」 |

[強調]
| （形容詞・副詞の最上級） | 「飛び抜けて1番（　）だ」 |
| （形容詞の最上級＋名詞） | 「まさに1番の（　）だ」 |

[順位]
[　]　（形容詞・副詞の最上級）	「[　]番目に（　）だ」
（形容詞・副詞の最上級）	「2番目に（　）だ」
（形容詞・副詞の最上級）	「3番目に（　）だ」

【英作文】

1　シドニーはオーストラリアで1番大きい都市です。
　_____

2　メルボルンはオーストラリアで2番目に大きい都市です。
　_____

3　メルボルンは世界で1番人気のある都市です。
　_____

4　ポールは3人のうちで1番背が高い。
　_____

5　私は（四季の中で）夏が1番好きです。
　_____

6　私は読書をしているときが1番幸せに感じます。
　_____

7　彼女は私たちのクラスで飛び抜けて優秀な学生です。
　_____

8　彼女は私たちのクラスでまさに最優秀の学生です。
　_____

035 比較 ⑧　　　　　　　　　　　　　　　　　　　　　　　Comparison

最上級を使ったさまざまな比較表現

表現	意味
one of the 形容詞の最上級 ＋（複数形の名詞）	「最も ～ な（　　）のうち1つ」
most （形容詞）＋（名詞）	「とても ～ 」 ≒ very（形容詞）＋（名詞）
most of （複数形の名詞）	「（　　）のほとんど」
do ～'s best	「（～の）最善・全力を尽くす」 ※ 所有格の代名詞
make the most of ～	「（好機をとらえて） ～ を最大限に活用する」
make the best of ～	「（不利な状況下で） ～ を最大限に活用する」
at most	「最大でも・多くても ～ 」 ≒ not more than ～
at least	「最小でも・少なくとも ～ 」 ≒ not less than ～
at last	「ついに・とうとう」
the last person to ～	「決して ～ しない人だ」

【例文】

1　東京は世界有数の大都市です。
　　Tokyo is **one of the biggest cities** in the world.

＊ one of the 最上級 ＋ 複数形の名詞
　　東京は（複数ある）世界最大級の都市 cities の1つ
　　　　　なので city と単数形にしない

2　彼女はとても親切な人です。
　　She is a **most kind** person.

＊ most ≒ very
　　＜単数＞ She is a most kind person.
　　＜複数＞ They are most kind people.

3　暇な時間ほとんどネットであちこちサイトを見て過ごします。
　　I spend **most of** my free time surfing on the net.

＊ most of ～ 「～ のほとんど」
　　数えられない名詞に複数形はないのでそのまま time

4　全力を尽くします。
　　I will **do my best**.

＊ do one's best
　　↑ 所有格（主語に呼応）　We will do our best.
　　　　　　　　　　　　　You will do your best.

5　私は学生でいられる時間をできるかぎり有効に使いたい。
　　I want to **make the most of** my time as a student.

＊ make the most of ＋ 恵まれた機会・時間など
　　「思いっきり楽しむ・満喫する」といったニュアンス

6　私はこの狭い部屋をうまく活用していかなければならない。
　　I have to **make the best of** this small room.

＊ make the best of ＋ 不利な立場・困難な状況など
　　「悪い現状を受け入れつつなんとか頑張る・
　　ベストを尽くす」といった意味で使われる例が多い

7　駅に着くまで少なくも１０分はかかります。
　　It takes **at least** ten minutes to get to the station.

＊ 意味合い「多い」 at least ⇔「少ない」at most
　　⇔ It takes at most ten minutes to get to the station.
　　　　　　　　　　　　　　　「せいぜい１０分しか」

8　やっと運転免許を取った。
　　I got a driver's license **at last**.

＊ at last 「ついに・とうとう」
　　cf. the latest ～ 「最後の／最新の」
　　　　　　the latest news 「最新ニュース」

9　彼は決して嘘をつくような人ではありません。
　　He is **the last person to** tell a lie.

＊ 嘘をつく人を順に並べたとしたら
　　彼はその列の「最後の」人 ＝ 1番嘘をつかなそうな人

10　彼は私が１番会いたくない人です。
　　He is **the last person** (that) I want to see.

＊ 「最後に会いたい人」という日本語の解釈に注意
　　まわりの人を自分が会いたい順に並べたとすると
　　彼はその列の「最後の」人 ＝ 1番会いたくない人

Worksheet 035

最上級を使ったさまざまな比較表現

形容詞の最上級 ＋ (　　　　　)	「最も ～ な (　　) のうち１つ」
(形容詞) ＋ (名詞)	「とても ～ 」 ≒ very (形容詞) ＋ (名詞)
(複数形の名詞)	「(　　) のほとんど」
	「(～の) 最善・全力を尽くす」 ※ 所有格の代名詞
	「(好機をとらえて) ～ を最大限に活用する」
	「(不利な状況下で) ～ を最大限に活用する」
	「最大でも・多くても ～ 」 ≒ not more than ～
	「最小でも・少なくとも ～ 」 ≒ not less than ～
	「ついに・とうとう」
	「決して ～ しない人だ」

【英作文】

1　東京は世界有数の大都市です。

2　彼女はとても親切な人です。

3　暇な時間ほとんどネットであちこちサイトを見て過ごします。

4　全力を尽くします。

5　私は学生でいられる時間をできるかぎり有効に使いたい。

6　私はこの狭い部屋をうまく活用していかなければならない。

7　駅に着くまで少なくも１０分はかかります。

8　やっと運転免許を取った。

9　彼は決して嘘をつくような人ではありません。

10　彼は私が１番会いたくない人です。

036 比較 ⑨　　　　　　　　　　　　　　　　　　　　Comparison

最上級・比較級・原級を使った表現

最上級	… the （最上級） in／of （名詞）	「…は（名詞）の中で1番（　）だ」
比較級	…（比較級） than any other（単数名詞）	「…は他のどの（名詞）よりも（　）だ」
	No other（単数名詞）（比較級） than …	「他のどの（名詞）も…より（　）ない」
原級	No other（単数名詞） as（原級） as …	「他のどの（名詞）も…ほど（　）ない」

【例文】

1　東京は日本で1番大きい都市です。

　　Tokyo is **the biggest** city in Japan.

　　Tokyo is **bigger than any other** city in Japan.

　　No other city in Japan is **bigger than** Tokyo.

　　No other city in Japan is **as big as** Tokyo.

＊ 比較の書き換え
　　最上級→比較級→原級
　　「東京は
　　　日本で1番大きい都市だ。」
　　　日本の他のどの都市よりも大きい。」
　　「日本の他のどの都市も
　　　東京より大きくない。」
　　　東京ほど大きくない。」

2　ダイヤモンドは地球上で1番硬い物質です。

　　Diamonds are **the hardest** substance on earth.

　　Diamonds are **harder than any other** substance on earth.

　　No other substance on earth is **harder than** diamonds.

　　No other substance on earth is **as hard as** diamonds.

＊ *Diamond*
　is a pure, extremely hard form of carbon,
　in the isometric system.
　ダイヤモンドのモース硬度は１０
　　物質をこすり「ひっかき傷の有無」で
　　硬さを測定した結果
　硬さの最上については諸説有り
　　（カルビン・ウルツァイト窒化ホウ素・
　　　ロンズデーライトなどの NO.1説）

最上級	… the （最上級） in／of （名詞）	「…は（名詞）の中で1番（　）だ」
比較級	…（比較級） than anything／anyone else	「…は他の何／誰よりも（　）だ」
	Nothing／No one （比較級） than …	「…より（　）な物はない／人はいない」
原級	Nothing／No one as（原級） as …	「…ほど（　）な物はない／人はいない」

【例文】

3　命が1番大切です。

　　Life is **the most important**.

　　Life is **more important than anything else**.

　　Nothing is **more important than** life.

　　Nothing is **as important as** life.

＊ −thing／−body／−one は1語（no one のみ2語）単数扱い

4　彼は世界一速く走ることができる。

　　He can run the **fastest**（in the world）.

　　He can run **faster than anyone else**.

　　No one can run **faster than** him［he］.

　　No one can run **as fast as** him［he］.

＊ Usain Bolt 選手（陸上100m 9.58秒）on August 16th, 2009

Worksheet 036

最上級・比較級・原級を使った表現

最上級	… the（最上級）in／of　（名詞）	「…は（名詞）の中で1番（　）だ」
比較級	…（比較級）　　　　（単数名詞）	「…は他のどの（名詞）よりも（　）だ」
	（単数名詞）（比較級）　　…	「他のどの（名詞）も…より（　）ない」
原級	（単数名詞）　　（原級）　　…	「他のどの（名詞）も…ほど（　）ない」

【英作文】

1　東京は日本で1番大きい都市です。

≒ _____

≒ _____

≒ _____

2　ダイヤモンドは地球上で1番硬い物質（substance）です。

≒ _____

≒ _____

≒ _____

最上級	… the（最上級）in／of　（名詞）	「…は（名詞）の中で1番（　）だ」
比較級	…（比較級）than　　／	「…は他の何／誰よりも（　）だ」
	／　　（比較級）than　…	「…より（　）な物はない／人はいない」
原級	／　　as（原級）as　…	「…ほど（　）な物はない／人はいない」

【英作文】

3　命が1番大切です。

≒ _____

≒ _____

≒ _____

4　彼は世界一速く走ることができる。

≒ _____

≒ _____

≒ _____

037 形容詞 ①　　Adjectives

形容詞の叙述用法

文の補語になる … 名詞を 描写／説明 する　　※ 補語　主語について補足説明する語
　　　　　　　　　　　　　　　　　　　　　　　　　主語 ＝ 補語（This report ＝ good）

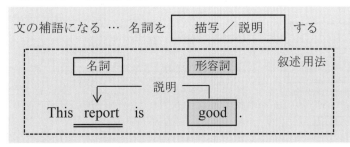

このレポートは（どのようなものか描写すると）
よい　　　　　（と説明している）

※ 一時的な状態・性質を表す形容詞は叙述用法でしか使わない（✕ alive John と限定用法にしない）

John is alive.　　alive の他　alone／asleep／aware／glad／well　なども同様
　　　　　　　　　　　　　　「生きて」「独りで」「眠って」「気づいて」「喜んで」「元気で」

形容詞の限定用法

名詞を修飾する … 名詞を 他と区別／意味を限定 する　　※ 前提　世の中には様々なレポートがあり
　　　　　　　　　　　　　　　　　　　　　　　　　　　　　　　　よいレポートと
　　　　　　　　　　　　　　　　　　　　　　　　　　　　　　　　そうではないレポートがある

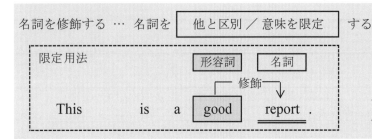

これは　　　　（そうしたレポートと区別して）
よいレポートだ（と限定している）

① 前置 → 形容詞だけで名詞を修飾するとき　　② 形容詞＋他の語で名詞を修飾するとき ← 後置

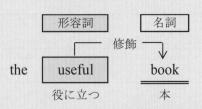　　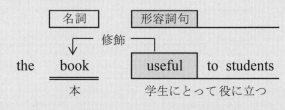

例外　−thing／−one／−body などの代名詞を修飾するとき　　　　　　　　　形容詞を後に置く

something　　someone　　somebody
anything　　 anyone　　 anybody
nothing　　　no one　　　nobody

【例文】

1　あの車は、とても古い 。
　　That car is very **old**.

2　あれは、とても古い車だ。
　　That is a very **old car**.

3　その車にはどこも故障しているところはない。
　　There is **nothing wrong** with the car.

4　私は何か新しい事をやってみたい。
　　I want to try **something new**.

＊ 叙述用法　「一時的な状態・性質」を表すことが多い
　　あの車について「古い」と描写［叙述］
　　＜主語＞ That car ＝ ＜補語＞ old

＊ 限定用法　「永続的な状態・性質」を表すことが多い
　　たくさんある他の車と区別して「古い」車と意味を限定
　　＜修飾語＞ old → car

＊ nothing　　　　　　　　　　　　　　　形容詞
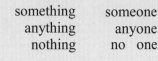
　　nothing　　wrong　　with the car

＊ something　　　　　　　　　　　　　形容詞1語であっても
　　　　　　　　　　　　　　　　　　　　後に置いて修飾する
　　something　　new

Worksheet 037

形容詞の叙述用法

文の補語になる … 名詞を ＿＿／＿＿ する　　　※ 補語　主語について補足説明する語
　　　　　　　　　　　　　　　　　　　　　　　主語 ＝ 補語（This report ＝ good）

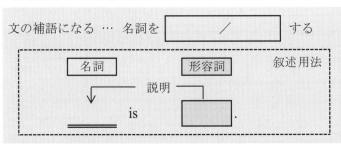

このレポートは（どのようなものか描写すると）
よい　　　　　（と説明している）

※　一時的な状態・性質を表す形容詞は叙述用法でしか使わない（× alive John と限定用法にしない）

John is alive.　　alive の他　alone ／ asleep ／ aware ／ glad ／ well なども同様
　　　　　　　　　　　　　　「生きて」「独りで」「眠って」「気づいて」「喜んで」「元気で」

形容詞の限定用法

名詞を修飾する … 名詞を 他と区別／意味を限定 する　　※ 前提　世の中には様々なレポートがあり
　　　　　　　　　　　　　　　　　　　　　　　　　　　　　よいレポートと
　　　　　　　　　　　　　　　　　　　　　　　　　　　　　そうではないレポートがある

これは　　　　（そうしたレポートと区別して）
よいレポートだ（と限定している）

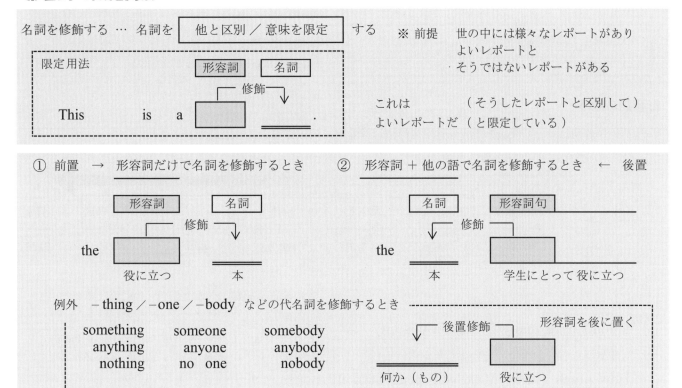

【英作文】

1　あの車は、とても古い。

＿＿＿＿＿＿＿＿＿＿＿＿＿＿＿＿＿＿＿＿＿＿＿＿＿＿＿＿＿＿＿＿＿

2　あれは、とても古い車だ。

＿＿＿＿＿＿＿＿＿＿＿＿＿＿＿＿＿＿＿＿＿＿＿＿＿＿＿＿＿＿＿＿＿

3　その車にはどこも故障しているところはない。

＿＿＿＿＿＿＿＿＿＿＿＿＿＿＿＿＿＿＿＿＿＿＿＿＿＿＿＿＿＿＿＿＿

4　私は何か新しい事をやってみたい。

＿＿＿＿＿＿＿＿＿＿＿＿＿＿＿＿＿＿＿＿＿＿＿＿＿＿＿＿＿＿＿＿＿

038 形容詞 ②　　Adjectives

数量を表す形容詞

たくさんある	いくらかある	少しある	ほとんどない	まったくない		
many	some	a few	few	no	＋	数えられる名詞
much	some	a little	little	no	＋	数えられない名詞

分詞形容詞

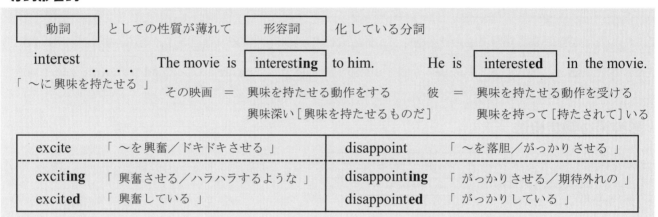

excite	「～を興奮／ドキドキさせる」	disappoint	「～を落胆／がっかりさせる」
exciting	「興奮させる／ハラハラするような」	disappointing	「がっかりさせる／期待外れの」
excited	「興奮している」	disappointed	「がっかりしている」

形容詞の順序

1つの名詞に対して複数の形容詞（限定用法）を並べて用いる場合の一般的なルール

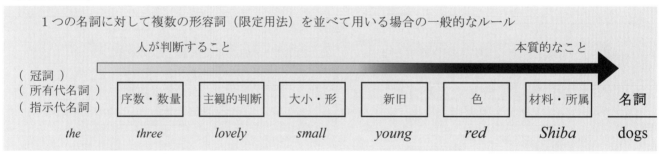

【例文】

1　私はこの街にあまり友だちがいません。
　　I don't have **many** friends in this city.

2　全部でいくら（お金を）使いましたか。
　　How **much** (money) did you spend in total?

3　コーヒーをいかがですか。
　　Would you like **some** coffee?

4　家に本はほとんどない。
　　I have **few** books at home.

5　東京ではほとんど雪が降らない。
　　We have **little** snow in Tokyo.

6　お金の持ち合わせが（まったく）ありません。
　　I have **no** money with me now.

7　沖縄への旅行についてワクワクしています。
　　I am **excited** about my trip to Okinawa.

＊ many／much は〈疑問文〉・〈否定文〉で多く使われる
　〈肯定文〉ではややフォーマルな印象を与えることが多い
　cf. 会話体　I have a lot of friends [lots of friends].
　　　　　　 I spent a lot of money [lots of money].
　　a lot of は可算／不可算名詞のどちらにも使うことができる

＊〈疑問文〉・〈否定文〉では any が使われる場面が多いが
　相手から「Yes」の答えを期待する気持ちは some で表す

＊ few は「数えられる名詞」の数について
　little は「数えられない名詞」の量について
　「ほとんどない」という否定的な意味［話者の主観］を表す
　cf. a few books　　実際の数量そのものに
　　　「少しはある」　差はない（同数・同量）

＊ no ≒ not any
　≒ I don't have any money with me now.

＊ excite は「～を興奮させる」という他動詞（×exciting）
　私＝「興奮させる」という動作を受けるので過去分詞で表す

Worksheet 038

数量を表す形容詞

たくさんある	いくらかある	少しある	ほとんどない	まったくない	
					+ 数えられる名詞
					数えられない名詞

分詞形容詞

☐ としての性質が薄れて ☐ 化している分詞

interest
「～に興味を持たせる」

The movie is ☐ to him.　　He is ☐ in the movie.
その映画 = 興味を持たせる動作をする　　彼 = 興味を持たせる動作を受ける
　　　興味深い［興味を持たせるものだ］　　興味を持って［持たされて］いる

excite	「～を興奮／ドキドキさせる」	disappoint	「～を落胆／がっかりさせる」
	「興奮させる／ハラハラするような」		「がっかりさせる／期待外れの」
	「興奮している」		「がっかりしている」

形容詞の順序

1つの名詞に対して複数の形容詞（限定用法）を並べて用いる場合の一般的なルール

人が判断すること　→　本質的なこと

（冠詞）
（所有代名詞）
（指示代名詞）　| 序数・数量 | 主観的判断 | ☐ | ☐ | ☐ | 材料・所属 | 名詞

the　　　three　　　lovely　　　small　　　young　　　red　　　Shiba　　dogs

【英作文】

1　私はこの街にあまり友だちがいません。
　_____

2　全部でいくら（お金を）使いましたか。
　_____

3　コーヒーをいかがですか。
　_____

4　家に本はほとんどない。
　_____

5　東京ではほとんど雪が降らない。
　_____

6　お金の持ち合わせが（まったく）ありません。
　_____

7　沖縄への旅行についてワクワクしています。
　_____

039 形容詞 ③　　Adjectives

形容詞の形　～『TOEIC』頻出の形容詞～

接尾辞
- --- tial / able / ible / tive / ant の他
- --- ful / like / ish / ly / some / ous / ary / tory /
  y / ar / ic / en など形容詞をつくる接尾辞は様々

● --- tial 型

essen**tial**	「 必須の 」
influen**tial**	「 影響力のある 」
poten**tial**	「 潜在的な 」

● --- able 型

agree**able**	「 好ましい 」
avail**able**	「 利用・入手できる 」
cap**able**	「 ～ できる 」
desir**able**	「 望ましい 」

● --- ible 型

feas**ible** / poss**ible**	「 実現可能な 」
flex**ible**	「 柔軟な 」
vis**ible**	「 目に見える 」

● --- tive 型

attrac**tive**	「 魅力的な 」
effec**tive**	「 効果的な 」
innova**tive**	「 革新的な 」

注意　--- tive 型の名詞

| execu**tive** | [egzékjutiv] | <名詞>「 役員・管理職員 」 | <形容詞>「 行政上の 」 |
| representa**tive** | [rèprizéntətiv] | <名詞>「 代表者 」 | <形容詞>「 代表的な 」 |

● --- ive 型

excess**ive**	「 過度の 」
exclus**ive**	「 排他的な 」
impress**ive**	「 印象的な 」
intens**ive**	「 集中的な 」

● --- ant 型

const**ant**	「 一定の 」
import**ant**	「 重要な 」
signific**ant**	「 重大な 」

注意　--- ant 型の名詞

account**ant**	「 会計士 」
applic**ant**	「 応募者 」
consult**ant**	「 コンサルタント 」

【例文】

1　今夜2名で席を予約できますか [空きがありますか]。
　　Is there a table **available** for two tonight ?

2　彼女が最高経営責任者 [CEO] です。
　　She is the chief **executive** officer.

3　彼は保険会社の役員 [取締役] です。
　　He is an **executive** in an insurance company.

4　あなたはなぜ会計士になりたいのですか。
　　Why do you want to be an **accountant** ?

5　応募者は１８歳以上でなければならない。
　　Applicants must be over 18 years of age.

＊ -- able 型の形容詞
　　cf. 単に able の語尾を有する名詞　syllable / table / vegetable など

＊ -- tive 型の形容詞
　　CEO stands for Chief Executive Officer.

＊ -- tive 型の名詞
　　cf.　This is an <形容詞>**executive** decision.「経営者の判断」

＊ -- ant 型の名詞
　　Consultant is an expert who gives advice.
　　「 コンサルタントとは助言を行う専門家です。」
　　cf. 推量　She must be over 20 years old.
　　「 彼女は２０歳以上（越えている）にちがいない。」

Worksheet 039

形容詞の形 ～『TOEIC』頻出の形容詞～

接尾辞
- --- tial／able／ible／tive／ant の他
- --- ful／like／ish／ly／some／ous／ary／tory／y／ar／ic／en など形容詞をつくる接尾辞は様々

● --- tial 型

	「必須の」
	「影響力のある」
	「潜在的な」

● --- able 型

	「好ましい」
	「利用・入手できる」
	「～できる」
	「望ましい」

● --- ible 型

	「実現可能な」
	「柔軟な」
	「目に見える」

● --- tive 型

	「魅力的な」
	「効果的な」
	「革新的な」

● --- ive 型

	「過度の」
	「排他的な」
	「印象的な」
	「集中的な」

注意 --- tive 型の名詞

	[egzékjutiv] ＜名詞＞「役員・管理職員」 ＜形容詞＞「行政上の」
	[rèprizéntətiv] ＜名詞＞「代表者」 ＜形容詞＞「代表的な」

● --- ant 型

	「一定の」
	「重要な」
	「重大な」

注意 --- ant 型の名詞

	「会計士」
	「応募者」
	「コンサルタント」

【英作文】

1　今夜2名で席を予約できますか [空きがありますか]。

――――――――――――――――――――

2　彼女が最高経営責任者 [CEO] です。

――――――――――――――――――――

3　彼は保険会社の役員 [取締役] です。

――――――――――――――――――――

4　あなたはなぜ会計士になりたいのですか。

――――――――――――――――――――

5　応募者は18歳以上でなければならない。

――――――――――――――――――――

040 副詞 ① Adverbs

副詞の働き ※ 副詞は「用法」・「文中の位置」も多種多様

● 動詞だけでなく [形容詞]・[名詞]・代名詞・他の副詞（それらに相当する句や節）を修飾する

【例文】

1 あの留学生たちは日本語を流暢に話します。
   Those international students speak Japanese **fluently**.

2 「とてもよい。」 「まあまあよい。」 「だいじょうぶ。」
   "Very good." ＞ "Pretty good." ＞ "(Just) OK."

3 あれはなかなかの（見応えのある素敵な）ショーでしたよ。
   That was **quite** a show.

4 おお！ それはほんとうにすごい事だね！［たいしたものだ！］
   Wow! That's **really** something!

5 彼女はとてもよく喋る［あまりにも多く喋り過ぎる］。
   She talks **too much**.

6 私は夜遅くに寝ます。
   I go to bed **late** at night.

7 私は単に彼がお金持ちだから好きというわけではありません。
   I don't like him **simply** because he is rich.

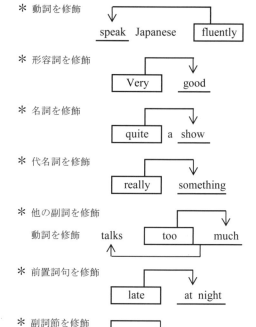

＊動詞を修飾：speak Japanese fluently
＊形容詞を修飾：Very good
＊名詞を修飾：quite a show
＊代名詞を修飾：really something
＊他の副詞を修飾／動詞を修飾：talks too much
＊前置詞句を修飾：late at night
＊副詞節を修飾：simply because he is rich

● [文全体] を修飾する ← 「話し手の心情・態度」や「話し手の判断」を表す

「話し手の心情・態度」
　happily「幸いにも」・naturally「当然」・sadly「悲しいことに」
　fortunately（luckily）「幸運にも」 ⇔ unfortunately（unluckily）「不運にも」 など

「話し手の判断」
　certainly「確かに」・clearly（obviously）「明らかに」・maybe「たぶん」
　perhaps（possibly）（probably）「おそらく」 など

【例文】

8 残念ながら、雨が降っています。
   Unfortunately, it's raining.

9 あなたの言うとおりかもね。
   Maybe you're right.

10 明らかに、その医者は彼にすべてを説明していました。
   Clearly, the doctor explained everything to him.

11 その医者は彼にすべてをはっきりと説明しました。
   The doctor explained everything to him **clearly**.

＊文を修飾する副詞はふつう文頭に置く
　追加で表現したい気持ちがあるときには文末
　　It's raining, **unfortunately**.
＊maybe ≒ perhaps は話し言葉でよく使われる
　probably も同様に可能性はあっても確実でない
　ことを示すが maybe よりやや可能性が高い印象
＊副詞の位置によって意味に違いが生じる例
　文を修飾する場合
　　→ 話し手の判断「明らかに・疑いもなく」
　動詞を修飾する場合
　　→ 動作の様態「はっきりと・明瞭に」

— 80 —

Worksheet 040

副詞の働き　※ 副詞は「用法」・「文中の位置」も多種多様

● 動詞だけでなく ☐・☐ ・代名詞・他の副詞（それらに相当する句や節）を修飾する

【英作文】

1　あの留学生たちは日本語を流暢に話します。

2　「とてもよい。」「まあまあよい。」「だいじょうぶ。」

3　あれはなかなかの（見応えのある素敵な）ショーでしたよ。

4　おお！それはほんとうにすごい事だね！［たいしたものだ！］

5　彼女はとてもよく喋る［あまりにも多く喋り過ぎる］。

6　私は夜遅くに寝ます。

7　私は単に彼がお金持ちだから好きというわけではありません。

● ☐ を修飾する　←　「話し手の心情・態度」や「話し手の判断」を表す

「話し手の心情・態度」
　　happily「幸いにも」・naturally「当然」・sadly「悲しいことに」
　　fortunately（luckily）「幸運にも」⇔ unfortunately（unluckily）「不運にも」　など

「話し手の判断」
　　certainly「確かに」・clearly（obviously）「明らかに」・maybe「たぶん」
　　perhaps（possibly）（probably）「おそらく」　など

【英作文】

8　残念ながら、雨が降っています。

9　あなたの言うとおりかもね。

10　明らかに、その医者は彼にすべてを説明していました。

11　その医者は彼にすべてをはっきりと説明しました。

041 副詞 ② Adverbs

副詞の働き　※ 副詞は「用法」・「文中の位置」も多種多様

● 文と文の ｜意味｜ をつなぐ　※ 接続詞のように2つの文を1つにすることはできない

意味のつながりをわかりやすくする副詞

first	「最初に／まずはじめに」	hence	「それゆえ」
second	「二番目に／次に」	therefore	「したがって」
furthermore	「その上／さらに」	thus	
moreover		anyway	「ともかく／いずれにせよ」
besides		instead	「その代わりに」
however	「しかしながら」	meanwhile	「一方／そうしている間に」
nevertheless	「それでもなお」	otherwise	「さもなければ」
nonetheless		similarly	「同様に」
still			

文の意味をつなぐ副詞の働きをする前置詞句

for one thing	「一つには」	for example	「例えば」
in the first place	「第一に／そもそも」	for instance	
in addition	「さらに／その上」	in fact	「実際に」
in contrast	「対照的に」	in other words	「言い換えると」
on the contrary	「逆に／それどころか」	after all	「結局」
on the other hand	「他方で／これに反して」	in the long run	「長い目で見ると」
as a result	「その結果」	in conclusion	「結論として」
by the way	「ところで」	in short	「手短に言うと」

【例文】

1　それはよい方法である。しかしながら、実行に移すのは難しい。
　　It is a good method.
　　However, it is difficult to put into practice.

2　サイクリングは健康によい。その上、空気を汚染することもない。
　　Cycling is good for our health.
　　Furthermore, it doesn't pollute the air.

3　結論として、私はこの企画には反対です。
　　In conclusion, I am against this project.

＊ 文の「意味」をつなぐ副詞
　　文中に入れることもできる
　　　It is, however, difficult to put into practice.
　　　It, moreover, doesn't pollute the air.
　接続詞のように文と文をつなぐことはできない
　　cf. It is a good method,
　　　　but it is difficult to put into practice.
　　cf. Cycling is good for our health,
　　　　and it doesn't pollute the air.

＊ 文の意味をつなぐ前置詞句
　　プレゼンテーション・レポートで役立つ表現が多い

Worksheet 041

副詞の働き　※ 副詞は「用法」・「文中の位置」も多種多様

● 文と文の [　　　　] をつなぐ　　※ 接続詞のように2つの文を1つにすることはできない

意味のつながりをわかりやすくする副詞

[　　]	「最初に／まずはじめに」
[　　]	「二番目に／次に」
[　　]	「その上／さらに」

[　　]	「それゆえ」
[　　]	「したがって」

[　　]	「しかしながら」
[　　]	「それでもなお」

[　　]	「ともかく／いずれにせよ」
[　　]	「その代わりに」
[　　]	「一方／そうしている間に」
[　　]	「さもなければ」
[　　]	「同様に」

文の意味をつなぐ副詞の働きをする前置詞句

[　　]	「一つには」
[　　]	「第一に／そもそも」
[　　]	「さらに／その上」
[　　]	「対照的に」
[　　]	「逆に／それどころか」
[　　]	「他方で／これに反して」
[　　]	「その結果」
[　　]	「ところで」

[　　]	「例えば」
[　　]	「実際に」
[　　]	「言い換えると」
[　　]	「結局」
[　　]	「長い目で見ると」
[　　]	「結論として」
[　　]	「手短に言うと」

【英作文】

1　それはよい方法である。しかしながら、実行に移すのは難しい。

　　It is a good method.

_____

2　サイクリングは健康によい。その上、空気を汚染することもない。

　　Cycling is good for our health.

_____

3　結論として、私はこの企画には反対です。

_____

042 副詞 ③　　　　　　　　　　　　　　　　　　　　　Adverbs

副詞の用法　　様態・場所・時・程度・頻度　などを表す

様態 … 動詞が表す動作や状態について それが「どのようになされるか」「どのようであるか」を表す

angrily「怒って」・boldly「大胆に／図々しく」・carefully「注意深く」・happily「幸せそうに」
honestly「正直に」・politely「丁寧に」・quickly「素早く」・quietly「静かに」
seriously「真剣に」・slowly「ゆっくりと」・suddenly「突然」・wisely「賢く」
fast「速く」・hard「一生懸命に」・straight「まっすぐに」・well「上手に、よく」　など

位置：① 自動詞の後　② 他動詞＋目的語の後　③ 助動詞と動詞の間　に置くことが多い

【例文】

1　全てうまく［順調に］いっていることを願っています。
    I hope everything is going **well**.
    ＊自動詞 ← 様態を表す副詞
    　英文メール・手紙の書き出し定型表現
    　I hope you are doing well. ／ How are you getting along?

2　私はドアを静かに開けました。
    I opened the door **quietly**.
    ＊他動詞＋目的語 ← 様態を表す副詞
    　動詞の前に置くこともできる　I quietly opened the door.

場所

above「上の方へ」⇔ below「下の方へ」・near「近くに」⇔ away「離れて」・far「遠くへ」
up「（低位置から）上の方へ」⇔ down「（高位置から）下へ」・home「自宅へ」・out「外へ」
upstairs「上の階へ」⇔ downstairs「下の階へ」・forward「前方へ」⇔ backward「後方へ」
here「ここへ」⇔ there「そこへ」・somewhere「どこかへ」・abroad「外国へ」　など

時

ago「〜前に」・already「すでに」・before「以前に」・early「早く」・ever「今までに」
lately「最近、近ごろ」・next「次に」・now「今」・once「かつて」・recently「最近」
since「〜以来」・soon「間もなく」・then「その時」・today「今日」・tomorrow「明日」
tonight「今夜」・yesterday「昨日」・yet「まだ」　など

【例文】

3　私は昨年の夏に京都でのお祭りで彼女に会いました。
    I met her **in** a festival **in** Kyoto **last** summer.

4　その式典は明日の１０時に始まります。
    The ceremony will begin **at** 10:00 **tomorrow**.

5　私は外国で勉強［海外留学］したい。
    I want to study **abroad**.

6　今日は視覚（補助）資料について学んでいきます。
    Today we are going to learn about Visual Aids.

7　最近あまりよく眠むれない。
    I can't sleep **well lately**.

＊副詞の順序
　「様態」→「場所」→「時」とするのが一般的
　in〜のような前置詞句も場所・時を表す副詞の働きをする

　場所・時の表現はそれぞれ小さい単位から先に置く
　　　in a festival ＜ in Kyoto
　　　at 10:00　　 ＜ tomorrow

＊abroad は副詞　　　　誤　study ×in abroad
　→ in／to などの前置詞は不要　　go ×to abroad

＊「明確な」時を表す副詞
　（now／then／yesterday／today／tomorrow など）は
　強調のため文末でなく文頭に置くこともある

＊「漠然とした」時を表す副詞（recently／soon など）は
　文中だけでなく文末に置くこともある

Worksheet 042

副詞の用法 ☐ ・ ☐ ・ ☐ ・ 程度 ・ 頻度 などを表す

様態 … 動詞が表す動作や状態について それが「どのようになされるか」「どのようであるか」を表す

angrily「怒って」・boldly「大胆に／図々しく」・carefully「注意深く」・happily「幸せそうに」
honestly「正直に」・politely「丁寧に」・quickly「素早く」・quietly「静かに」
seriously「真剣に」・slowly「ゆっくりと」・suddenly「突然」・wisely「賢く」
fast「速く」・hard「一生懸命に」・straight「まっすぐに」・well「上手に、よく」 など

位置： ① 自動詞の後 ② 他動詞＋目的語の後 ③ 助動詞と動詞の間 に置くことが多い

【英作文】

1　全てうまく［順調に］いっていることを願っています。

___

2　私はドアを静かに開けました。

___

場所

above「上の方へ」⇔ below「下の方へ」・near「近くに」⇔ away「離れて」・far「遠くへ」
up「（低位置から）上の方へ」⇔ down「（高位置から）下へ」・home「自宅へ」・out「外へ」
upstairs「上の階へ」⇔ downstairs「下の階へ」・forward「前方へ」⇔ backward「後方へ」
here「ここへ」⇔ there「そこへ」・somewhere「どこかへ」・abroad「外国へ」 など

時

ago「～前に」・already「すでに」・before「以前に」・early「早く」・ever「今までに」
lately「最近、近ごろ」・next「次に」・now「今」・once「かつて」・recently「最近」
since「～以来」・soon「間もなく」・then「その時」・today「今日」・tomorrow「明日」
tonight「今夜」・yesterday「昨日」・yet「まだ」 など

【英作文】

3　私は昨年の夏に京都でのお祭りで彼女に会いました。

___

4　その式典は明日の１０時に始まります。

___

5　私は外国で勉強［海外留学］したい。

___

6　今日は視覚（補助）資料について学んでいきます。

___

7　最近あまりよく眠れない。

___

043 副詞 ④ Adverbs

副詞の用法 様態 ・ 場所 ・ 時 ・ 程度 ・ 頻度 などを表す

※ 位置： ① 一般動詞の前　② be動詞／助動詞の後

程度
- almost「ほとんど」・ barely「かろうじて、わずかに／ほとんど～ない」・ completely「完全に」
- fairly「かなり」・ hardly「ほとんど～ない」・ little「すこし」・ much「たくさん」
- nearly「ほぼ」・ only「ただ～だけ」・ perfectly「完璧に」・ quite「結構／すっかり」
- rather「むしろ／どちらかと言えば」／ scarcely「ほとんど～ない」・ seriously「真剣に」
- slightly「わずかに」・ somewhat「やや／少々」 など

【例文】

1 おっと、もう少しで忘れるところだった。
   Oh, I **almost** forgot.

2 今日は彼女の誕生日だったのを完全に忘れていた。
   I **completely** forgot (that) it's her birthday today.

3 オーストラリアで勉強することを真剣に考えています。
   I am **seriously** thinking of studying in Australia.

4 私は眼鏡なしではほとんど見えません。
   I can **hardly** see without my glasses.

＊ 程度を表す副詞
　I forgot.「忘れた」という動作に almost をつけると
　「忘れるところだったけど忘れなかった」ことになる
　cf. 現在形　I forget things (easily).
　　　　　　「私は（よく）物忘れをします。」
　　　　　　日常の反復的な動作を表す

＊ 副詞の位置
　be動詞／助動詞の後に置くのが基本だが
　「頻度」を表す副詞以外は比較的自由に置ける
　cf.「頻度」を表す副詞句
　　hardly ever～「めったに～しない」

頻度

100 %	always	「いつも」			※ 一定の頻度（文末）	
	usually	「たいてい」	※ 書き言葉		annually	「年に1回」
	often	「よく」	frequently	「頻繁に」	／ yearly	
	sometimes	「たまに」	occasionally	「時折」	monthly	「月に1回」
↓	rarely	「めったにない」	seldom	「稀にしかない」	weekly	「週に1回」
0 %	never	「まったくない」			daily	「毎日」

【例文】

5 （あなたなら）いつでも大歓迎ですよ。
   You are **always** welcome.

6 私はたいてい夜1時に寝ます。
   I **usually** go to bed at one o'clock in the morning.

7 映画を見に行くことはほとんどない。
   I **rarely** go to the movies.

8 ランチ・メニューは日ごとに替わります。
   The lunch menu changes **daily**.

＊ be動詞 + 頻度を表す副詞
　be動詞　頻度を表す副詞

＊ 頻度を表す副詞 + 一般動詞
　頻度を表す副詞　一般動詞

＊ 低い頻度を表す副詞（seldom はフォーマルな表現）
　≒ I **hardly ever** go to the movies.

＊ 一定の頻度を表す副詞は文末に置く
　＜形容詞＞
　cf. a daily newspaper「日刊新聞」

Worksheet 043

副詞の用法　| 様態 | ・| 場所 | ・| 時 | ・|　　| ・|　　| などを表す

※ 位置： ① 一般動詞の前　② be動詞／助動詞の後

程度

almost「ほとんど」・ barely「かろうじて、わずかに／ほとんど〜ない」・ completely「完全に」
fairly「かなり」・ hardly「ほとんど〜ない」・ little「すこし」・ much「たくさん」
nearly「ほぼ」・ only「ただ〜だけ」・ perfectly「完璧に」・ quite「結構／すっかり」
rather「むしろ／どちらかと言えば」／ scarcely「ほとんど〜ない」・ seriously「真剣に」
slightly「わずかに」・ somewhat「やや／少々」　など

【英作文】

1　おっと、もう少しで忘れるところだった。

2　今日は彼女の誕生日だったのを完全に忘れていた。

3　オーストラリアで勉強することを真剣に考えています。

4　私は眼鏡なしではほとんど見えません。

頻度

100 %	always	「いつも」			※一定の頻度（文末）
	usually	「たいてい」	※書き言葉		annually「年に1回」
	often	「よく」	frequently	「頻繁に」	／yearly
	sometimes	「たまに」	occasionally	「時折」	monthly「月に1回」
↓	rarely	「めったにない」	seldom	「稀にしかない」	weekly「週に1回」
0 %	never	「まったくない」			daily「毎日」

【英作文】

5　（あなたなら）いつでも大歓迎ですよ。

6　私はたいてい夜1時に寝ます。

7　映画を見に行くことはほとんどない。

8　ランチ・メニューは日ごとに替わります。

044 副詞 ⑤　　　　　　　　　　　　　　　　　　　　Adverbs

副詞の形　　　　形容詞に **ly** をつけた形「 --- ly 」が多い

形容詞に **ly** をつける		kind	→	kind**ly**
○ **le** で終わる場合	→ **le** をとって	probab**le**	→	probab**ly**
○ **ue** で終わる場合	→ **e** をとって	tr**ue**	→	tru**ly**
○ **ll** で終わる場合	→ **l** を1つとって	fu**ll**	→	fu**lly**
○ **y** で終わる場合	→ **y** を **i** にかえて	eas**y**	→	eas**ily**

注意 1　　語尾が **ly** の形をした形容詞（副詞ではないもの）

> friendly「友好的な」・ ghostly「幽霊のような」・ girly「女の子っぽい」・ manly「男らしい」
> timely「折よく、適時の」・ holly「神聖な」・ lonely「孤独な」・ lovely「かわいらしい」
> silly「ばかばかしい」・ ugly「醜い／不快な」　など

注意 2　形が似ている副詞

hard	「熱心に」	hardly	「ほとんどない」
late	「遅く」	lately	「最近」
most	「もっとも」	mostly	「たいていは」
near	「近くに」	nearly	「ほとんど」
sharp	「きっかり」	sharply	「鋭く・厳しく」

注意 3　形容詞と副詞の形が同じもの

daily	「毎日の」「毎日」
early	「早い」「早く」
far	「遠い」「遠くに」
fast	「速い」「速く」
last	「最後の」「最後に」
late	「遅い」「遅く」
pretty	「可愛い」「まあまあ」
well	「健康な」「上手く」

【例文】

1　彼はとてもフレンドリーです。
　　He is **pretty** friendly.
　＊ friendly は形容詞（主語について説明）　He = friendly
　　 pretty は副詞（形容詞 friendly を修飾）　He ≠ pretty

2　バネッサは女の子女の子した女の子です。　※話し言葉
　　Vanessa is a girly girl.
　＊ 名詞に ly をつけて形容詞にする造語法の例
　　「〜らしい、の性質を有する」という意味の形容詞を造る
　　話し言葉は表現を豊かにするが俗語的な意味や使い方には
　　　　　　　　　　　　　　要注意（例 girly magazine 成人雑誌）

3　私はもうすこしで飛行機に乗り遅れるところでした。
　　I **nearly** missed my flight.
　＊ nearly ≒ almost
　　使用頻度 almost > nearly 　almost の方が
　　　　　　　　　　　　　　　　実現・到達点に近いイメージ

4　避難訓練は１１時きっかりに始まります。
　　The evacuation drill will begin at 11:00 **sharp**.
　＊ sharp の副詞としての用法「（時刻）きっかり」
　　　　cf. 形容詞　a sharp knife「鋭い」ナイフ

5　遅刻して／遅れて来てしまって、すみません。
　　I'm sorry I'm late ／ I came **late**.
　＊ late　形容詞　　　　　　　　副詞
　　　　　　I am late.　　　　I came late.
　　　　　主語について説明　　動詞を修飾

6　私は最近あまり体調がよくありません。
　　I'm not feeling well **lately**.
　＊ lately 副詞　「最近」
　　　　　　　　　　　　cf. He speaks English well.
　　well　形容詞「健康な」　　　　副詞「上手に」

Worksheet 044

副詞の形　　形容詞に ly をつけた形「--- ly」が多い

形容詞に ly をつける			
○ le で終わる場合	→ le をとって	kind →	
○ ue で終わる場合	→ e をとって	probab**le** →	
○ ll で終わる場合	→ l を1つとって	tru**e** →	
○ y で終わる場合	→ y を i にかえて	fu**ll** →	
		eas**y** →	

注意 1　語尾が ly の形をした形容詞（副詞ではないもの）

> friendly「友好的な」・ghostly「幽霊のような」・girly「女の子っぽい」・manly「男らしい」
> timely「折よく、適時の」・holly「神聖な」・lonely「孤独な」・lovely「かわいらしい」
> silly「ばかばかしい」・ugly「醜い／不快な」　など

注意 2　形が似ている副詞　　　　　　　　　　注意 3　形容詞と副詞の形が同じもの

【英作文】

1　彼はとてもフレンドリーです。

_____

2　バネッサは女の子女の子した女の子です。　※話し言葉

_____

3　私はもうすこしで飛行機に乗り遅れるところでした。

_____

4　避難訓練は１１時きっかりに始まります。

_____

5　遅刻して／遅れて来てしまって、すみません。

_____

6　私は最近あまり体調がよくありません。

_____

045 動詞 ①　　　　　　　　　　　　　　　　　　　　　　　　Verbs

自動詞と他動詞

自動詞 … 主語自身の動作・作用 を表す → 目的語をとらない 動詞

bark「吠える」・cry「泣く」・die「死ぬ」・fly「飛ぶ」・jump「跳ぶ」・sleep「眠る」など

※ 「主語」＋「自動詞」だけで意味のある文をつくることができる（実際には修飾語を伴う場合が多い）

　The car stopped (in front of the hospital).　「その車は（病院の前で）停まりました。」
　We played (in the park).　「私たちは（公園で）遊びました。」

他動詞 … 他に影響を及ぼす動作・作用 を表す → 目的語をとる 動詞

buy「～を買う」・carry「～を運ぶ」・find「～を見つける」・invite「～を招待する」など

※ 「主語」＋「他動詞」だけでは文が成立しない

　I stopped my car (in front of the hospital).　「私は（病院の前で）車を停めました。」
　We played tennis (in the park).　「私たちは（公園で）テニスをしました。」

注意1 自動詞と他動詞で「意味」が異なる動詞

　run　　自動詞「走る」　　他動詞「～を経営する」
　stand　自動詞「立つ」　　他動詞「～を我慢する」

注意2 自動詞と他動詞で「形」が異なる動詞

　lie　　自動詞「横になる」　　lay　　他動詞「～を横にする」
　rise　 自動詞「上がる」　　　raise　他動詞「～を上げる」

【例文】

1　友だちがシドニーで日本食レストランを経営しています。
　　A friend of mine **runs** a Japanese restaurant in Sydney.

＊他動詞としての用法
　cf. 自動詞　He runs (in the park) (every morning).
　　　「彼は（毎朝）（その公園で）走っています。」
　　自動詞　I stand (for long hours) (at work).
　　　「私は（仕事で）（長い時間）立っています。」
　自動詞の場合は主語との組合わせだけでも文が成立する

2　もう（これ以上）がまんできません。
　　I can't **stand** it (anymore).

3　富士山は東京の南西約１００キロに位置します。
　　Mt. Fuji **lies** about 100 km south-west of Tokyo.

＊自動詞としての用法　　cf. 他動詞
　　　過去形 - 過去分詞　　　　過去形 - 過去分詞
　　lie - lay - lain　　　　lay - laid - laid
　ここでの lay は自動詞 lie「横たわる」の過去形
　現在の文であれば She **lies** on the sofa. となる

4　彼女はソファーに横たわり、すぐに寝てしまいました。
　　She **lay** on the sofa and soon fell asleep.

5　政府は煙草の値段を上げた。
　　The government **raised** the price of cigarettes.

＊他動詞としての用法　　cf. 自動詞
　　　過去形 - 過去分詞　　　　過去形 - 過去分詞
　　raise - raised - raised　　rise - rose - risen

Worksheet 045

自動詞と他動詞

自動詞 … [　　　　　　　　　　] を表す → [　　　　　　] 動詞

> bark「吠える」・cry「泣く」・die「死ぬ」・fly「飛ぶ」・jump「跳ぶ」・sleep「眠る」など

※「主語」+「自動詞」だけで意味のある文をつくることができる（実際には修飾語を伴う場合が多い）

The car <u>stopped</u> （in front of the hospital）. 「その車は（病院の前で）停まりました。」
We <u>played</u> （in the park）. 「私たちは（公園で）遊びました。」

他動詞 … [　　　　　　　　　　] を表す → [　　　　　　] 動詞

> buy「～を買う」・carry「～を運ぶ」・find「～を見つける」・invite「～を招待する」など

※「主語」+「他動詞」だけでは文が成立しない

I <u>stopped</u> <u>my car</u> （in front of the hospital）. 「私は（病院の前で）車を停めました。」
We <u>played</u> <u>tennis</u> （in the park）. 「私たちは（公園で）テニスをしました。」

注意1　自動詞と他動詞で「意味」が異なる動詞

run	自動詞	「走る」	他動詞	[　　　　　　]
stand	自動詞	「立つ」	他動詞	[　　　　　　]

注意2　自動詞と他動詞で「形」が異なる動詞

[　　　　]	自動詞	「横になる」	[　　　　]	他動詞 「～を横にする」
[　　　　]	自動詞	「上がる」	[　　　　]	他動詞 「～を上げる」

【英作文】

1　友だちがシドニーで日本食レストランを経営しています。

____

2　もう（これ以上）がまんできません。

____

3　富士山は東京の南西約１００キロに位置します。

____

4　彼女はソファーに横たわり、すぐに寝てしまいました。

____

5　政府は煙草の値段を上げた。

____

046 動詞 ②　　　　Verbs

他動詞

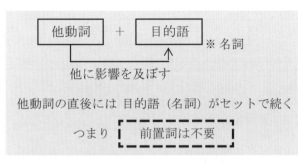

自動詞

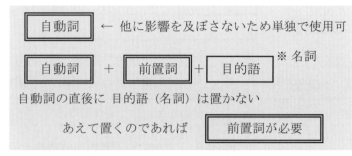

自動詞と間違えやすい「他動詞」

他動詞と間違えやすい「自動詞」

【例文】

1　台風が関東地方に接近しています。
　　A typhoon **is approaching** the Kanto region.

2　学生は初回の授業には必ず出席しなければならない。
　　Students must **attend** the first class.

3　私と結婚してもらえませんか。
　　Will you **marry** me?

4　その問題については後で話し合いましょう。
　　Let's **discuss** the problem later.

5　間もなく終点の東京駅に到着いたします。
　　We will soon be **arriving at** the Tokyo terminal.

6　私は彼が私たちの計画に賛成してくれると確信しています。
　　I'm sure he will **agree to** our plan.

7　彼女は１０年前に KUIS［神田外語大学］を卒業しました。
　　She **graduated from** KUIS ten years ago.

＊他動詞の用法

他動詞 + 名詞（間に前置詞は入らない）

「～を」/「～に」「～と」「～について」などの意味は他動詞に含まれているので
to・at・with・about など前置詞をつけないように注意

　approach　+ the Kanto region
　attend　　+ the first class
　marry　　 + me
　discuss　 + the problem

　　cf. 自動詞　Let's **talk about** the problem later.

＊自動詞の用法

自動詞 + 前置詞 + 名詞

「～を」/「～に」などの意味を自動詞は含まない
→ at・to・from といった前置詞をつける必要がある

　arrive　　+ at　　+ the Tokyo terminal
　agree　　 + to　　+ our plan
　graduate　+ from　+ KUIS

Worksheet 046

他動詞

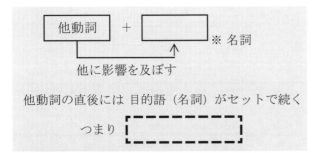

自動詞

自動詞 ← 他に影響を及ぼさないため単独で使用可

自動詞 + ☐ + ☐ ※名詞

自動詞の直後に 目的語（名詞）は置かない

あえて置くのであれば ☐

自動詞と間違えやすい「他動詞」

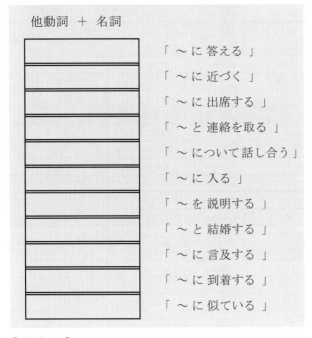

他動詞と間違えやすい「自動詞」

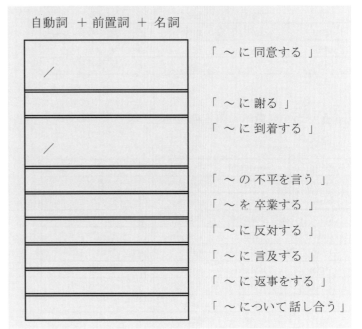

【英作文】

1　台風が関東地方に接近しています。

_____

2　学生は初回の授業には必ず出席しなければならない。

_____

3　私と結婚してもらえませんか。

_____

4　その問題については後で話し合いましょう。

_____

5　間もなく終点の東京駅に到着いたします。

_____

6　私は彼が私たちの計画に賛成してくれると確信しています。

_____

7　彼女は１０年前に KUIS［神田外語大学］を卒業しました。

_____

047 動詞 ③　　　　Verbs

Irregular Verbs List　不規則動詞の活用表

※ 文の中で「自動詞」・「他動詞」の両方の働きをする動詞もある

A A A

原形	過去形	過去分詞	
cost	cost	cost	（お金が）かかる
cut	cut	cut	〜を切る
hit	hit	hit	〜をたたく
hurt	hurt	hurt	〜を傷つける
let	let	let	〜をさせる
put	put	put	〜を置く
read	read	read	〜を読む
quit	quit	quit	〜をやめる
set	set	set	〜を設定する
shut	shut	shut	〜を閉める

A B B

原形	過去形	過去分詞	
bring	brought	brought	〜を持って来る
build	built	built	〜を建てる
burn	burnt	burnt	〜を燃やす
buy	bought	bought	〜を買う
catch	caught	caught	〜をつかまえる
feel	felt	felt	〜を感じる
fight	fought	fought	〜と戦う
find	found	found	〜を見つける
have	had	had	〜を持つ
hear	heard	heard	〜が聞こえる
hold	held	held	〜を握る／持つ
keep	kept	kept	〜を保つ
lay	laid	laid	〜を横にする
lead	led	led	〜を導く
leave	left	left	〜を離れる
lend	lent	lent	〜を貸す
lose	lost	lost	〜を失う
make	made	made	〜をつくる
mean	meant	meant	〜を意味する
meet	met	met	〜に出会う
pay	paid	paid	〜を払う
say	said	said	〜と言う
sell	sold	sold	〜を売る
send	sent	sent	〜を送る
sit	sat	sat	座る
sleep	slept	slept	眠る
spend	spent	spent	〜を費やす
stand	stood	stood	立つ
teach	taught	taught	〜を教える
tell	told	told	〜を伝える
think	thought	thought	〜と考える
win	won	won	〜を勝ちとる

A B C

原形	過去形	過去分詞	
(am)	was	been	〜である
be (is)	was	been	／いる・ある
(are)	were	been	
begin	began	begun	〜を始める
bite	bit	bitten	〜をかむ
break	broke	broken	〜をこわす
choose	chose	chosen	〜を選ぶ
do	did	done	〜をする
does	did	done	
draw	drew	drawn	〜を描く
drink	drank	drunk	〜を飲む
drive	drove	driven	〜を運転する
eat	ate	eaten	〜を食べる
fall	fell	fallen	落ちる
fly	flew	flown	飛ぶ
forget	forgot	forgot(ten)	〜を忘れる
get	got	got(ten)	〜を手に入れる
give	gave	given	〜を与える
go	went	gone	行く
grow	grew	grown	育つ
hide	hid	hid(den)	〜を隠す
know	knew	known	〜を知っている
lie	lay	lain	横になる
ride	rode	ridden	〜に乗る
rise	rose	risen	上がる
see	saw	seen	〜に会う
shake	shook	shaken	〜を揺らす
show	showed	shown	〜を見せる
sing	sang	sung	〜を歌う
speak	spoke	spoken	〜を話す
steal	stole	stolen	〜を盗む
swim	swam	swum	泳ぐ
take	took	taken	〜を取る
throw	threw	thrown	〜を投げる
wake	woke	woken	目が覚める
wear	wore	worn	〜を着る
write	wrote	written	〜を書く

A B A

原形	過去形	過去分詞	
become	became	become	〜になる
come	came	come	来る
run	ran	run	走る

Irregular Verbs List 不規則動詞の活用表

※ 文の中で「自動詞」・「他動詞」の両方の働きをする動詞もある

A　A　A
原形　過去形　過去分詞

cost		(お金が) かかる
cut		～を 切る
hit		～を たたく
hurt		～を 傷つける
let		～を させる
put		～を 置く
read		～を 読む
quit		～を やめる
set		～を 設定する
shut		～を 閉める

A　B　B
原形　過去形　過去分詞

bring		～を 持って来る
build		～を 建てる
burn		～を 燃やす
buy		～を 買う
catch		～を つかまえる
feel		～を 感じる
fight		～と 戦う
find		～を 見つける
have		～を 持つ
hear		～が 聞こえる
hold		～を 握る／持つ
keep		～を 保つ
lay		～を 横にする
lead		～を 導く
leave		～を 離れる
lend		～を 貸す
lose		～を 失う
make		～をつくる
mean		～を 意味する
meet		～に 出会う
pay		～を 払う
say		～と 言う
sell		～を 売る
send		～を 送る
sit		座る
sleep		眠る
spend		～を 費やす
stand		立つ
teach		～を 教える
tell		～を 伝える
think		～と 考える
win		～を 勝ちとる

A　B　C
原形　過去形　過去分詞

(am) be (is) (are)		～である ／いる・ある
begin		～を 始める
bite		～を かむ
break		～を こわす
choose		～を 選ぶ
do does		～を する
draw		～を 描く
drink		～を 飲む
drive		～を 運転する
eat		～を 食べる
fall		落ちる
fly		飛ぶ
forget		～を 忘れる
get		～を 手に入れる
give		～を 与える
go		行く
grow		育つ
hide		～を 隠す
know		～を 知っている
lie		横になる
ride		～に 乗る
rise		上がる
see		～に 会う
shake		～を 揺らす
show		～を 見せる
sing		～を 歌う
speak		～を 話す
steal		～を 盗む
swim		泳ぐ
take		～を 取る
throw		～を 投げる
wake		目が 覚める
wear		～を 着る
write		～を 書く

A　B　A
原形　過去形　過去分詞

become		～に なる
come		来る
run		走る

048 受動態 ① — Passive Voice

受け身の文

日本語では 「可能」・「自発」・「尊敬」の意味と同様に 助動詞「（ら）れる」によって表すが

英語では [be動詞] + [過去分詞] の形式で表す ←（行為者）を示すときは + by（ ）

- be動詞：主語の人称 文の時制 に呼応して am・is（was）／are（were）にする
- 過去分詞：過去形と同じ形が多いが不規則に変化する動詞もあるので注意

※ 公用語として

English	is	spoken	in Australia. 「オーストラリアでは 英語が話されています。」
English and French	are	spoken	in Canada. 「カナダでは 英語と仏語が話されています。」
Old English	was	spoken	in England. 「イングランドでは 古英語が話されていました。」

※ 5世紀中頃～12世紀中頃 アングロ・サクソン語

受動態の条件
主語が動詞の表す動作・作用あるいはその影響を「受ける」場合にのみ受動態が使われる

受動態で表さない動作の例
- 「ミシェルは母親に似ています。」 Michel resembles her mother.
- 「ミシェルはポルシェを持っています。」 Michel has a Porsche.

日本語の意味と異なる表現

英語では能動態で表す例　「私は頭痛に悩まされています。」　I suffer from headaches.
- suffer（from ～）「（～に）苦しむ」
- 被害を受ける側を主語にするが受動態にしない

cf. I am troubled with headaches.
　　※ trouble「～を悩ませる」

英語では受動態で表す例　「私は東京で生まれ育ちました。」　I was born and raised in Tokyo.
- bear「～を生む」 raise「～を育てる」
- 動作を受ける側を主語にするため受動態にする

※ raise ≒ bring up
I was brought up in Tokyo.

【例文】

1　マイケルは自転車を買いました。それはイタリア製でした。
　　Michael bought a bike.　　It **was made** in Italy.

※ 受動態にする理由
話題の中心になっているのが動作を受ける側の場合
受動態にすることで主語（bike）に焦点が当たり
前文の話題を引継ぎ話のつながりをスムーズにする

2　でも、その自転車はその日のうちに盗まれてしまいました。
　　But the bike **was stolen** on that day.

「彼は自転車を盗まれた」という意味の文を
× He was stolen his bike. と表現できないので注意

3　ミシェルがその手紙を書きました。

	Michel	wrote	the letter.
	Michel did not	write	the letter.
Did	Michel	write	the letter?
Who		wrote	the letter?

※ 一般動詞のルール
- <否定文> 動詞の前に did not を置いて動詞を原形にする
- <疑問文> 主語の前に Did を置いて動詞を原形にする
- <疑問詞> 主語のかわりに Who を置く

4　その手紙はミシェルによって書かれました。

	The letter **was**		written	by Michel.
	The letter **was not**		written	by Michel.
Was	the letter		written	by Michel?
By who	was	the letter	written	?

※ be動詞のルール
- 受動態 ← be動詞＋過去分詞
- <否定文> be動詞の後に not を置く
- <疑問文> be動詞を主語の前に移す
- by＋行為者は By who にして文頭に置く（フォーマルな場面では By whom）

Worksheet 048

受け身の文

日本語では 「可能」・「自発」・「尊敬」の意味と同様に 助動詞「（ら）れる」によって表すが

英語では ☐ + ☐ の形式で表す ←（行為者）を示すときは ＋ by（ ）

└─ 主語の人称／文の時制
└─ 過去形と同じ形が多いが不規則に変化する動詞もあるので注意

に呼応して am・is（was）／are（were） にする　　※ 公用語として

English	___ ___	in Australia.	「オーストラリアでは 英語が話されています。」
English and French	___ ___	in Canada.	「カナダでは 英語と仏語が話されています。」
Old English	___ ___	in England.	「イングランドでは 古英語が話されていました。」

※ 5世紀中頃～12世紀中頃 アングロ・サクソン語

受動態の条件
主語が動詞の表す動作・作用あるいはその影響を「受ける」場合にのみ受動態が使われる

受動態で表さない動作の例　「ミシェルは母親に似ています。」　Michel resembles her mother.
「ミシェルはポルシェを持っています。」　Michel has a Porsche.

日本語の意味と異なる表現

英語では能動態で表す例　「私は頭痛に悩まされています。」　I suffer from headaches.
　　suffer（from ～）「（～に）苦しむ」　cf. I am troubled with headaches.
　　被害を受ける側を主語にするが受動態にしない　　※ trouble 「～を悩ませる」

英語では受動態で表す例　「私は東京で生まれ育ちました。」　I was born and raised in Tokyo.
　　bear「～を生む」　raise「～を育てる」　　※ raise ≒ bring up
　　動作を受ける側を主語にするため受動態にする　　I was brought up in Tokyo.

【英作文】

1　マイケルは自転車を買いました。それはイタリア製でした。
_____

2　でも、その自転車はその日のうちに盗まれてしまいました。
_____

3　ミシェルがその手紙を書きました。
　　能動態　_____
　　＜否定文＞_____
　　＜疑問文＞_____
　　＜疑問詞＞_____

4　その手紙はミシェルによって書かれました。
　　受動態　_____
　　＜否定文＞_____
　　＜疑問文＞_____
　　＜疑問詞＞_____

049　受動態 ②　　　　　　　　　　　　　　　　　Passive Voice

受動態の形式

$$\boxed{\text{be動詞}} + \boxed{\text{過去分詞}} \quad (\text{by} \cdots) \quad 「(\cdots によって)\sim される」$$

進行形と受動態

進行形　be動詞 ＋ 現在分詞
＋受動態　　　　be動詞 ＋ 過去分詞
―――――――――――――――――――
＝　be動詞 ＋ [being] ＋ 過去分詞

進行形
My bike is [being] repaired at the moment.
　　　　　　　　　受動態
「修理されているところ（修理中）です。」

進行形
A new building is [being] constructed.
　　　　　　　　　受動態
「建設されているところ（建設中）です。」
※ ≒ is under construction 「建設中」

助動詞と受動態

助動詞　　助動詞 ＋ 動詞原形
＋受動態　　　　be動詞 ＋ 過去分詞
―――――――――――――――――――
＝　助動詞 ＋ [be] ＋ 過去分詞

助動詞
Homework must [be] submitted by Friday.
　　　　　　　　受動態
「提出されなければならない。」

助動詞
A lot of stars can [be] seen from here.
　　　　　　　　受動態
「見られ得る（見ることができる）。」
※ 星は「見る」という動作を受けるので受動態

【例文】

1　私の飛行機［便］は遅延はしても欠航はしませんでした。
　　My flight **was delayed** but not **cancelled**.

2　サンドイッチはサンドイッチ伯爵によって発明された
　　　　　　　　　　　　　　　　　　と言われています。
　　It **is said** that
　　sandwiches **were invented** by Lord Sandwich.

3　私はみんなに笑われました。
　　I **was laughed at** by everyone.

4　私は路上で知らない人に話しかけられました。
　　I **was spoken to** by a stranger on the street.

5　そのプロジェクトは学生たちによって実行されました。
　　The project **was carried out** by students.

6　スタディー・ルーム［自習室］は今すべて使用中です。
　　All the Study Rooms **are being used** now.

7　学期末試験の予定は後で発表されます。
　　The final exam schedule **will be announced** later.

8　テキストは丸善書店で購入できます。
　　Textbooks **can be purchased** at Maruzen Bookstore.

＊ delay「～を遅らせる」 cancel「～を中止する」
　飛行機はそれぞれの動作を受けるので受動態で表す

＊ It is said that …「…と言われている」
　　　　　　It は that 以下の内容を表す形式主語
　行為者を示すときは by の後に続ける（代名詞→目的格）
　John Montague Sandwich (the earl of Sandwich) は
　実在の人物ではあるがその発明については事実ではない

＊ 群動詞
　「動詞＋前置詞」で意味を成す群動詞は受動態の文でも
　セットとして扱いその組合わせをこわさない

　　　laugh at ～「～を（ばかにして）笑う」
　　　speak to ～「～に話しかける」
　　　carry out ～「～を成し遂げる・実行する」

＊ 進行形 ＋ 受動態
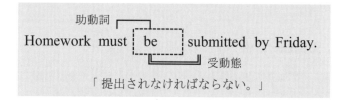

＊ 助動詞 ＋ 受動態
　予定は「告知」／テキストは「購入」
　それぞれ動作を受けるため受動態で表す
　announce「～を告知する」→「告知される」
　purchase「～を購入する」→「購入される」

受動態の形式

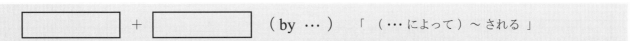　(by …)　「（…によって）〜される」

進行形と受動態

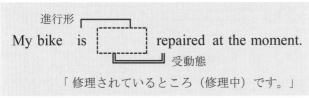

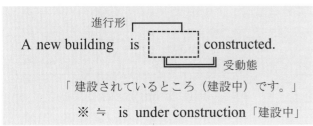

助動詞と受動態

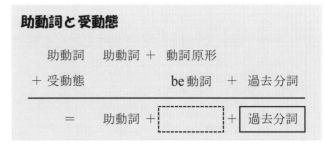

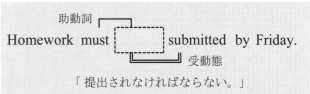

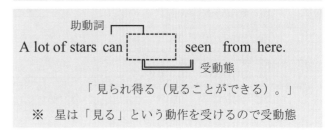

【英作文】

1　私の飛行機［便］は遅延はしても欠航はしませんでした。

2　サンドイッチはサンドイッチ伯爵によって発明されたと言われています。

3　私はみんなに笑われました。

4　私は路上で知らない人に話しかけられました。

5　そのプロジェクトは学生たちによって実行されました。

6　スタディー・ルーム［自習室］は今すべて使用中です。

7　学期末試験の予定は後で発表されます。

8　テキストは丸善書店で購入できます。

050 受動態 ③ — Passive Voice

受動態の慣用表現

be born	「生まれる」
be brought up	「育つ」
≒ be raised	

cf. grow up　「育つ・成長する・大人になる」
　　grow　　＜自動詞＞「生長する・成長する」
　　　　　　＜他動詞＞「（植物）を育てる・栽培する」

be bored	「退屈する」	be satisfied	「満足する」
be confused	「混乱する」	be shocked	「ショックを受ける」
be disappointed	「がっかりする」	be surprised	「驚く」
be excited	「わくわくする」	be tired	「疲れる」

be caught in ～	「～に遭う（あう）」　※好ましくない状況など
be covered with ～	「～で覆われている」
be filled with ～	「～で満たされている」
be known to ～	「～に知られている」　cf. be known as ～「～として」
	be known by ～「～によって」
be injured in／by ～	「～でけがをする」　※原因を示すときは by を使う
be killed in ～	「～で死亡する」　　　　by falling rocks「落石で」
be made into ～	「～に作られる（加工される）」← 物（製品）が完成したとき
⇔ be made from ～	「～から作られている」※原料…もとの形をとどめていない
be made of ～	「～で作られている」　　材料…もとの形をとどめている

【例文】

1　私は東京で生まれ育ちました。
　　I **was born** and **brought up** in Tokyo.

＊ I was born on February 29th. のように誕生日は過去形で表す
　≒ I was born and raised in Tokyo.
　　△ grew up　×grown up

2　頭がこんがらがってきた。
　　I **am confused**.

＊ confuse
　「～を混乱させる」　主語はその動作を受けるので
　　　　　　　　　　受動態「混乱させられている」となる

3　ブリティッシュ・ヒルズに行くのが楽しみです。
　　I **am excited** about going to British Hills.

＊ excite も他動詞
　「～を興奮させる」　主語はその動作を受けるので
　　　　　　　　　　受動態「興奮させられている」となる

4　家に帰る途中でにわか雨に遭いました。
　　I **was caught in** a shower on my way home.

＊ be caught in ＋都合の悪いこと
　　I was caught in a traffic jam.「交通渋滞に巻き込まれた。」

5　多くの人が交通事故で亡くなっています。
　　A lot of people **are killed in** traffic accidents.

＊ be killed in ＋外的要因（事故や戦争など暴力的な出来事）
　　cf. die「（寿命や病気などで）死ぬ」

6　そのお寺は木造です。
　　The temple **is made of** wood.

＊ be made of ＋材料／be made from ＋原料
　　cf. Paper is made from wood.「紙は木からつくられる。」

7　牛乳はバターやチーズに加工されます。
　　Milk **is made into** butter and cheese.

＊ 原料 be made into 製品 ≒ 製品 be made from 原料
　≒ Butter and cheese are made from milk.

Worksheet 050

受動態の慣用表現

	「 生まれる 」　cf. grow up 「 育つ・成長する・大人になる 」
≒	「 育つ 」　　　grow 　＜自動詞＞「 生長する・成長する 」
	＜他動詞＞「（植物）を育てる・栽培する 」

	「 退屈する 」		「 満足する 」
	「 混乱する 」		「 ショックを受ける 」
	「 がっかりする 」		「 驚く 」
	「 わくわくする 」		「 疲れる 」

〜	「 〜に遭う（あう）」	※ 好ましくない状況など
〜	「 〜で覆われている 」	
〜	「 〜で満たされている 」	
〜	「 〜に知られている 」	cf. be known as 〜 「 〜として 」
		be known by 〜 「 〜によって 」
〜	「 〜でけがをする 」	※ 原因を示すときは by を使う
〜	「 〜で死亡する 」	by falling rocks「落石で」
〜	「 〜に作られる（加工される）」	← 物（製品）が完成したとき
⇔　　　　　　　　〜	「 〜から作られている 」	※ 原料 … もとの形をとどめていない
〜	「 〜で作られている 」	材料 … もとの形をとどめている

【英作文】

1　私は東京で生まれ育ちました。

_____

2　頭がこんがらがってきた。

_____

3　ブリティッシュ・ヒルズに行くのが楽しみです。

_____

4　家に帰る途中でにわか雨に遭いました。

_____

5　多くの人が交通事故で亡くなっています。

_____

6　そのお寺は木造です。

_____

7　牛乳はバターやチーズに加工されます。

_____

051 文型 ① — Sentence Patterns

英語の語順

英語の文では 主語（**Subject**）・動詞（**Verb**）・目的語（**Object**）・補語（**Complement**）の並べ方に
一定の規則があり動詞の性質や意味によって配列を整理したものを「文型」という

```
＜第1文型＞    主語（S）＋ 動詞（V）
＜第2文型＞    主語（S）＋ 動詞（V）＋ 補語 （C）
＜第3文型＞    主語（S）＋ 動詞（V）＋ 目的語（O）
＜第4文型＞    主語（S）＋ 動詞（V）＋ 目的語（O）＋ 目的語（O）
＜第5文型＞    主語（S）＋ 動詞（V）＋ 目的語（O）＋ 補語 （C）
```

主語 （S）	名詞／名詞のはたらきをする語（句）	
動詞 （V）	○ 自動詞 （主語自身の動作・作用を表す動詞）	
	● 他動詞 （他に影響を及ぼす動作・作用を表す動詞）	
補語 （C）	主語（第2文型で）・目的語（第5文型で）の性質や状態を説明する語	
目的語（O）	述語動詞の表す動作の目的「〜を」・対象「〜に」を表す語	

※ 修飾語 （M）　文型の要素としてかぞえない

・冠詞
・名詞の性質・状態を説明する形容詞
・名詞を修飾する（代）名詞

```
     a      good    tennis    player
    冠詞    形容詞    名詞      名詞
```

・動詞の様態・程度・時・場所などを説明する副詞
・形容詞／名詞を修飾する副詞
・前置詞／接続詞以下の語（句）

```
    play    tennis    well    in the match
    動詞     名詞      副詞    前置詞（句）
```

第1文型　　主語（S）＋ 動詞（V）

S V　　主語（S）と動詞（V）だけで文が成立する

※ 2つの要素だけで意味を表すことは少なく修飾語によって情報を加えることが多い

【例文】

1　私は駅から大学のキャンパスまで歩きます。
　　I walk from the station to the university campus.

＊ 主語 I と動詞 walk だけで文が成立 → 第1文型
　前置詞句 from the station／副詞 slowly・backwards
　は動詞 walk の修飾語であり文型の要素としない
　　　Abraham Lincoln（1809－1865）の言葉

2　「私の歩みは遅いが、歩んだ道を引き返すことはない。」
　　"**I walk** slowly, but I never walk backwards."

3　彼女はすごく歌がうまいです［とても上手に歌います］。
　　She sings very well.

＊ 主語 She と動詞 sings だけで文が成立 → 第1文型
　副詞句 very well は動詞 sings の修飾語（句）

4　私は（もともと福島出身ですが）今は東京に住んでいます。
　　（ I'm originally from Fukushima, but ）
　　I live in Tokyo now.

＊ 主語 I と動詞 live の組合わせで形式上は第1文型
　ただし 実際には場所や時などの情報がなければ
　意味のある文にならない例も多い

Worksheet 051

英語の語順

英語の文では 主語（**Subject**）・動詞（**Verb**）・目的語（**Object**）・補語（**Complement**）の並べ方に一定の規則があり動詞の性質や意味によって配列を整理したものを「文型」という

```
＜第１文型＞   主語（S）＋ 動詞（V）
＜第２文型＞   主語（S）＋ 動詞（V）＋ 補語（C）
＜第３文型＞   主語（S）＋ 動詞（V）＋ 目的語（O）
＜第４文型＞   主語（S）＋ 動詞（V）＋ 目的語（O）＋ 目的語（O）
＜第５文型＞   主語（S）＋ 動詞（V）＋ 目的語（O）＋ 補語（C）
```

主語（S）	名詞／名詞のはたらきをする語（句）	
動詞（V）	○ 自動詞（主語自身の動作・作用を表す動詞）	
	● 他動詞（他に影響を及ぼす動作・作用を表す動詞）	
補語（C）	主語（第２文型で）・目的語（第５文型で）の性質や状態を説明する語	
目的語（O）	述語動詞の表す動作の目的「～を」・対象「～に」を表す語	

※ 修飾語（M）　文型の要素としてかぞえない

- 冠詞
- 名詞の性質・状態を説明する形容詞
- 名詞を修飾する（代）名詞

　　a　　good　　tennis　　player
　　冠詞　形容詞　名詞　　名詞

- 動詞の様態・程度・時・場所などを説明する副詞
- 形容詞／名詞を修飾する副詞
- 前置詞／接続詞以下の語（句）

　　play　　tennis　　well　　in the match
　　動詞　　名詞　　副詞　　前置詞（句）

第１文型

主語（S）と 動詞（V）だけで文が成立する
※ ２つの要素だけで意味を表すことは少なく修飾語によって情報を加えることが多い

【英作文】

1　私は駅から大学のキャンパスまで歩きます。

_____

2　「私の歩みは遅いが、歩んだ道を引き返すことはない。」

_____

3　彼女はすごく歌がうまいです［とても上手に歌います］。

_____

4　私は（もともと福島出身ですが）今は東京に住んでいます。

_____

052 文型 ② — Sentence Patterns

第2文型　　主語（S）＋ 動詞（V）＋ 補語（C）

S V C

	主語	動詞	補語	
×	He	is	_____	He is だけでは「彼は」「〜です」となり
	彼は	〜です		主語（He）＝「何なのか」を示す情報がないと意味のある文にならない
→	He	is	a teacher	主語について「教師」という補足情報（補語）が不可欠
	彼は	〜です	教師	※ He = teacher

動詞（V）の後に
主語の性質や状態を説明する「補語（C）」がないと文が成立しない

※ 補語（C）は主語について補足説明する語であるから　**S = C**　の関係になる

2文型で使う動詞

「〜である」	be 動詞 − am・is・are ［was・were］
「〜になる」系	become ／ get ／ grow ／ turn
「〜のようである」系	look ／ seem ／ sound
「〜の感じがする」系	feel ／ smell ／ taste
「〜のままである」系	keep ／ remain ／ stay

【例文】

1　彼女は英語を話すのが得意です。
　　She is good at speaking English.

＊　主語（She／It）と動詞（is／tastes）だけで文が成立しない
　　前置詞句（at／of ...）は修飾語として文型の要素としない
　　補語（good）が主語（She）について説明　※ she = good

2　彼女は英語の堪能な人［上級話者］です。
　　She is a good **speaker** of English.

　　補語（speaker）が主語（She）について説明　※ she = speaker
　　ここでの good は補語ではなく speaker の修飾語

3　それはおもしろい味がしますね。
　　It tastes interesting.

　　補語（interesting）が主語（It）について説明　※ It = interesting
　　"It tastes interesting." ／ "It's an interesting taste." は
　　「美味しくない」という否定的な言い方を避けた婉曲的表現

第3文型　　主語（S）＋ 動詞（V）＋ 目的語（O）

S V O

	主語	動詞	目的語	
×	He	teaches	_____	He teaches だけでは「彼は」「〜を教えます」となり
	彼は	〜を教える		「何を」教えるのかという情報がないと意味のある文にならない
→	He	teaches	English	「英語を」という動詞の目的について情報（目的語）が不可欠
	彼は	〜を教える	英語	※ He ≠ English

動詞（V）の後に
動詞の目的・対象を表す「目的語（O）」がないと文が成立しない

※ 目的語（O）は主語について説明する語ではないから　**S ≠ O**

【例文】

4　私はおもしろい本を見つけました。
　　I found an interesting **book**.

＊　主語（I）と他動詞（found）だけで文が成立しない
　　他動詞（found）には目的語（book）が不可欠
　　目的語（book）は主語（I）を説明する語ではない　※ I ≠ book

5　私はその本を簡単に見つけられました。
　　I found the **book** easily.

　　ここでの interesting は book を修飾する形容詞
　　　easily は found を修飾する副詞で文型の要素とみなさない

Worksheet 052

第2文型   主語（S）＋動詞（V）＋補語（C）

```
         主語    動詞    補語
×        He     is     _____.          動詞（V）の後に
         彼は    〜です                     主語の性質や状態を説明する「補語（C）」がないと文が成立しない
                                          He is だけでは「彼は」「〜です」となり
→        He     is     [a teacher].       主語（He）＝「何なのか」を示す情報がないと意味のある文にならない
         彼は    〜です   教師                主語について「教師」という補足情報（補語）が不可欠
                                                              ※ He ＝ teacher
```

> ※ 補語（C）は主語について補足説明する語であるから _____ の関係になる

2文型で使う動詞

- 「〜である」　be動詞 — am・is・are [was・were]
- 「〜になる」系　become ／ get ／ grow ／ turn
- 「〜のようである」系　look ／ seem ／ sound
- 「〜の感じがする」系　feel ／ smell ／ taste
- 「〜のままである」系　keep ／ remain ／ stay

【英作文】

1　彼女は英語を話すのが得意です。

_____

2　彼女は英語の堪能な人［上級話者］です。

_____

3　それはおもしろい味がしますね。

_____

第3文型   主語（S）＋動詞（V）＋目的語（O）

```
         主語    動詞      目的語
×        He     teaches  _____.        動詞（V）の後に
         彼は    〜を教える                   動詞の目的・対象を表す「目的語（O）」がないと文が成立しない
                                           He teaches だけでは「彼は」「〜を教えます」となり
                                           「何を」教えるのかという情報がないと意味のある文にならない
→        He     teaches  [English].        「英語を」という動詞の目的について情報（目的語）が不可欠
         彼は    〜を教える   英語                             ※ He ≠ English
```

> ※ 目的語（O）は主語について説明する語ではないから _____

【英作文】

4　私はおもしろい本を見つけました。

_____

5　私はその本を簡単に見つけられました。

_____

053 文型 ③ — Sentence Patterns

第4文型　　主語（S）＋動詞（V）＋目的語（O）＋目的語（O）

SVOO

※ 目的語の順序

動詞（V）の後に
２つの目的語（「間接目的語（O）」・「直接目的語（O）」）が続く

① 間接目的語「…に」 ⇒ ② 直接目的語「〜を」　　①に「人」②に「もの」を表す語が入る例が多い

文型の書き換え

第４文型にある２つの目的語の語順を入れ替えて「直接目的語（〜を）」を先にする場合
前置詞を置いてから「間接目的語（…に）」を続ける必要がある

第４文型　主語＋動詞＋ 間接目的語 ＋ 直接目的語 　　　　　　　　「…に」「〜を」
第３文型　主語＋動詞＋ 直接目的語 ＋ 前置詞 ＋ 間接目的語 　　「〜を」「…に」
　　　　　　　　　　　　　　　　　　修飾語句

⇒ 前置詞以下の語句は修飾語句として文型の要素にかぞえないため形式上は第３文型となる

目的語の順序

意味の上でどちらの目的語が表す情報に重きを置くかによって順序はおのずと決まるが
日本語のように両者をそのまま入れ替えはできない点に注意

第４文型　「彼らに日本語を」教えています。　I teach　 them 　 Japanese.
cf. 第３文型　「日本語を彼らに」教えています。　I teach 　Japanese 　to 　 them.

前置詞の選択

for	buy / choose / cook / do / find / get / leave / make / order / sing　など
to	give / hand / lend / offer / pass / pay / sell / send / show / teach / tell　など ポイント：A → B 「移動性」のあるもの・B「到達点」を意識するもの
of	ask

【例文】

1　私は彼女に花を買いました。　　　　　　　　私は花を彼女に買いました。
　I bought her some **flowers.**　　　　　　　**I bought** some **flowers** for her.

2　私は彼女にその花をあげました。　　　　　　私はその花を彼女にあげました。
　I gave her the **flowers.**　　　　　　　　　**I gave** the **flowers** to her.

3　勝者に金のカップが贈られました。　　　　　金のカップが勝者に贈られました。
　The **winner was given** the **golden cup.**　　The golden **cup was given** to the winner.

4　彼は私たちに英語を教えてくれます。　　　　彼は英語を私たちに教えてくれます。
　He teaches us English.　　　　　　　　　　**He teaches English** to us.

5　あなたにちょっとお願いをしたいんだけど。　ちょっとお願いをあなたにしたいんだけど。
　Can I ask you a **favor ?**　　　　　　　　　**Can I ask** a **favor** of you ?

Worksheet 053

第4文型　主語（S）＋動詞（V）＋目的語（O）＋目的語（O）

　　　　　　　　　　　動詞（V）の後に
　　　　※ 目的語の順序　　2つの目的語（「間接目的語（O）」・「直接目的語（O）」）が続く
　　　　　　　　　　① 間接目的語 ⇒ ② 直接目的語　　①に「人」　②に「もの」
　　　　　　　　　　　　　　　　　　　　　　　　　を表す語が入る例が多い

文型の書き換え

第4文型にある2つの目的語の語順を入れ替えて「直接目的語（～ を）」を先にする場合
前置詞を置いてから「間接目的語（… に）」を続ける必要がある

第4文型　主語＋動詞＋ 間接目的語 ＋ 直接目的語　　　　　　「…に」「～を」
第3文型　主語＋動詞＋ 直接目的語 ＋ 　　　　＋ 間接目的語　「～を」「…に」
　　　　　　　　　　　　　　　　　　修飾語句

⇒ 前置詞以下の語句は修飾語句として文型の要素にかぞえないため形式上は第3文型となる

目的語の順序
意味の上でどちらの目的語が表す情報に重きを置くかによって順序はおのずと決まるが
日本語のように両者をそのまま入れ替えはできない点に注意

第4文型　「彼らに日本語を」教えています。　I teach ☐ ☐
cf. 第3文型　「日本語を彼らに」教えています。　I teach ☐ ☐ ☐

前置詞の選択

for	
to	give ／ hand ／ lend ／ offer ／ pass ／ pay ／ sell ／ send ／ show ／ teach ／ tell　など ポイント：A→B「移動性」のあるもの・B「到達点」を意識するもの
of	

【英作文】

1　私は花を彼女に買いました。

_____

2　私は彼女にその花をあげました。

_____

3　勝者に金のカップが贈られました。

_____

4　彼は英語を私たちに教えてくれます。

_____

5　あなたにちょっとお願いをしたいんだけど。

_____

054 文型 ④ — Sentence Patterns

第5文型　　主語（S）＋動詞（V）＋目的語（O）＋補語（C）

SVOC　　動詞（V）の後に　動詞の目的・対象を表す「目的語（O）」と
　　　　　　さらにその性質や状態を説明する「補語（C）」が続く

文型によって動詞の役割に違いがある

　　　　　例　find　　第3文型「～ を見つける」　第5文型「～ が … であると気づく、わかる」

第3文型
　　　主語　動詞　　　（修飾語）　　　目的語 O
　　　　I　found　　an　interesting　　book.　　　「おもしろい本を見つけた。」

第5文型
　　　主語　動詞　　目的語 O　　補語 C　　　the book ＝ interesting
　　　　I　found　　the book　　interesting.　　「その本がおもしろいとわかった。」

※　補語（C）は目的語について補足説明する語であるから　**O ＝ C**　の関係になる

5文型で使う動詞

find	「～ が … とわかる」「～ を … と気づく」	think	「～ が … と思う」
choose	「～ を … に選ぶ」	believe	「～ が … と信じる」
call	「～ を … と呼ぶ」	keep	「～ を … にしておく」
name	「～ を … と名づける」	leave	「～ を … のままにしておく」
		make	「～ を … にする」

【例文】

1　私はその本がおもしろいとわかりました。
　I found the book interesting.

2　私はその本が易しい［読み易い］とわかりました。
　I found the book easy [**easy to read**].

3　私は彼を正直な人だと思っています。
　I think him an honest man.

4　部屋をきれいにしておかなければいけません。
　You must keep your room clean.

5　その知らせは私を幸せな気持ちにしました。
　The news made me happy.

6　みんなが彼のことを「ビル」と呼んでいます。
　Everyone calls him "Bill."

7　ニューヨークはビックアップルと呼ばれています。
　New York is called the Big Apple.

＊第5文型　　　　　　　　　　　　目的語 ＝ 補語
　目的語 book の性質について　　　※ book ＝ interesting
　補語 interesting／easy が説明　　※ book ＝ easy

　cf.　I found an interesting book.　「おもしろい本を見つけた」
　　　I found the book easily.　　　「その本を簡単に見つけた」

＊目的語 him の性質について　補語 an honest man が説明

　cf.　I think (that) he is an honest man.　that 節全体が目的語
　　　　　　　　　　　　　　　　　　　　「__という事を」

＊目的語 room／me の状態について
　　　　　　‖　　‖
　補語 clean／happy が説明　　Your room must be kept clean.
　　　　　　　　　　　　　　　規則は受動態で表される例が多い
　「news」は単数扱い
　　　　"No news is good news."

＊目的語 him ＝ 補語 Bill の関係が成立　（William → Bill）
　愛称　Elizabeth → Betty・Bess・Liz　Richard → Dick
　　　　Thomas　→ Tommy・Tom　　　Robert → Rob・Bob

＊第5文型の受動態　←They call New York the Big Apple.
　補語（the Big Apple）を受動態の主語にすることはできない

Worksheet 054

第5文型　　主語（S）＋ 動詞（V）＋ 目的語（O）＋ 補語（C）

	動詞（V）の後に　動詞の目的・対象を表す「目的語（O）」と さらにその性質や状態を説明する「補語（C）」が続く

文型によって動詞の役割に違いがある

例　find　　第3文型「 ～ を見つける 」　第5文型「 ～ が … であると気づく、わかる 」

第3文型

主語	動詞	（修飾語）	目的語 O
I	found	an interesting	book.

「おもしろい本を見つけた。」

第5文型

主語	動詞	目的語 O	補語 C
I	found	the [　　]	[　　]

the book = interesting
「その本がおもしろいとわかった。」

※　補語（C）は目的語について補足説明する語であるから　[　　　　]　の関係になる

5文型で使う動詞

[　　　]	「 ～ が … とわかる 」 「 ～ を … と気づく 」	[　　　]	「 ～ が … と思う 」 「 ～ が … と信じる 」
[　　　] [　　　] [　　　]	「 ～ を … と呼ぶ 」 「 ～ を … に選ぶ 」 「 ～ を … と名づける 」	[　　　]	「 ～ を … にしておく 」 「 ～ を … のままにしておく 」 「 ～ を … にする 」

【英作文】

1　私はその本がおもしろいとわかりました。
_____

2　私はその本が易しい[読み易い]とわかりました。
_____

3　私は彼を正直な人だと思っています。
_____

4　部屋をきれいにしておかなければいけません。
_____

5　その知らせは私を幸せな気持ちにしました。
_____

6　みんなが彼のことを「ビル」と呼んでいます。
_____

7　ニューヨークはビックアップルと呼ばれています。
_____

055 原形不定詞　　　　　　　Root Infinitives

原形不定詞 … 「to のつかない不定詞（動詞の原形）」

第5文型で動詞が　使役動詞 ・ 知覚動詞　になると補語には「to のつかない不定詞」が用いられる

※ 受動態では原形不定詞にならない（「to + 動詞原形」にする）

第5文型

主語（S） + 動詞（V） + 目的語（O） + 補語（C）

SVOC　　　　　使役動詞／知覚動詞　　　　原形不定詞（動詞の原形）

※ 補語（C）は目的語について補足説明する語であるから　**O = C**　の関係になる
⇒ 補語（C）にあたる原形不定詞が表す動作の「意味上の主語」は目的語（O）

使役動詞	<強制>	**make**	+ 目的語 + 原形不定詞	「… に ～ させる」
	<許可>	**let**	+ 目的語 + 原形不定詞	「… に ～ させてあげる」
	<依頼>	**have**	+ 目的語 + 原形不定詞	「… に ～ してもらう」
知覚動詞	<視覚>	**see**	+ 目的語 + 原形不定詞	「… が ～ するのを見る」
	<聴覚>	**hear**	+ 目的語 + 原形不定詞	「… が ～ するのを聞く」

【例文】

1　医者は彼を1週間安静にして寝かせました。
　　The doctor **made** him **stay** in bed for a week.

＊第5文型　　　　意味上の主語　　him = stay in bed
　　目的語 him の状態について補語 stay が説明
　　過去の文であっても stay は原形不定詞なので過去形にしない
　　　　　　　　　　動詞原形であり現在形でない点にも注意
　　受動態の文では
　　使役動詞でも to + 動詞原形とする（He was made ×stay）

2　彼は1週間安静にして寝かされました。
　　He **was made to stay** in bed for a week.

3　何が彼の考えを変えさせたのですか。
　　What **made** him **change** his mind?
　　Why did he change his mind?

＊無生物主語
　　使役動詞 make + 目的語 + 動詞原形
　　補語 change の意味上の主語は目的語 him
　→ 生物主語「なぜ彼は考えを変えたのですか。」

4　私は自分のパソコンをポールに使わせてあげました。
　　I **let** Paul **use** my computer.

＊使役動詞<許可> let （相手の望み通りにさせる）
　　use は原形不定詞なので原形　×to use ×used ×uses

5　私はパソコンをポールに直してもらいました。
　　I **had** Paul **repair** my computer.

＊使役動詞<依頼> have （make のような強制力はない）
　　have + 目的語（物） + 過去分詞で同様に表すこともできる
　　≒ I had my computer repaired by Paul.

6　私は誰かがドアをノックするのを聞きました。
　　I **heard** someone **knock** on the door.

＊知覚動詞 + 目的語 + 原形不定詞
　　知覚動詞の hear / see をうけて
　　　knock / cross は to をつけないで動詞原形にする
　　原形不定詞で
　　動作の一部始終（反対側に渡りきるまで）を見たことを表す

7　私は何人か人が道路を渡るのを見ました。
　　I **saw** some people **cross** the street.

8　私のスマホを探すのを手伝ってもらえませんか。
　　Would you **help** me (to) **look** for my phone?

＊help は目的語の後に原形不定詞
　　「to 不定詞」のどちらの形でも使うことができる

Worksheet 055

原形不定詞 … 「to のつかない不定詞（動詞の原形）」

第5文型で動詞が [　　　] ・ [　　　] になると補語には「to のつかない不定詞」が用いられる

※ 受動態では原形不定詞にならない（「to + 動詞原形」にする）

第5文型 [　　　]　　主語（S）＋ 動詞（V）＋ 目的語（O）＋ 補語（C）
　　　　　　　　　　　　　　　　└── 使役動詞／知覚動詞 ──┘└── 原形不定詞（動詞の原形）

※ 補語（C）は目的語について補足説明する語であるから [　　　　　] の関係になる
　⇒ 補語（C）にあたる原形不定詞が表す動作の「意味上の主語」は目的語（O）

使役動詞
- ＜強制＞ [　　　] ＋ 目的語 ＋ 原形不定詞　「…に ～させる」
- ＜許可＞ [　　　] ＋ 目的語 ＋ 原形不定詞　「…に ～させてあげる」
- ＜依頼＞ [　　　] ＋ 目的語 ＋ 原形不定詞　「…に ～してもらう」

知覚動詞
- ＜視覚＞ [　　　] ＋ 目的語 ＋ 原形不定詞　「…が ～するのを見る」
- ＜聴覚＞ [　　　] ＋ 目的語 ＋ 原形不定詞　「…が ～するのを聞く」

【英作文】

1　医者は彼を1週間安静にして寝かせました。

2　彼は1週間安静にして寝かされました。

3　何が彼の考えを変えさせたのですか。

4　私は自分のパソコンをポールに使わせてあげました。

5　私はパソコンをポールに直してもらいました。

6　私は誰かがドアをノックするのを聞きました。

7　私は何人か人が道路を渡るのを見ました。

8　私のスマホを探すのを手伝ってもらえませんか。

056　完了形 ①　　　Perfect Tense

現在完了形と過去形

過去形　…　過去の事実や出来事を　現在と切り離して　述べる表現

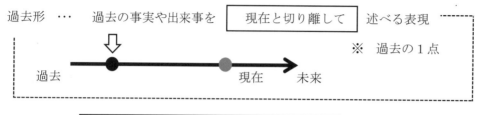

※　過去の1点

現在完了形　…　過去とのつながりを持つ現在の状況　を述べる表現

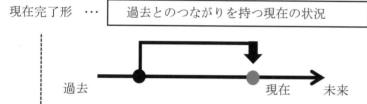

① 現在まで継続している動作・状態
② 現在持っている経験
③ 動作が完了した現在の状態（結果）

形式

※　主語が三人称・単数の場合

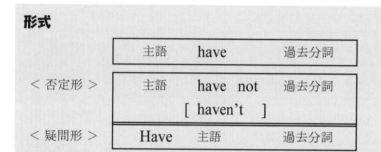
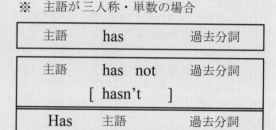

現在完了形の have [has] は助動詞　⇒　一般動詞の疑問文・否定文のように do [does] を用いない

現在完了形で使う副詞・疑問詞

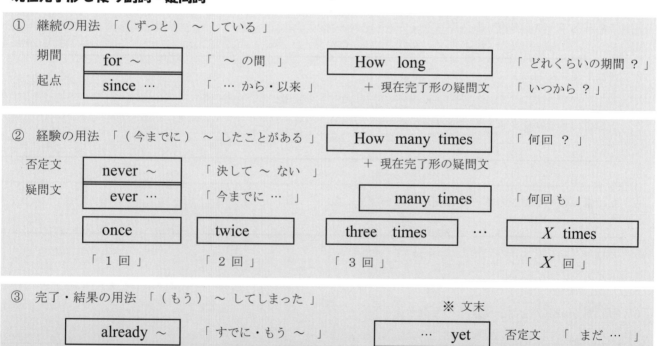

現在完了では 過去の1点を表す語句（現在の事とつながりのない表現）と共に用いない　※ 動作の起点を除く
└─ yesterday ／ then ／ ～ ago ／ last ～ ／ just now ／ When など　　since 1987 など

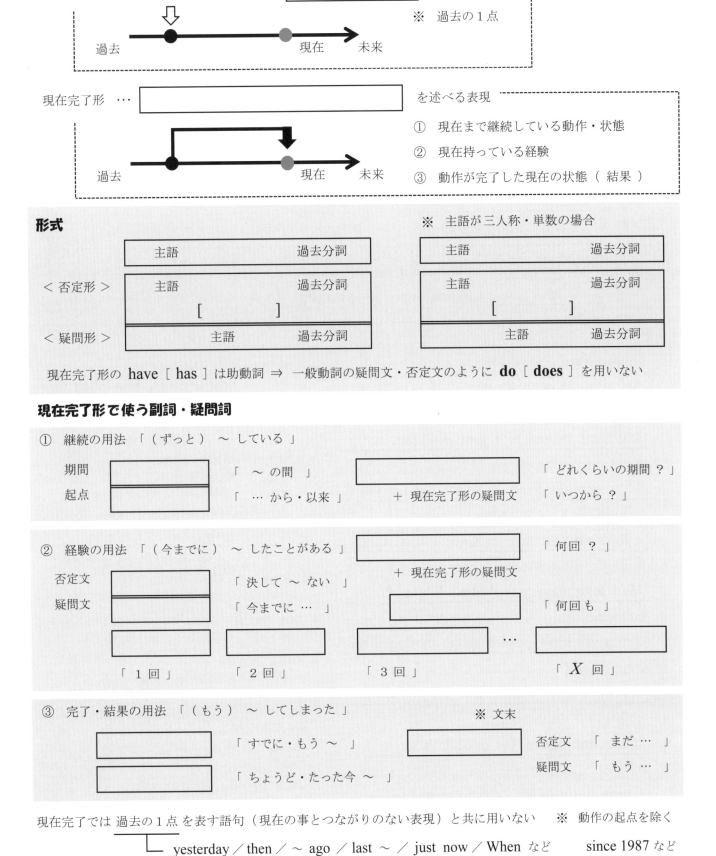

057 完了形 ②　　　　　　　　　Perfect Tense

現在完了 ＜継続の用法＞

「（ずっと）〜している」　現在の状況　が　過去のある時点から継続　していることを表す

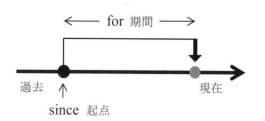

for … ある状態が続いた「長さ」　※どれくらい続いているか
　　　3日間・1週間・10年間・長い間　など

since … ある状態が始まった「時点」　※いつから続いているか
　　　昨日から・先週の金曜日から・2008年から・8歳の時から
　　　東京に引っ越してから・私の犬が死んでしまってから　など

過去形	I played basketball.	← 過去にバスケットをやった
現在形	I play basketball.	← 現在バスケットをやっている
現在完了形	I **have played** basketball.	← 過去に始めたバスケットを現在でも続けている
＜期間＞	I **have played** basketball for ten years.	「10年間バスケットをやっています。」
＜起点＞	I **have played** basketball since I was eight.	「8歳の時からバスケットをやっています。」

【例文】

1　私の姉は京都に住んでいます。
　　My sister **lives** in Kyoto.

2　私の姉は10年前に京都に引っ越しました。
　　My sister **moved** to Kyoto ten years ago.

3　私の姉は10年間京都に住んでいます。
　　My sister **has lived** in Kyoto **for** ten years.

4　私は8歳のときから英語を勉強しています。
　　I **have studied** English **since** I was eight.

5　あなたはいつから英語を勉強しているのですか。
　　How long have you **studied** English?

6　私の犬が死んでしまってから10年経ちます。
　　Ten years **have passed since** my dog died.

7　私たちは知り合って半年になります。
　　We **have known** each other **for** six months.

8　3日間雨が降っていません。
　　It **has not rained for** three days.

9　私は千葉に引っ越してきてから彼に会っていません。
　　I **have not seen** him **since** I moved to Chiba.

10　私は先週から体調をくずしています。
　　I **have been** sick **since** last week.

＊　現在形 … 現在の日常的な動作を表す
cf. 進行形 … 一時的な動作を表す　She **is** liv**ing** in Kyoto.
　　　「（今のところ）京都に住んでいます。」

＊　過去形 … 過去のある時点での動作を表す
　　　　　現在の状況（京都在住かどうか）は不明

＊　現在完了形 … 過去にはじめた動作が
　　　　　　　　現在も継続していることを表す

＜期間＞　「2008年から」と表すときは since を使う
　　　　　≒ My sister has lived in Kyoto since 2008.

＜起点＞　「10年間」と表すときは for を使う
　　　　　≒ I have studied English for 10 years.

How long ＋ 現在完了形の疑問文
　　動作がいつから（どれくらいの期間）継続しているか尋ねる

＊　現在完了形：現在 犬が死んでしまってから10年が過ぎている
cf. 単に過去（10年前）について述べるときは過去形で表す
　　　　　　　　　My dog <u>died</u> 10 years ago.

＊　半年前に知り合って
　　現在に至る（焦点は現在の互いの関係）
　　出会った時（大学に入ってからなど）起点は since で表す
　　　　　　　　　<u>since</u> we entered this university

＊　現在完了形の否定
　　have not ＋ 過去分詞　　for ＋（雨が降っていない期間）
　　［has］　　　　　　　 since ＋（彼に会わなくなった時点）
　　過去に動作が休止しその状態が現在も続いていることを表す

＊　過去形　　　I was sick last week.
　　現在形　　　I am sick now.
　　現在完了形　I have been sick since last week.

— 114 —

Worksheet 057

現在完了 ＜継続の用法＞

「（ずっと）〜している」 ☐ が ☐ していることを表す

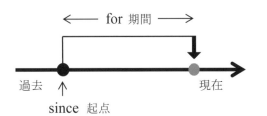

for … ある状態が続いた「長さ」 ※どれくらい続いているか
3日間・1週間・10年間・長い間 など

since … ある状態が始まった「時点」 ※いつから続いているか
昨日から・先週の金曜日から・2008年から・8歳の時から
東京に引っ越してから・私の犬が死んでしまってから など

過去形	I	basketball.	← 過去にバスケットをやった
現在形	I	basketball.	← 現在バスケットをやっている
現在完了形	I	basketball.	← 過去に始めたバスケットを現在でも続けている
＜期間＞	I have played basketball _____	「10年間バスケットをやっています。」
＜起点＞	I have played basketball _____	「8歳の時からバスケットをやっています。」

【英作文】

1　私の姉は京都に住んでいます。

2　私の姉は１０年前に京都に引っ越しました。

3　私の姉は１０年間京都に住んでいます。

4　私は８歳のときから英語を勉強しています。

5　あなたはいつから英語を勉強しているのですか。

6　私の犬が死んでしまってから１０年経ちます。

7　私たちは知り合って半年になります。

8　３日間雨が降っていません。

9　私は千葉に引っ越してきてから彼に会っていません。

10　私は先週から体調をくずしています。

058 完了形 ③　　　Perfect Tense

現在完了 ＜経験の用法＞

「（今までに）～したことがある」　　これまでの経験を　現在持っている　ことを表す

※　現在の主語について述べるときに現在完了形を使う
　　過去にこういった事をした経験があると

```
過去形    I did not play basketball.    ← バスケをやらなかった （過去のある時点について）
現在形    I do not play basketball.     ← バスケをやらない     （現在の習慣について）
                                       ※ 昔からのこと／最近のことに限ったことなのか不明
現在完了形 I have never played basketball. ← バスケをやった経験がない
```

＜否定形＞	I have never 過去分詞	「（今までに）～したことがない」
＜疑問形＞	Have you（ever）過去分詞	「（今までに）～したことがあるか」
	How many times have you 過去分詞	「何回～したことがあるか」
	have been to ～	「～にいたこと／行ったことがある」

【例文】

1　私は3年前に富士山に登りました。
　　I **climbed** Mt. Fuji three years ago.

2　私は富士山に3回登ったことがあります。
　　I **have climbed** Mt. Fuji three times.

3　私は富士山に登ったことがありません。
　　I **have never climbed** Mt. Fuji.

4　あなたは富士山に登ったことがありますか。
　　Have you（ever）**climbed** Mt. Fuji ?

5　あなたは富士山に何回登ったことがありますか。
　　How many times have you **climbed** Mt. Fuji ?

6　私はその映画をもう何度も観ています。
　　I **have watched** the movie many times.

7　私はこんなに美しい湖を見たことがありません。
　　I **have never seen** such a beautiful lake.
　　This is my **first time to** see such a beautiful lake.

8　私の弟はバンクーバーにいたことがあります。
　　My brother **has been to** Vancouver.

※　私の弟はずっとバンクーバーにいます。
　　My brother **has been in** Vancouver.

＊ 過去の出来事は「過去形」で表す
　　「夏休みをどう過ごしたか」といったテーマでプレゼンをしてみると必要のないところで（過去の一点を示す際に）現在完了形を使ってしまう誤用例が少なくないので注意

＊ 現在完了形
　　過去の出来事（富士山に登ったこと）について
　　今も経験として持っている／いない現在の状況を表す

　　否定文 ＜経験の用法＞では never を使って
　　　　　「一度もない」という否定の意味を表す
　　疑問文 ＜経験の用法＞では ever を使って
　　　　　「一度でもあるか」という疑問の意味を表す

＊ 疑問詞＋現在完了形の疑問文
　　＜経験の用法＞では How many times を使う例が多い

＊ 現在完了：現在の自分（持っている／いない経験）に焦点
　　cf. 単に過去の行動について述べるときは過去形で表す
　　　　　　　　　　　I watched the movie after school.
　　今まで経験がない
　　＝これがはじめての経験　　This is my first time to ～
　　such（冠詞）形容詞＋名詞　「そのような～な…」
　　such a beautiful lake
　　such beautiful lakes　　「そのような美しい湖」

＊ ＜経験＞ have been to ～ 「～に行ったことがある」
　　＜結果＞ have gone to ～ 「～に行ってしまった」
　　＜継続＞ 過去形　He went to Vancouver.
　　　　　　現在形　He is still in Vancouver now.
　　　　　　現在完了形　He has been in Vancouver.

Worksheet 058

現在完了 ＜経験の用法＞

「（今までに）～したことがある」　　これまでの経験を [　　　　　　　　　] ことを表す

※ 現在の主語 について 述べるときに現在完了形を使う

過去　　　現在

```
過去形    I           basketball.  ← バスケをやらなかった　（過去のある時点について）
現在形    I           basketball.  ← バスケをやらない　　　（現在の習慣について）
                                  ※ 昔からのこと／最近のことに限ったことなのか不明
現在完了形 I           basketball.  ← バスケをやった経験がない
```

＜否定形＞　| I 　　　　　過去分詞 |　「（今までに）～したことがない」
＜疑問形＞　| you（　）過去分詞 |　「（今までに）～したことがあるか」
　　　　　　|　　　　　　過去分詞 |　「何回～したことがあるか」
　　　　　　|　　　　　　　　　　|　「～にいたこと／行ったことがある」

【英作文】

1　私は３年前に富士山に登りました。

_____

2　私は富士山に３回登ったことがあります。

_____

3　私は富士山に登ったことがありません。

_____

4　あなたは富士山に登ったことがありますか。

_____

5　あなたは富士山に何回登ったことがありますか。

_____

6　私はその映画をもう何度も観ています。

_____

7　私はこんなに美しい湖を見たことがありません。

_____

8　私の弟はバンクーバーにいたことがあります。

_____

※　私の弟はずっとバンクーバーにいます。

_____

059 完了形 ④　　　　　　　　　　　Perfect Tense

現在完了 ＜完了・結果の用法＞

「（もう）〜してしまった」　　　　これまでやっていたことを　やり終えて
　　　　　　　　　　　　　　　　　その結果

過去　　　　　　　現在　　　　　　　現在の状況　がどのようになっているかを表す

現在形 → 「現在の日常的な動作」／過去形 → 「過去のある時点での動作」を表す

　現在形　I　　　　finish　my work（at five）but　　　← ふだん（5時に）仕事を終えるが
　過去形　I　　　　finished my work（at six yesterday）.　← (昨日は 6時に) 仕事を終えた。

　現在形　She　　　goes　　to work（by train）but　　　← ふだん（電車で）仕事に行くが
　過去形　she　　　went　　to work（by car yesterday）.　← (昨日は 車で) 仕事に行った。

現在完了形　I　have　finished　my work.　← つい今しがた仕事を終えた　※現状（もう完了している）
　　　　　She　has　gone　to work.　← 仕事に行ってしまった　　　　（結果ここにいない）

＜結果＞　have gone to 〜　「〜に行ってしまった（ここにいない）」
＜経験＞　have been to 〜　「〜にいたこと／行ったことがある」

【例文】

1　昨日私は宿題を終わらせました。
　　I finished my homework　yesterday.

2　私は（ちょうど）宿題を終わらせたところです。
　　I have（just）finished my homework.

3　私は（すでに）宿題を終わらせています。
　　I have（already）finished my homework.

4　私はまだ宿題を終わらせていません。
　　I have not finished my homework **yet**.

5　あなたはもう宿題を終わらせていますか。
　　Have you **finished** your homework **yet**?

6　もうお昼ごはんを食べましたか。
　　Have you **had** lunch **yet**?

7　私は足首を捻挫してしまいました。
　　I have sprained my ankle.

8　私はスマホをなくしてしまいました。
　　I have lost my smartphone.

9　私の弟はバンクーバーに行ってしまいました。
　　My brother has gone to Vancouver.

＊ 過去の出来事は過去形で表す
　　yesterday のように過去形の文で用いられる語句は
　　現在の事とつながりのない「過去の1点」を表す
　　　　　　　　　→　現在完了形は用いない
＊ 現在完了形
　　それまで続けていた動作（宿題に取りかかること）
　　に関連して　① つい今しがた完了した
　　　　　　　　② その結果もう今は終えている
　　　　　　　　　という現在の状況を表す
＊ 現在完了形の否定文／疑問文
　　＜完了・結果用法＞では文末に yet を置いて
　　「まだ〜ない」という否定の意味と
　　「もう（すでに）〜したか」という疑問の意味を表す
　　　　　　答え方：　Yes, I have. ／No, I haven't.
＊ イギリス英語の特徴
　　アメリカ英語では一般的に過去形で表すことが多い
　　　　　　　　　　　　┗ **Did** you **have** lunch yet?
＊ 現在完了：現在の状況を過去とのつながりで述べる
　→ まだ捻挫している／スマホが手元にない／もうここにいない
　　cf. 単に過去の行動について述べるときは過去形で表す
　　　　I sprained my ankle.／I lost my smartphone.
　　過去形は現在完了と違って現在の状況については不明
＊ ＜結果＞　過去形　He　went to Vancouver.
　　　　　　現在形　He　is not here now.
　　　　　現在完了形　He has gone to Vancouver.

Worksheet 059

現在完了 ＜完了・結果の用法＞

「（もう）～してしまった」

過去　　　　　現在

これまでやっていたことを　[　　　　]
その結果
[　　　　　　　]がどのようになっているかを表す

現在形 → 「現在の日常的な動作」／ 過去形 → 「過去のある時点での動作」を表す

現在形	I _____ my work (at five) but	← ふだん（5時に）仕事を終えるが
過去形	I _____ my work (at six yesterday).	←（昨日は 6時に）仕事を終えた。
現在形	She _____ to work (by train) but	← ふだん（電車で）仕事に行くが
過去形	she _____ to work (by car yesterday).	←（昨日は 車で）仕事に行った。

| 現在完了形 | I _____ my work. | ← つい今しがた仕事を終えた ※現状（もう完了している） |
| | She _____ to work. | ← 仕事に行ってしまった （結果ここにいない） |

| ＜結果＞ | [　　　　　　　　　] | 「～に行ってしまった（ここにいない）」 |
| ＜経験＞ | [　　　　　　　　　] | 「～にいたこと／行ったことがある」 |

【英作文】

1　昨日私は宿題を終わらせました。

2　私は（ちょうど）宿題を終わらせたところです。

3　私は（すでに）宿題を終わらせています。

4　私はまだ宿題を終わらせていません。

5　あなたはもう宿題を終わらせていますか。

6　もうお昼ごはんを食べましたか。

7　私は足首を捻挫して（sprain）しまいました。

8　私はスマホをなくしてしまいました。

9　私の弟はバンクーバーに行ってしまいました。

060 完了形 ⑤　　Perfect Tense

現在完了形

have ＋ 過去分詞　　＜継続＞　　「（ずっと）〜している」
　　　　　　　　　　＜経験＞　　「（今までに）〜したことがある」
　　　　　　　　　　＜完了・結果＞「（もう）〜してしまった」

現在完了形と進行形

現在完了形　have ＋ 過去分詞
＋進行形　　be動詞 ＋ 現在分詞
────────────────────
＝　have ＋ been ＋ 現在分詞

現在完了
I have been waiting for you.
　　　　　　　　進行形
「私はずっとあなたのことをお待ちしていました。」

現在完了形と受動態

現在完了形　have ＋ 過去分詞
＋受動態　　be動詞 ＋ 過去分詞
────────────────────
＝　have ＋ been ＋ 過去分詞

現在完了
I have been troubled with headaches.
　　　　　　　受動態
「私はずっと頭痛に悩まされています。」

現在完了進行形

「（今まで）ずっと〜し続けている」　　　過去のある時点から継続している動作が
　　　　　　　　　　　　　　　　　　　　　　「進行中」であることを強調
※ 継続性を含む動作 は現在完了形で同様の意味を表すことも多い
　　　　　　　learn / study / rain / snow / play / work / sleep / stay / wait など

【例文】

1　3日間ずっと雨が降っています。
　　It **has** **rained** for three days.

2　3日間ずっと雨が降り続いています。
　　It **has been raining** for three days.

3　彼女は朝からずっと勉強しています。
　　She **has been studying** since this morning.

4　私は4月からずっとこのプロジェクトに取りかかっています。
　　I **have been working** on this project since April.

5　私は何年間もずっとこの瞬間を待っていました。
　　I **have been waiting** for this moment for years.

6　その小説は多くの言語に翻訳されてきました。
　　The novel **has been translated** into many languages.

7　この建物はもう長い間使用されていません。
　　This building **has** not **been used** for a long time.

8　そのユーザー名はすでに（他の人に）取得されています。
　　The username **has** already **been taken** (by another user).

＊ 現在完了形 or 現在完了進行形

現在完了で雨の降った日が続いていることを表す
「今日も昨日も一昨日も雨が降った」

現在完了進行形も「絶え間なく降っている」ことを
表すとは限らず継続していることを強調する

rain「雨が降る」のように「ある期間続く動作」
は現在完了形と現在完了進行形で表される意味に
大きな違いはないことが多い

現在完了
It has been raining for three days.
She has been studying since this morning.
I have been working on this project.
I have been waiting for this moment.
　　　　　進行形

＊ 現在完了＜継続の用法＞＋受動態
小説は「翻訳」／建物は「使用」という動作
を受けている／いない状況が継続している

現在完了 受動態
It has been translated / used

＊ 現在完了＜完了・結果の用法＞＋受動態
そのユーザー名はすでに「取得」された
結果今は登録できない状況であることを表す

Worksheet 060

現在完了形

| have | + | 過去分詞 |

　＜継続＞　「（ずっと）〜している」
　＜経験＞　「（今までに）〜したことがある」
　＜完了・結果＞　「（もう）〜してしまった」

現在完了形と進行形

現在完了形　have　＋　過去分詞
＋進行形　　　　be動詞　＋　現在分詞
─────────────────────
＝　　have　＋　been　＋　現在分詞

現在完了
I have been waiting for you.
　　　　　進行形

「私はずっとあなたのことをお待ちしていました。」

現在完了形と受動態

現在完了形　have　＋　過去分詞
＋受動態　　　　be動詞　＋　過去分詞
─────────────────────
＝　　have　＋　been　＋　過去分詞

現在完了
I have been troubled with headaches.
　　　　　受動態

「私はずっと頭痛に悩まされています。」

現在完了進行形

「（今まで）ずっと〜し続けている」

過去のある時点から継続している動作が「進行中」であることを強調

※ 継続性を含む動作 は現在完了形で同様の意味を表すことも多い
　　　　　learn ／ study ／ rain ／ snow ／ play ／ work ／ sleep ／ stay ／ wait　など

【英作文】

1　3日間ずっと雨が降っています。

_____

2　3日間ずっと雨が降り続いています。

_____

3　彼女は朝からずっと勉強しています。

_____

4　私は4月からずっとこのプロジェクトに取りかかっています。

_____

5　私は何年間もずっとこの瞬間を待っていました。

_____

6　その小説は多くの言語に翻訳されてきました。

_____

7　この建物はもう長い間使用されていません。

_____

8　そのユーザー名はすでに（他の人に）取得されています。

_____

061 完了形 ⑥　　　　　　　　　　　　　　　　Perfect Tense

未来完了形と過去完了形

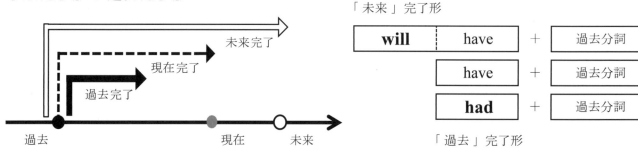

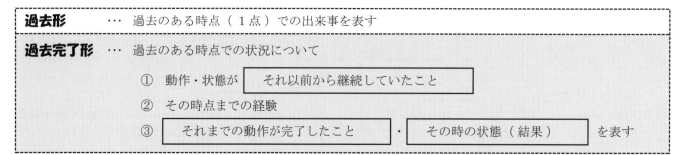

過去形	… 過去のある時点（１点）での出来事を表す
過去完了形	… 過去のある時点での状況について

　　　① 動作・状態が　それ以前から継続していたこと
　　　② その時点までの経験
　　　③ それまでの動作が完了したこと・その時の状態（結果）　を表す

未来形	… 未来のある時点（１点）での出来事を表す
未来完了形	… 未来のある時点での状況について

　　　① 動作・状態が　その時点でも継続していること
　　　② その時点までの経験
　　　③ それまでに動作が完了すること・その時の状態（結果）　を表す

【例文】

1　ケンイチとアヤノは知り合って１０年目に結婚しました。
　　When Kenichi and Ayano **got married**,
　　　　　　they **had known** each other for ten years.

　＊＜継続＞
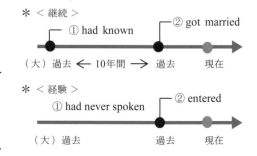

2　私はこの大学に入るまで留学生と話したことがありませんでした。
　　I **had never spoken** to international students,
　　　　　　before I **entered** this university.

　＊＜経験＞

3　私たちが駅に着いた時、すでに電車は出発してしまっていました。
　　When we **arrived** at the station,
　　　　　　the train **had already left**.

　＊＜完了・結果＞

4　来月で彼らは結婚して１年になります。
　　Next month they **will have been married** for a year.

　＊＜継続＞

5　来週京都に行く予定ですが、それで３回訪れたことになります。
　　I am going to Kyoto **next week**,
　　　　　　and then I **will have visited** there three times.

　＊＜経験＞
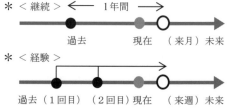

6　明日には宿題を終わらせています。
　　I **will have finished** my homework by **tomorrow**.

　＊＜完了・結果＞

Worksheet 061

未来完了形と過去完了形

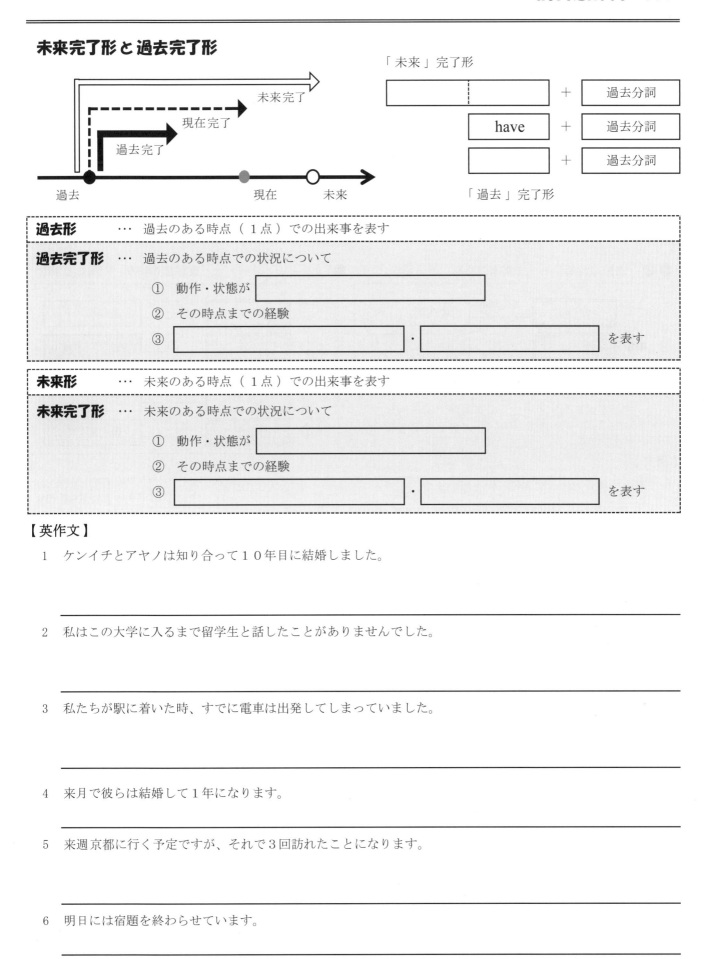

【英作文】

1　ケンイチとアヤノは知り合って１０年目に結婚しました。

2　私はこの大学に入るまで留学生と話したことがありませんでした。

3　私たちが駅に着いた時、すでに電車は出発してしまっていました。

4　来月で彼らは結婚して１年になります。

5　来週京都に行く予定ですが、それで３回訪れたことになります。

6　明日には宿題を終わらせています。

062 時制の一致 — Sequence of Tenses

時制の一致 … 　主節　 の時制に 　従属節　 の時制が「呼応」すること

※ 節
　　2語以上の語のかたまり が文の中で1つの品詞（名詞・形容詞・副詞）の働きをし
　　その中に ＜主語＋動詞＞の組み合わせが ない もの ⇒ 「句」
　　　　　　＜主語＋動詞＞の組み合わせが ある もの ⇒ 「節」と呼ぶ

　主節　 … 1つの文に複数の節がある場合に文の「主」となる
　従属節 … 「文に組み込まれ」主節に情報を加える

●● 「主節の時制」と「従属節の時制」が同じ場合　　　●○ 「主節の時制」と「従属節の時制」が異なる場合

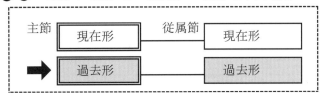
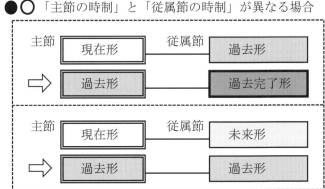

原則
　　主節を過去形するとき → 従属節も過去形にする
　　　　　　　　　　　　　／過去完了形にする

【例文】

1　私は、彼女は今とても忙しいと思います。
　　I **think**　（that）she **is** very busy now.

2　私は、彼女はその時とても忙しいのだと思いました。
　　I **thought**（that）she **was** very busy then.

3　私は、彼が高校の先生だったことを知っています。
　　I **know**（that）he **was** a high school teacher.

4　私は、彼が高校の先生だったことを知っていました。
　　I **knew**（that）he **had been** a high school teacher.

5　私は、明日雨は降らないと思います［降ると思いません］。
　　I **don't think**（that）it **will rain** tomorrow.

6　私は、次の日に雨が降るとは思っていませんでした。
　　I **didn't think**（that）it **would rain** the next day.

7　私たちは、地球が太陽の周りをまわっていると習いました。
　　We **learned**（that）the earth **moves** around the sun.

8　平成が1989年に始まったことは誰でも知っています。
　　Everyone **knows**（that）the Heisei period **started** in 1989.

9　彼は毎朝6時に家を出ると言っていました。
　　He **said**（that）he **leaves** home at six every morning.

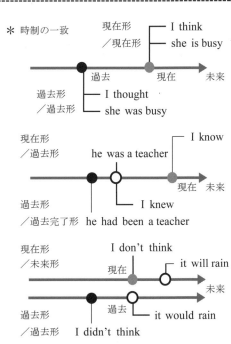

＊「時制の一致」が適用されない例

「不変の真理・事実」⇒ 常に「現在形」で表す

「歴史上の事実」⇒ 常に「過去形」で表す

「現在の習慣」⇒ 常に「現在形」で表す

その他

「仮定法」の文でも時制の一致は適用されない

Worksheet 062

時制の一致 … ☐ の時制に ☐ の時制が「呼応」すること

※ 節
2語以上の語のかたまり が文の中で1つの品詞（名詞・形容詞・副詞）の働きをし
その中に ＜主語＋動詞＞の組み合わせが ☐ もの ⇒ 「句」
　　　　 ＜主語＋動詞＞の組み合わせが ☐ もの ⇒ 「節」と呼ぶ

主節　　… 1つの文に複数の節がある場合に文の「主」となる
従属節 … 「文に組み込まれ」主節に情報を加える

●● 「主節の時制」と「従属節の時制」が同じ場合

主節 [現在形] — 従属節 [現在形]
⇒ [過去形] — [　　　]

●○ 「主節の時制」と「従属節の時制」が異なる場合

主節 [現在形] — 従属節 [過去形]
⇒ [過去形] — [　　　]

主節 [現在形] — 従属節 [未来形]
⇒ [過去形] — [　　　]

原則
　主節を過去形するとき → 従属節も過去形にする
　　　　　　　　　　　　／過去完了形にする

【英作文】

1　私は、彼女は今とても忙しいと思います。

2　私は、彼女はその時とても忙しいのだと思いました。

3　私は、彼が高校の先生だったことを知っています。

4　私は、彼が高校の先生だったことを知っていました。

5　私は、明日雨は降らないと思います［降ると思いません］。

6　私は、次の日に雨が降るとは思っていませんでした。

7　私たちは、地球が太陽の周りをまわっていると習いました。

8　平成が1989年に始まったことは誰でも知っています。

9　彼は毎朝6時に家を出ると言っていました。

063　分詞 ①　　　　　　　　　Participles

分詞の形容詞的用法　＜現在分詞＞

分詞には形容詞のように　名詞を修飾する　はたらき（限定用法）がある

「修飾される名詞」と「分詞」の関係が　「　〜している　」　という能動の関係　⇒　現在分詞
　　　　　　　　　　　　　　　　　　　「　〜される　」　　という受動の関係　⇒　過去分詞

---

① 分詞が単独で（1語だけで）名詞を修飾するときは　　　　前置修飾
　　　名詞の前　に置く　　　　　　　　　　　　　　　　　分詞 → 名詞

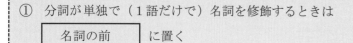

眠っている → 赤ちゃん　　　　　　　踊っている → 女の子たち
the **sleep**ing baby　　　　　　　the **danc**ing girls
　　現在分詞　　名詞　　　　　　　　　　　現在分詞　　名詞

※「赤ちゃん」＝「眠る」という動作を　　※「女の子」＝「踊る」という動作を
　　する側　⇒　現在分詞で修飾する　　　　する側　⇒　現在分詞で修飾する

【例文】

1　眠っている犬はそのままにしておけ［藪をつついて蛇を出すな］。
　　Let **sleeping dogs** lie.／Don't wake a **sleeping dog**.

2　私は夕陽［沈みかけている太陽］の写真を撮りました。
　　I took a picture of the **setting sun**.

3　珈琲をいれるのに沸騰しているお湯を使うべきではありません。
　　You shouldn't use **boiling water** to make coffee.

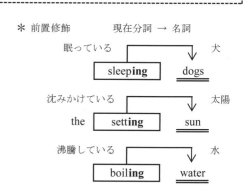

＊前置修飾　　現在分詞 → 名詞

---

② 分詞が他の語句と共に名詞を修飾するときは　　　　　　後置修飾
　　　名詞の後　に置く　　　　　　　　　　　　　　　　名詞 ← 分詞

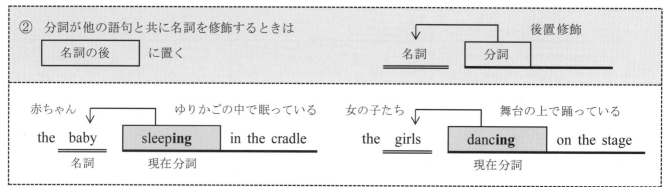

赤ちゃん → ゆりかごの中で眠っている　　女の子たち → 舞台の上で踊っている
the baby **sleep**ing in the cradle　　the girls **danc**ing on the stage
　名詞　　　現在分詞　　　　　　　　　　　　　　　現在分詞

【例文】

4　あのドアのそばに立っている男の人は私の叔父です。
　　The **man standing by the door** is my uncle.

5　あの眼鏡をかけている女の人を知っていますか。
　　Do you know the **woman wearing glasses**?

6　私にはドイツで仕事をしている友人がいます。
　　I have a **friend working in Germany**.

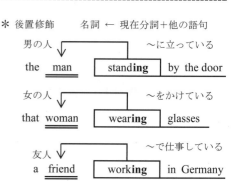

＊後置修飾　　名詞 ← 現在分詞＋他の語句

Worksheet 063

分詞の形容詞的用法 ＜現在分詞＞

分詞には形容詞のように [　　　　　　] はたらき（限定用法）がある

「修飾される名詞」と「分詞」の関係が [　　　　　　] という能動の関係 ⇒ 現在分詞
　　　　　　　　　　　　　　　　　　　「 ～ される 」 という受動の関係 ⇒ 過去分詞

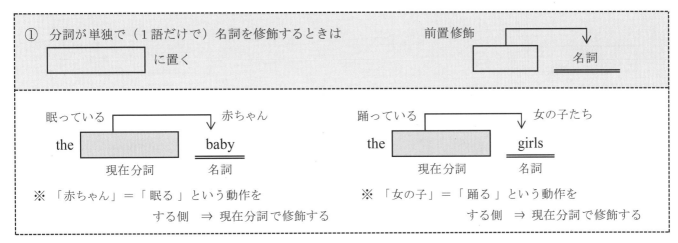

【英作文】

1　眠っている犬はそのままにしておけ［藪をつついて蛇を出すな］。

2　私は夕陽［沈みかけている太陽］の写真を撮りました。

3　珈琲をいれるのに沸騰しているお湯を使うべきではありません。

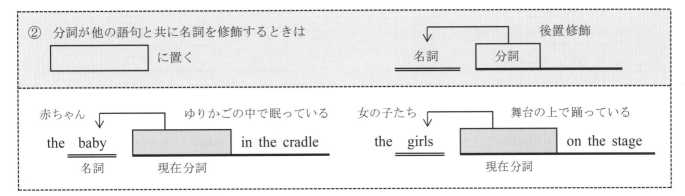

【英作文】

4　あのドアのそばに立っている男の人は私の叔父です。

5　あの眼鏡をかけている女の人を知っていますか。

6　私にはドイツで仕事をしている友人がいます。

064　分詞 ②　　Participles

分詞の形容詞的用法　＜過去分詞＞

分詞には形容詞のように　名詞を修飾する　はたらき（限定用法）がある

「修飾される名詞」と「分詞」の関係が
- 「 ～ される 」　という受動の関係 ⇒ 過去分詞
- 「 ～ している 」　という能動の関係 ⇒ 現在分詞

① 分詞が単独で（1語だけで）名詞を修飾するときは　名詞の前　に置く　　前置修飾　　分詞　名詞

招待された → 客　　the **invited** guests　　過去分詞／名詞
※「客」=「招待する」という動作を　受ける側 ⇒ 過去分詞で修飾する

壊れている → かさ　　the **broken** umbrella　　過去分詞／名詞
※「かさ」=「壊す」という動作を　受ける側 ⇒ 過去分詞で修飾する

【例文】

1　私は中古車を買いました。
　　I bought a **used car**.

2　そのケガをした人たちは救急車で運ばれました。
　　The **injured people** were taken by ambulance.

3　私は、ゆで卵／スクランブルエッグが好きです。
　　I like **boiled eggs** / **scrambled eggs**.

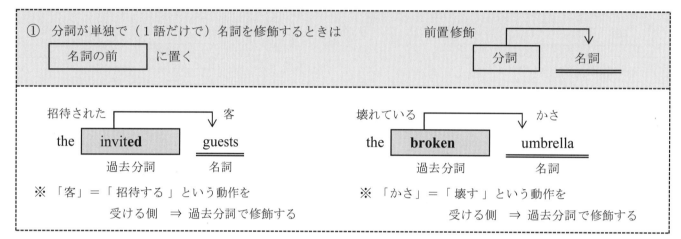

② 分詞が他の語句と共に名詞を修飾するときは　名詞の後　に置く　　後置修飾　　名詞　分詞

客 ↓　　パーティーに招待された
the guests **invited** to the party
名詞　過去分詞

かさ ↓　　強風で壊された
the umbrella **broken** by the strong wind
名詞　過去分詞

【例文】

4　彼女はドイツ製の車［ドイツで作られた車］を買いました。
　　She bought a **car made in Germany**.

5　あなたはヘミングウェイの本を読んだことがありますか。
　　Have you read any **books written by Hemingway**?

6　日本語は日本で話されている唯一の言語ではありません。
　　Japanese is not the only **language spoken in Japan**.

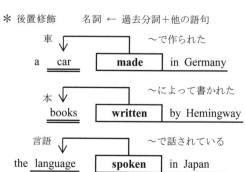

Worksheet 064

分詞の形容詞的用法 ＜過去分詞＞

分詞には形容詞のように [_____] はたらき（限定用法）がある

「修飾される名詞」と「分詞」の関係が [_____] という受動の関係 ⇒ 過去分詞
　　　　　　　　　　　　　　　　　　「 ～ している 」 という能動の関係 ⇒ 現在分詞

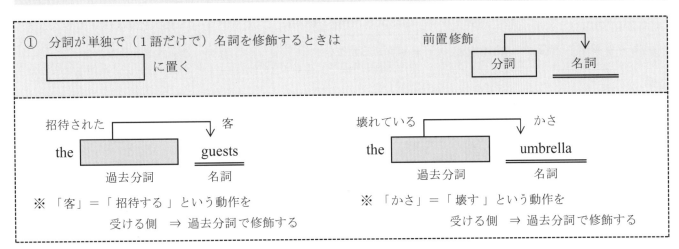

【英作文】

1　私は中古車を買いました。

2　そのケガをした人たちは救急車で運ばれました。

3　私は、ゆで卵／スクランブルエッグが好きです。

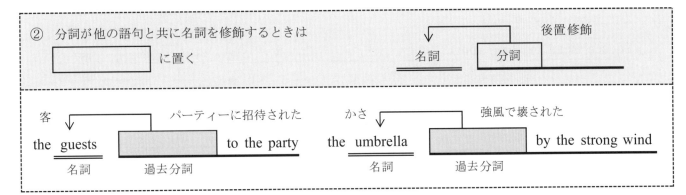

【英作文】

4　彼女はドイツ製の車[ドイツで作られた車]を買いました。

5　あなたはヘミングウェイの本を読んだことがありますか。

6　日本語は日本で話されている唯一の言語ではありません。

065 分詞 ③　　Participles

| 分詞形容詞 … | 動詞 | としての性質が薄れて | 形容詞 | 化している分詞 |

注意すべき他動詞　　　　　　　　＜現在分詞＞　　　　　　　　　＜過去分詞＞

excite　　　　　　The game was **exciting** to me.　　I was **excited** by the game.
「〜を興奮させる」　その試合 ＝ 興奮させる動作をする　　　　私 ＝ 興奮させる動作を受ける
　　　　　　　　　　　　　　 白熱した［興奮させる］ものだった　　　 興奮して［興奮させられて］いた

disappoint　　　The result was **disappointing** to me.　I was **disappointed** at the result.
「〜を落胆させる」　その結果 ＝ 落胆させる動作をする　　　　私 ＝ 落胆させる動作を受ける
　　　　　　　　　　　　　　 期待外れ［落胆させるもの］だった　　　 がっかりした［落胆させられた］

annoy	「〜を苛立たせる」	annoy**ing**	「迷惑な・うざったい」	annoy**ed**	「イライラしている」
bore	「〜を退屈させる」	bor**ing**	「退屈な・つまらない」	bor**ed**	「退屈している」
confuse	「〜を混乱させる」	confus**ing**	「紛らわしい」	confus**ed**	「混乱している」
disappoint	「〜を落胆させる」	disappoint**ing**	「期待外れの」	disappoint**ed**	「落胆している」
excite	「〜を興奮させる」	excit**ing**	「ドキドキするような」	excit**ed**	「興奮している」
frustrate	「〜を挫折させる」	frustrat**ing**	「もどかしい」	frustrat**ed**	「挫折している」
interest	「〜に興味を持たせる」	interest**ing**	「興味深い・面白い」	interest**ed**	「興味がある」
shock	「〜に衝撃を与える」	shock**ing**	「衝撃的な・ひどい」	shock**ed**	「衝撃を受けている」
surprise	「〜を驚かせる」	surpris**ing**	「意外な・驚くべき」	surpris**ed**	「驚いている」

【例文】

1　サッカーはワクワクするスポーツです。
　　Soccer is an **exciting sport**.

2　スタジアムには大勢の興奮したサポーターがいます。
　　There are a lot of **excited supporters** in the stadium.

3　それは衝撃的な／驚きのニュースでした。
　　That was **shocking / surprising news**.

4　私はショックを受けて／びっくりしています。
　　I am **shocked / surprised**.

5　この授業はつまらない。
　　This class is **boring** to me.

6　この授業で私は退屈しています。
　　I am bored in this class.

7　英語をうまく話せなくて悔しかった［もどかしかった］。
　　It was **frustrating** not being able to speak English well.

＊ excite は「〜を興奮させる」という他動詞
　　興奮させる　　　　　スポーツ
　　　an　**exciting**　sport

　　興奮させられた　　　サポーター
　　　　excited　supporters

＊ 衝撃を与える／驚かせる　　　ニュース
　　shocking　**surprising**　news

　　衝撃を与えられて／驚かされている
　I am　**shocked**　**surprised**

＊ 他動詞　　「退屈させる」という動作を授業がしている
　This class is　**boring**

　　　　　「退屈させる」という動作を私は受けている
　I am　**bored**　（退屈させられている）

「挫折させる」動作を受ける側が主語の場合
　⇒　I was frustrated.　「挫折させられた」

Worksheet 065

分詞形容詞 … 　[　　　　]　としての性質が薄れて　[形容詞]　化している分詞

注意すべき他動詞　　　　　　　　＜現在分詞＞　　　　　　　　　＜過去分詞＞

excite　　　　　　The game was [　　　　] to me.　　I was [　　　　] by the game.
「〜を興奮させる」　その試合　＝　興奮させる動作をする　　　　私　＝　興奮させる動作を受ける
　　　　　　　　　　　　　　　　白熱した[興奮させる]ものだった　　　興奮して[興奮させられて]いた

disappoint　　　The result was [　　　　] to me.　　I was [　　　　] at the result.
「〜を落胆させる」　その結果　＝　落胆させる動作をする　　　　私　＝　落胆させる動作を受ける
　　　　　　　　　　　　　　　　期待外れ[落胆させるもの]だった　　　がっかりした[落胆させられた]

annoy	「〜を苛立たせる」	annoy**ing**	annoy**ed**
bore	「〜を退屈させる」	bor**ing**	bor**ed**
confuse	「〜を混乱させる」	confus**ing**	confus**ed**
disappoint	「〜を落胆させる」	disappoint**ing**	disappoint**ed**
excite	「〜を興奮させる」	excit**ing**	excit**ed**
frustrate	「〜を挫折させる」	frustrat**ing**	frustrat**ed**
interest	「〜に興味を持たせる」	interest**ing**	interest**ed**
shock	「〜に衝撃を与える」	shock**ing**	shock**ed**
surprise	「〜を驚かせる」	surpris**ing**	surpris**ed**

【英作文】

1　サッカーはワクワクするスポーツです。

2　スタジアムには大勢の興奮したサポーターがいます。

3　それは衝撃的な／驚きのニュースでした。

4　私はショックを受けて／びっくりしています。

5　この授業はつまらない。

6　この授業で私は退屈しています。

7　英語をうまく話せなくて悔しかった[もどかしかった]。

066 分詞 ④　　Participles

分詞の形容詞的用法
分詞は形容詞のように　補語（C）　のはたらき（叙述用法）をする

第2文型
SVC　　主語（S）＋動詞（V）＋補語（C）
※ S ＝ C　　動詞（V）の後に　主語の性質や状態を説明する「補語（C）」がないと文が成立しない

主語	動詞	補語（分詞）	
Children	sat	surround**ing**	the old man.

「子どもたち」はそのお爺さんを　囲んで　座った
※ 主語（Children）＝ 補語（「囲む」という動作をする側 → 現在分詞 surround**ing**）

主語	動詞	補語（分詞）	
The old man	sat	surround**ed**	by children.

「そのお爺さん」は子どもたちに　囲まれて　座った
※ 主語（The old man）＝ 補語（「囲む」という動作を受ける側 → 過去分詞 surround**ed**）

第5文型
SVOC　　主語（S）＋動詞（V）＋目的語（O）＋補語（C）
※ O ＝ C　　動詞（V）の後に　動詞の目的・対象を表す「目的語（O）」と
さらにその性質や状態を説明する「補語（C）」が続く

主語	動詞	目的語	補語（分詞）	
She	kept	me	wait**ing**	so long.

彼女は「私」を長く　待たせた
※ 目的語（me）＝ 補語（「待つ」という動作をする側 → 現在分詞 wait**ing**）

主語	動詞	目的語	補語（分詞）	
I	had	my hair	cut	yesterday.

昨日、私は「髪」を　切ってもらった
※ 目的語（my hair）＝ 補語（「切る」という動作を受ける側 → 過去分詞 cut）

【例文】

1　私たちは昨夜一晩語り続けました。
　　We kept **talking** all last night.

2　私の犬は床に横になって眠っていました。
　　My dog lay **sleeping** on the floor.

3　私のカップは床の上で壊れていました。
　　My cup lay **broken** on the floor.

4　長いことお待たせしてしまってすみません。
　　I'm sorry I have kept **you waiting** so long.

5　誰がドアを開けっ放しにしたのですか。
　　Who left **the door open**?

6　私はドアを閉めておきました。
　　I left **the door closed**.

7　私はパソコンを直してもらいました。
　　I had **my computer repaired**.

8　私は先週自転車を盗まれてしまいました。
　　I had **my bike stolen** last week.

＊ 主語を修飾

	私たち ↓		「語る」動作をする
	we	talk**ing**	（現在分詞）

	私の犬 ↓		「眠る」動作をする
	my dog	sleep**ing**	（現在分詞）

	私のカップ ↓		「壊す」動作を受ける
	my cup	**broken**	（過去分詞）

＊ 目的語を修飾

	you ↓		「待つ」動作をする
	you	wait**ing**	（現在分詞）

形容詞
open ⇔ closed

	↓		開いている「状態」
	the door	open ／ △open**ed**	

注意：閉っている状態は close としない

	↓		「閉める」動作を受ける
	the door	closed ／ ×close	

パソコン／自転車 ↓　　それぞれ動作を受ける

my computer	repaired	「直す」
my bike	**stolen**	「盗む」

× I was stolen という言い方はできないので注意
（「私自身が盗まれた」という意味になってしまうから）

Worksheet 066

分詞の形容詞的用法　　分詞は形容詞のように [　　　　　] のはたらき（叙述用法）をする

第2文型
[　SVC　]
※ S = C

主語（S）＋動詞（V）＋補語（C）
動詞（V）の後に
主語の性質や状態を説明する「補語（C）」がないと文が成立しない

　主語　　　　　動詞　　補語（分詞）

[　　　　　] sat [　　　　　] the old man.　　「子どもたち」はそのお爺さんを <u>囲んで</u> 座った
　※　主語（Children）＝ 補語（「囲む」という動作をする側 → 現在分詞 surround**ing**）

[　　　　　] sat [　　　　　] by children.　　「そのお爺さん」は子どもたちに <u>囲まれて</u> 座った
　※　主語（The old man）＝ 補語（「囲む」という動作を受ける側 → 過去分詞 surround**ed**）

第5文型
[S V O C]
※ O = C

主語（S）＋動詞（V）＋目的語（O）＋補語（C）
動詞（V）の後に　動詞の目的・対象を表す「目的語（O）」と
さらにその性質や状態を説明する「補語（C）」が続く

主語　動詞　　目的語　　　補語（分詞）

She　kept　[　　　　][　　　　　　] so long.　　彼女は「私」を長く <u>待たせた</u>
　　※　目的語（me）＝ 補語（「待つ」という動作をする側 → 現在分詞 wait**ing**）

I　had　[　　　　][　　　　　　　　　] yesterday.　　昨日、私は「髪」を <u>切ってもらった</u>
　　※　目的語（my hair）＝ 補語（「切る」という動作を受ける側 → 過去分詞 **cut**）

【英作文】

1　私たちは昨夜一晩語り続けました。
_____

2　私の犬は床に横になって眠っていました。
_____

3　私のカップは床の上で壊れていました。
_____

4　長いことお待たせしてしまってすみません。
_____

5　誰がドアを開けっ放しにしたのですか。
_____

6　私はドアを閉めておきました。
_____

7　私はパソコンを直してもらいました。
_____

8　私は先週自転車を盗まれてしまいました。
_____

067 分詞 ⑤　　Participles

使役動詞／知覚動詞と分詞

第5文型　　主語（S）＋ 動詞（V）＋ 目的語（O）＋ 補語（C）

SVOC　　　　　　　使役動詞／知覚動詞　　　分詞（現在分詞／過去分詞）

※　補語（C）は目的語について補足説明する語であるから　O ＝ C　の関係になる
　⇒　補語（C）にあたる分詞が表す動作の「意味上の主語」は目的語（O）

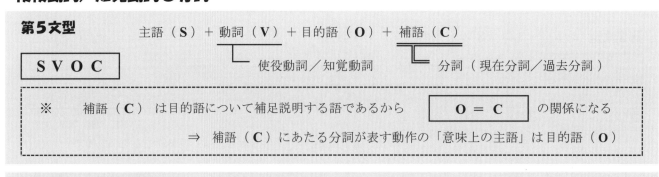

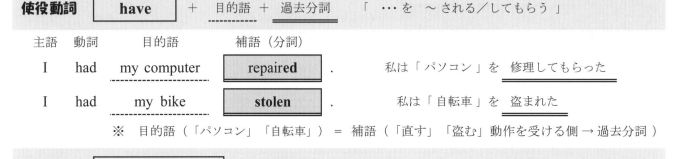

【例文】

1　私は午後に髪を切ってもらってきます。
　　I'm going to **have my hair cut** this afternoon.

2　私は兄に自転車を修理してもらいました。
　　I **had my bike repaired** by my brother.

3　私は人混みの中で自分の名前が呼ばれるのを聞きました。
　　I **heard my name called** in the crowd.

4　私はあなたが授業中に居眠りしているのを見ました。
　　I **saw you sleeping** in class.

5　私は彼女が眼鏡をかけているのを見たことがありません。
　　I've never **seen her wearing** glasses.

6　私は何人か人が道路を渡っているところを見ました。
　　I **saw some people crossing** the street.

※　私は何人か人が道路を渡るのを見ました。
　　I **saw some people cross** the street.

＊使役　髪「切る」動作を受ける　my hair　cut　（過去分詞）

＊原形不定詞の文でも同様の内容を表すことができる
　have＋目的語（人）＋動詞原形
　　≒ I had my brother **repair** my bike.
　hear＋目的語（人）＋動詞原形
　　≒ I heard someone **call** my name in the crowd.

＊目的語を修飾　（現在分詞）
　「寝る」動作をする　you　sleeping
　（現在分詞）
　「かける」動作をする　her　wearing　glasses

＊see＋目的語＋現在分詞
　動作の一時点「横切っている最中」を見たことを表す
　↑ 動作の完了まで見届けていない　（渡りきったとは限らない）
　cf. see＋目的語＋原形不定詞
　　動作の一部始終を見たことを表す（反対側に着いた）

Worksheet 067

使役動詞／知覚動詞と分詞

第5文型　　主語（S）＋ 動詞（V）＋ 目的語（O）＋ 補語（C）
　　　　　　　　　　　　　　使役動詞／知覚動詞　　　　分詞（現在分詞／過去分詞）

※　補語（C）は目的語について補足説明する語であるから　[　　　　]　の関係になる
　⇒　補語（C）にあたる分詞が表す動作の「意味上の主語」は目的語（O）

使役動詞　[　　　　]　＋　目的語　＋　_____　「　…を ～される／してもらう　」

主語	動詞	目的語	補語（分詞）	
I	had			. 私は「パソコン」を 修理してもらった
I	had			. 私は「自転車」を 盗まれた

※　目的語（「パソコン」「自転車」）＝ 補語（「直す」「盗む」動作を受ける側 → 過去分詞）

知覚動詞　[　／　]　＋　目的語　＋　_____　「　…が ～しているのを見る／聞く　」
　　　　　　[　／　]　＋　目的語　＋　_____　「　…が ～されるのを見る／聞く　」

主語	動詞	目的語	補語（分詞）	
I	saw			. 私は「兄」が 煙草を吸っている のを見た
I	heard			. 私は「自分の名前」が 呼ばれる のを聞いた

※　補語（「煙草を吸う」「呼ばれる」）の意味上の主語は目的語（「兄」「自分の名前」）

【英作文】

1　私は午後に髪を切ってもらってきます。

2　私は兄に自転車を修理してもらいました。

3　私は人混みの中で自分の名前が呼ばれるのを聞きました。

4　私はあなたが授業中に居眠りしているのを見ました。

5　私は彼女が眼鏡をかけているのを見たことがありません。

6　私は何人か人が道路を渡っているところを見ました。

※　私は何人か人が道路を渡るのを見ました。

068 分詞 ⑥ Participles

分詞の慣用表現

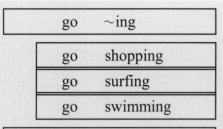

表現	意味
go ~ing	「 ~しに行く 」
go shopping	「 買い物に行く 」
go surfing	「 サーフィンに行く 」
go swimming	「 泳ぎに行く 」
be busy ~ing	「 ~するのに忙しい 」
make ~self understood	「 自分の意志を伝える（ ~自身を理解させる ）」
have difficulty (in) ~ing	「 ~するのに苦労する／困難を感じる 」
There is （名詞） 現在分詞／過去分詞	「 ~している／されている（名詞）がいる［ある］」
with （名詞） 現在分詞／過去分詞	「（名詞）を ~しながら／させながら 」

その他 娯楽やスポーツ
camping・fishing・hiking
dancing・jogging・skating
skiing・snowboarding
snorkeling・windsurfing など

burning hot	「焼けるように暑い」	biting cold	「身を切るように寒い」
sweltering hot	「うだるように暑い」	freezing cold	「凍りつくように寒い」

【例文】

1. 買い物に行こう！
   Let's **go shopping**!

2. 私はバイト探しで忙しいです。
   I **am busy looking** for a part-time job.

3. 私はプレゼンの準備で忙しいです。
   I **am busy preparing** for my presentation.

4. 私は自分が思っていることを英語で言えませんでした。
   I couldn't **make myself understood** in English.

5. 私は人前で話をするのに抵抗があります。
   I **have difficulty speaking** in front of people.

6. バスを待っている学生がたくさんいます。
   There are many **students waiting** for the bus.

7. 卒業まで残り2ヶ月です［あります］。
   There are two **months left** until graduation.

8. 彼は目を閉じて音楽を聞いています。
   He is listening to music **with his eyes closed**.

9. 今日はめちゃくちゃ寒いです。
   It's **freezing** (**cold**) today.

---

* go ~ing は娯楽的な行動・スポーツなどについて表す
  本来自動詞は go for a walk／go on a picnic のように
  「自動詞＋前置詞＋目的語」の形となるが
  go ~ing の形式は慣用表現として定着している

* be busy ~ing
  「アルバイト」の由来はドイツ語で英語ではない
  その他　　　　　　　　「クレーム」 complaint
  間違えやすい英語　　「マンション」 apartment／flat
  　　　　　　　　　　「コングラチュレーション」 Congratulations!

* make ~self understood
  自分 = 相手から「理解する」という動作を受ける
  understand → understood（過去分詞）

* have difficulty **in** ~ing とする使用例も多い
  a lot of／some difficulty 「大変な／多少の苦労」

* 名詞と分詞の関係　　学生 =「待つ」
  　　　　　　　　　　　　という動作をする
  students　waiting　for the bus

  ≒ 数字＋時間＋ to go 「あと2ヶ月」two months to go

* 「目（eyes）」= 閉じられている状態（are closed）
  with his arms fold**ed** 「腕を組みながら」
  with his legs crossed 「足を組みながら」

* freezing 話し言葉では副詞のように使われることも多い
  cf. 「frozen food 冷凍食品」 （cold を修飾）
  過去分詞は凍らせる動作を受けるときに使う

分詞の慣用表現

┌─────────────┐	「 ～しに行く 」　その他　娯楽やスポーツ
│ │	「 買い物に行く 」　camping・fishing・hiking
│ │	「 サーフィンに行く 」　dancing・jogging・skating
│ │	「 泳ぎに行く 」　skiing・snowboarding
│ │	snorkeling・windsurfing　など
┌─────────────┐	「 ～するのに忙しい 」
┌─────────────┐	「 自分の意志を伝える（～自身を理解させる）」
┌─────────────┐	「 ～するのに苦労する／困難を感じる 」
（名詞）　現在分詞／過去分詞	「 ～している／されている（名詞）がいる［ある］」
（名詞）　現在分詞／過去分詞	「（名詞）を～しながら／させながら 」

| hot | 「 焼けるように暑い 」 | cold | 「 身を切るように寒い 」 |
| hot | 「 うだるように暑い 」 | cold | 「 凍りつくように寒い 」 |

【英作文】

1　買い物に行こう！

2　私はバイト探しで忙しいです。

3　私はプレゼンの準備で忙しいです。

4　私は自分が思っていることを英語で言えませんでした。

5　私は人前で話をするのに抵抗があります。

6　バスを待っている学生がたくさんいます。

7　卒業まで残り2ヶ月です［あります］。

8　彼は目を閉じて音楽を聞いています。

9　今日はめちゃくちゃ寒いです。

069 分詞構文 ①　　Participial Constructions

分詞　…　形容詞　のように　名詞を修飾する　はたらき（限定用法）をする
　　　　　　　　　　　　　　補語（C）の　　はたらき（叙述用法）をする

分詞構文　…　副詞節　のように　補足的な情報を付け加える　はたらきをする
　　　　　　└─ 文に組み込まれた語のかたまり［接続詞＋主語＋動詞］で主節の動詞を修飾する

→　時　・　理由　・　条件　・　譲歩　・　付帯状況　などの意味を表す
　「～とき」「～なので」「～なら」「～だけれども」「～しながら」

※ 分詞構文は接続詞や主語を省略することで「形式を簡潔にする」が同時に「意味を曖昧にする」ため
　文脈から意味関係を推し量らせるはたらきから書き言葉（特に文学作品など）で使われることが多い

分詞構文のつくり方［1］

分詞構文で表す節の主語 ＝ 主節の主語の場合
同じ主語であれば繰り返さなくても分かるので省略

接続詞　とその後の　主語　をとって　動詞　を　現在分詞　に換える

① 「私はビーチを歩いた時、（私は）きれいな貝殻を見つけました。」　　［時］

接続詞	主語	動詞	
When	I	walked	along the beach, I found a beautiful shell.
⇒		Walk**ing**	along the beach, I found a beautiful shell.

② 「私は疲れを感じたので、（私は）早く寝ました。」　　［理由］

接続詞	主語	動詞	
As	I	felt	tired, I went to bed early.
⇒		Feel**ing**	tired, I went to bed early.

③ 「（あなたは）左に曲がれば、（あなたは）郵便局が見えるでしょう。」　　［条件］

接続詞	主語	動詞	
If	you	turn	to the left, you will see the post office.
⇒		Turn**ing**	to the left, you will see the post office.

④ 「彼はビーチの近くに住んでいるのに、（彼は）まったく泳げません。」　　［譲歩］

接続詞	主語	動詞	
Though	he	lives	near the beach, he can't swim at all.
⇒		Liv**ing**	near the beach, he can't swim at all.

例外　付帯状況　　　「音楽を聞きながら」　　※ 会話でもよく使われる用法
　　　　　　　　　　 私は宿題をしていました。
「その時の状況」について　　　　　　　　　　　　接続詞を使って表さない
情報を追加する用法　　I was doing my homework, listen**ing** to music.

Worksheet 069

分詞 … 　形容詞　のように　名詞を修飾する　はたらき（限定用法）をする
　　　　　　　　　　　　　　　　　　　の　　　はたらき（叙述用法）をする

分詞構文 … 　　　　　　のように　　　　　　　　　　　　　　はたらきをする
　　　　　　　　└ 文に組み込まれた語のかたまり［接続詞＋主語＋動詞］で主節の動詞を修飾する

→ 　　　　・　　　　・　　　　・　　　　・　付帯状況　などの意味を表す
　「〜とき」「〜なので」「〜なら」「〜だけれども」「〜しながら」

※ 分詞構文は接続詞や主語を省略することで「形式を簡潔にする」が同時に「意味を曖昧にする」ため
　文脈から意味関係を推し量らせるはたらきから書き言葉（特に文学作品など）で使われることが多い

分詞構文のつくり方［1］

┌ 分詞構文で表す節の主語 ＝ 主節の主語の場合
│ 同じ主語であれば繰り返さなくても分かるので省略
↓

　　　　　とその後の　　　　　をとって　　　　　を　　　　　に換える

---

① 「私はビーチを歩いた時、（私は）きれいな貝殻を見つけました。」　　　　　　［時］

　接続詞　　　主語　　　動詞
　[When]　　[I]　　　[walked]　along the beach, I found a beautiful shell.

⇒ 　　　　　　　　　　　　　　along the beach, I found a beautiful shell.

---

② 「私は疲れを感じたので、（私は）早く寝ました。」　　　　　　　　　　　　［理由］

　接続詞　　　主語　　　動詞
　[As]　　　[I]　　　[felt]　　tired, I went to bed early.

⇒ 　　　　　　　　　　　　　　tired, I went to bed early.

---

③ 「（あなたは）左に曲がれば、（あなたは）郵便局が見えるでしょう。」　　　［条件］

　接続詞　　　主語　　　動詞
　[If]　　　[you]　　[turn]　to the left, you will see the post office.

⇒ 　　　　　　　　　　　　　　to the left, you will see the post office.

---

④ 「彼はビーチの近くに住んでいるのに、（彼は）まったく泳げません。」　　　［譲歩］

　接続詞　　　主語　　　動詞
　[Though]　[he]　　[lives]　near the beach, he can't swim at all.

⇒ 　　　　　　　　　　　　　　near the beach, he can't swim at all.

例外　　付帯状況　　　　「音楽を聞きながら」　　　　　※ 会話でもよく使われる用法
　「その時の状況」について　私は宿題をしていました。　　　　└ 接続詞を使って表さない
　情報を追加する用法　　　　I was doing my homework, 　　　　to music.

070 分詞構文 ②　　　Participial Constructions

分詞構文のつくり方 [1]

分詞構文で表す節の主語 ＝ 主節の主語の場合
同じ主語であれば繰り返さなくても分かるので省略

| 接続詞 | とその後の | 主語 | をとって | 動詞 | を | 現在分詞 | に換える |

分詞構文のつくり方 [2]

| 分詞構文で表す節の主語 | が主節で表す主語と「異なる」場合　　　※ 独立分詞構文

| 接続詞 | をとって（ 主語はそのまま残して ） | 動詞 | を | 現在分詞 | に換える |

⑤ 「エレベーターが故障していたので、私たちは階段を使わないといけなかった。」

　　接続詞　　　主語　　　　　　動詞
　　[As]　[the elevator]　[was]　out of order, **we** had to use stairs.
⇒　[　　]　[The elevator]　[be**ing**]　out of order, **we** had to use stairs.

| 分詞構文で表す節の時 | が主節で表す時よりも「前」の場合

「接続詞」とその後の「主語」をとって | 動詞 | を | hav**ing** | 過去分詞 | に換える

⑥ 「私は以前彼女にお会いしたことがあったので、（私は）彼女にすぐに気づきました。」

　　接続詞　主語　　動詞
　　[As]　[I]　[had | seen]　her before, I **recognized** her at once.
⇒　[　　]　[　]　[Having | seen]　her before, I **recognized** her at once.

現在分詞に換える動詞が [否定形] の場合

「接続詞」とその後の「主語」をとって「否定形の動詞」を [**not** | 現在分詞] に換える

⑦ 「私は何と言ったらよいか分からなかったので、（私は）黙っていました。」

　　接続詞　主語　　動詞
　　[As]　[I]　[didn't | know]　what to say, I kept silent.
⇒　[　　]　[　]　[**Not** | know**ing**]　what to say, I kept silent.

現在分詞に換える動詞が [be動詞] の場合

「接続詞」とその後の「主語」をとって「be動詞」を現在分詞 [be**ing**] に換える／[省略] する

⑧ 「その島は遠くから見（られ）ると、（その島は）小さく見える。」

　　接続詞　主語　　動詞
　　[If]　[it]　[is | seen]　from the distance, the island looks small.
⇒　[　　]　[　]　[(Being) | seen]　from the distance, the island looks small.

Worksheet 070

分詞構文のつくり方 [1]

分詞構文で表す節の主語 ＝ 主節の主語の場合
同じ主語であれば繰り返さなくても分かるので省略

| 接続詞 | とその後の | 主語 | をとって | 動詞 | を | 現在分詞 | に換える |

分詞構文のつくり方 [2]

| 分詞構文で表す節の主語 | が主節で表す主語と「異なる」場合　　※ 独立分詞構文 |

| | をとって（　主語はそのまま残して　） | | を | | に換える |

⑤　「エレベーターが故障していたので、私たちは階段を使わないといけなかった。」

接続詞　　　　主語　　　　　　　　動詞
| As | the elevator | was | out of order, **we** had to use stairs.

⇒ [_____] out of order, **we** had to use stairs.

| 分詞構文で表す節の時 | が主節で表す時よりも「前」の場合 |

「接続詞」とその後の「主語」をとって | 動詞 | を | | に換える

⑥　「私は以前彼女にお会いしたことがあったので、（私は）彼女にすぐに気づきました。」

接続詞　　主語　　　動詞
| As | I | had ┆ seen | her before, I **recognized** her at once.

⇒ [_____] her before, I **recognized** her at once.

現在分詞に換える動詞が | 否定形 | の場合

「接続詞」とその後の「主語」をとって「否定形の動詞」を | | に換える

⑦　「私は何と言ったらよいか分からなかったので、（私は）黙っていました。」

接続詞　　主語　　　動詞
| As | I | didn't ┆ know | what to say, I kept silent.

⇒ [_____] what to say, I kept silent.

現在分詞に換える動詞が | be 動詞 | の場合

「接続詞」とその後の「主語」をとって「be 動詞」を現在分詞 | | に換える／ | | する

⑧　「その島は遠くから見（られ）ると、（その島は）小さく見える。」

接続詞　　主語　　　動詞
| If | it | is ┆ seen | from the distance, the island looks small.

⇒ [_____] from the distance, the island looks small.

071 分詞構文 ③ — Participial Constructions

副詞節 → 分詞構文

分詞構文で表す節の主語 ＝ 主節の主語の場合
同じ主語であれば繰り返さなくても分かるので省略

| 接続詞 | とその後の | 主語 | をとって | 動詞 | を | 現在分詞 | に換える |

【例文】

1. 彼女がその瓶を開けてみると、中に手紙を見つけました。
   When she opened the bottle, she found a letter in it.
   ⇒ **Opening** the bottle, she found a letter in it.

   ＊接続詞 When
   ／主節と同じ主語 she → トル
   動詞 opened → 現在分詞 Opening

2. 私は歩き回っているうち、気づいたら教会の前にいました。
   As I walked around, I found myself in front of a church.
   ⇒ **Walking** around, I found myself in front of a church.

   ＊接続詞 As
   ／主節と同じ主語 I → トル
   動詞 walked → 現在分詞 Walking

3. 彼は警察官を見るとすぐに、逃げました。
   As soon as he saw police officers, he ran away.
   ⇒ **Seeing** police officers, he ran away.

   ＊接続詞の働きをする As soon as
   ／主節と同じ主語 he → トル
   動詞 saw → 現在分詞 Seeing

4. 私たちはポップコーンを食べながら、映画を観ました。
   We watched the movie, **eating** popcorn.

   ＊付帯状況を用法は接続詞で表さない
   「～しながら（同時進行の動作）」
   の意味を表し会話でもよく使われる

5. 私は映画を観ている間に、眠ってしまいました。
   While I was watching the movie, I fell asleep.
   ⇒ （**While**） **watching** the movie, I fell asleep.

   ＊接続詞＋分詞
   接続詞を分詞の前に置くことにより分詞構文が表す「意味」をはっきりさせる用法

   ＜時＞ While ～ing 「～している間」
   　　　 When ～ing 「～する時」
   　　　の意味を明示する用法が多い

6. 私はバンクーバーに滞在中、シアトルに日帰り旅行をしました。
   While I was staying in Vancouver, I took a day trip to Seattle.
   ⇒ （　　） **Staying** in Vancouver, I took a day trip to Seattle.

7. 昨夜は寒かったので、私はあまりよく眠れませんでした。
   As　it　was cold last night, I couldn't sleep well.
   ⇒ **It being** cold last night, I couldn't sleep well.

   ＊独立分詞構文（主語＋分詞）
   　　　分詞構文で表す節の主語 it
   　　　　　　≠ 主節の主語 I
   接続詞 As → トル
   動詞 was → 現在分詞 being

8. 私は何をしたらよいか分からなかったので、彼に助言を求めました。
   As I didn't know what to do, I asked him for advice.
   ⇒ **Not knowing** what to do, I asked him for advice.

   ＊分詞構文の否定形
   接続詞 As ／主語 I → トル
   動詞の否定形 didn't know
   　→ 否定語＋現在分詞 Not knowing

9. 私はお金を全部使ってしまったので、その本を買えませんでした。
   As I had spent all my money, I couldn't buy the book.
   ⇒ **Having spent** all my money, I couldn't buy the book.

   ＊分詞構文の完了形
   接続詞 As ／主語 I → トル
   過去完了形 had spent
   　→ 完了形の分詞 Having spent

10. その本は簡単な英語で書かれているので、読みやすいです。
    As it is written in simple English, the book is easy to read.
    ⇒ （　　） **Written** in simple English, the book is easy to read.

    ＊分詞構文の受動態
    接続詞 As ／主語 it → トル
    受動態 is written → being written
    通常 being は省略される

Worksheet 071

副詞節 → 分詞構文

分詞構文で表す節の主語 = 主節の主語の場合
同じ主語であれば繰り返さなくても分かるので省略

| | とその後の | | をとって | 動詞 | を | | に換える |

【英作文】

1 彼女がその瓶を開けてみると、中に手紙を見つけました。
   When she opened the bottle, she found a letter in it.
   ⇒ _____

2 私は歩き回っているうち、気づいたら教会の前にいました。
   As I walked around, I found myself in front of a church.
   ⇒ _____

3 彼は警察官を見るとすぐに、逃げました。
   As soon as he saw police officers, he ran away.
   ⇒ _____

4 私たちはポップコーンを食べながら、映画を観ました。

   _____

5 私は映画を観ている間に、眠ってしまいました。
   While I was watching the movie, I fell asleep.
   ⇒ _____

6 私はバンクーバーに滞在中、シアトルに日帰り旅行をしました。
   While I was staying in Vancouver, I took a day trip to Seattle.
   ⇒ _____

7 昨夜は寒かったので、私はあまりよく眠れませんでした。
   As it was cold last night, I couldn't sleep well.
   ⇒ _____

8 私は何をしたらよいか分からなかったので、彼に助言を求めました。
   As I didn't know what to do, I asked him for advice.
   ⇒ _____

9 私はお金を全部使ってしまったので、その本を買えませんでした。
   As I had spent all my money, I couldn't buy the book.
   ⇒ _____

10 その本は簡単な英語で書かれているので、読みやすいです。
   As it is written in simple English, the book is easy to read.
   ⇒ _____

072 分詞構文 ④   Participial Constructions

分詞構文 → 副詞節

① 文脈（前後の節の意味関係）から判断して省略されている 　接続詞　 を入れる
② （分詞構文の節に主語がない場合） 主節にあるのと同じ 　主語　 を入れる
③ 　現在分詞　 を文の「主語」と「時制」に一致する 　動詞　 に換える

【例文】

1　彼女がその瓶を開けてみると、中に手紙を見つけました。
　　Opening the bottle, she found a letter in it.
　　⇒ **When she opened** the bottle, …

＊時を表す接続詞 When と主語 she を足す
　文の時制が過去なので（← 主節 found）
　現在分詞 Opening を動詞 opened にする

2　私は歩き回っているうち、気づいたら教会の前にいました。
　　Walking around, I found myself in front of a church.
　　⇒ **As I walked** around, …

＊時を表す接続詞 As と主語 I を足す
　文の時制が過去なので（← 主節 found）
　現在分詞 Walking を動詞 walked にする

3　彼は警察官を見るとすぐに、逃げました。
　　Seeing police officers, he ran away.
　　⇒ **As soon as he saw** police officers, …

＊時を表す接続詞 When ／as soon as を足す
　主語 he を足す
　現在分詞 Seeing を動詞過去形 saw にする

4　台風がその地方を直撃して、作物に大きな被害を出しました。
　　A typhoon hit the region, **causing** great damage to crops.

＊付帯状況を用法は接続詞を使って表さない
　「それにより ～（結果として生じること）」
　のように主節の内容に情報を付け足す用法

5　私は映画を観ている間に、眠ってしまいました。
　　（ **While** ） **watching** the movie, I fell asleep.
　　⇒ **While I was watching** the movie, …

＊接続詞＋分詞
　接続詞を分詞の前に置くことにより
　分詞構文が表す意味をはっきりさせる用法

　＜時＞　While ～ing 「～している間」
　　　　　When ～ing 「～する時」

6　私はバンクーバーに滞在中、シアトルに日帰り旅行をしました。
　　（ ） **Staying** in Vancouver, I took a day trip to Seattle.
　　⇒ **While I was staying** in Vancouver, …

　＜譲歩＞　While ～ing 「確かに～だが」
　　　　　　≒ Though ／ Although ～ing

7　昨夜は寒かったので、私はあまりよく眠れませんでした。
　　It being cold last night, I couldn't sleep well.
　　⇒ **As it was** cold last night, …

＊分詞構文で表す節の主語 ≠ 主節の主語
　→ 主語＋分詞（独立分詞構文）
　文脈（前後の意味関係）から理由を表す
　　接続詞 Since／As／Because を足す
　主語と時制に合わせて being を was にする

8　私は何をしたらよいか分からなかったので、彼に助言を求めました。
　　Not knowing what to do, I asked him for advice.
　　⇒ **As I didn't know** what to do, …

＊理由を表す接続詞 As と主語 I を足す
　否定形の現在分詞 Not knowing は
　過去の時制に合わせて didn't know にする

9　私はお金を全部使ってしまったので、その本を買えませんでした。
　　Having spent all my money, I couldn't buy the book.
　　⇒ **As I had spent** all my money, …

＊理由を表す接続詞 As と主語 I を足す
　過去完了形の現在分詞 Having spent は
　大過去を表す過去完了形 had spent にする

10　その本は簡単な英語で書かれているので、読みやすいです。
　　Written in simple English, it [the book] is easy to read.
　　⇒ **As the book is written** in simple English, …

＊理由を表す接続詞 As と主語 it を足す
　　　　　　　　　　　　（the book）
　受動態の現在分詞（Being）written は
　受動態の形式 is written にする

Worksheet 072

分詞構文 → 副詞節

① 文脈（前後の節の意味関係）から判断して省略されている [　　　　　] を入れる
② （分詞構文の節に主語がない場合）　主節にあるのと同じ [　　　　　] を入れる
③ [現在分詞] を文の「主語」と「時制」に一致する [　　　　　] に換える

【英作文】

1　彼女がその瓶を開けてみると、中に手紙を見つけました。
　　Opening the bottle, she found a letter in it.
　　⇒ _____

2　私は歩き回っているうち、気づいたら教会の前にいました。
　　Walking around, I found myself in front of a church.
　　⇒ _____

3　彼は警察官を見るとすぐに、逃げました。
　　Seeing police officers, he ran away.
　　⇒ _____

4　台風がその地方を直撃して、作物に大きな被害を出しました。
　　⇒ _____

5　私は映画を観ている間に、眠ってしまいました。
　　（**While**）**watching** the movie, I fell asleep.
　　⇒ _____

6　私はバンクーバーに滞在中、シアトルに日帰り旅行をしました。
　　Staying in Vancouver, I took a day trip to Seattle.
　　⇒ _____

7　昨夜は寒かったので、私はあまりよく眠れませんでした。
　　It being cold last night, I couldn't sleep well.
　　⇒ _____

8　私は何をしたらよいか分からなかったので、彼に助言を求めました。
　　Not knowing what to do, I asked him for advice.
　　⇒ _____

9　私はお金を全部使ってしまったので、その本を買えませんでした。
　　Having spent all my money, I couldn't buy the book.
　　⇒ _____

10　その本は簡単な英語で書かれているので、読みやすいです。
　　Written in simple English, it [the book] is easy to read.
　　⇒ _____

073 分詞構文 ⑤ — Participial Constructions

分詞構文の慣用表現
分詞構文の節で表す主語が主節の主語と一致しないのに慣用的に省略される表現

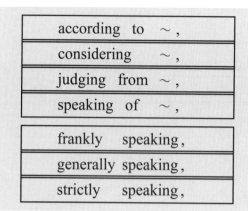

according to ～,	「～によると」
considering ～,	「～を考えると」
judging from ～,	「～から判断すると」
speaking of ～,	「～と言えば」 ≒ talking of ～,
frankly speaking,	「率直に言って」
generally speaking,	「一般的に言えば」
strictly speaking,	「厳密に言うと」 ≒ technically speaking,

独立分詞構文
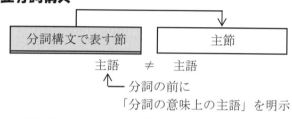
分詞構文で表す節 → 主節
主語 ≠ 主語
└ 分詞の前に「分詞の意味上の主語」を明示

※ 分詞構文
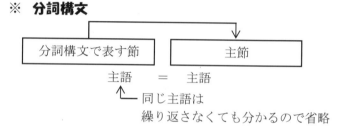
分詞構文で表す節 → 主節
主語 ＝ 主語
└ 同じ主語は繰り返さなくても分かるので省略

All things considered,	「あらゆる事を考慮に入れると／あらゆる点から考えて」
Weather permitting,	「天気がよければ（天気が許せば）」

【例文】

1 本文によると、次の文の中で正しくないものはどれですか。
   According to the passage, which one of the following statements is NOT true?
   ＊英語資格試験の問題文でよく使われる表現
   According to today's paper　今日の新聞によると
   According to the scientists　科学者たちによると

2 彼の年齢を考えると、彼は若く見えます。
   He looks young **considering** his age.
   ＊ if 主語 we consider ～ ≠ 主節の主語 he
   → 慣用的に省略　considering ～

3 空模様から判断すると、すぐに雨が降るでしょう。
   Judging from the look of the sky, it will rain soon.
   ＊ If 主語 we judge from ～ ≠ 主語 it
   → 慣用的に省略　Judging from ～

4 一般的に、女性は男性よりも長生きします。
   Generally speaking, women live longer than men.
   ＊ If 主語 we generally speak ≠ women
   → 慣用的に省略　Generally speaking

5 豪州と言えば、あなたはコアラを見たことがありますか。
   Speaking of Australia, have you seen koalas?
   ＊相手が言った事を「きっかけ」にそれに関連した自分の話をはじめるときに便利なフレーズ
   cf. That reminds me. 「それで思い出したんだけど」
   相手の好きな事に対して気持ちを傷つけないように自分には興味がない／苦手とあえて伝えるときには I'm not a big fan of ～ という表現が便利

6 率直に言うと、私はカラオケがあまり好きではありません。
   Frankly speaking, I don't like *karaoke* very much.

7 あらゆる点を考慮すると、その値段は妥当かと。
   All things considered, the price is reasonable.
   ＊ If all things are considered,
   → All things (being) considered,

8 天気がよければ、私たちは明日ドライブに行きます。
   Weather permitting, we will go for a drive tomorrow.
   ＊ If weather permits,
   → Weather permitting,

Worksheet 073

分詞構文の慣用表現
分詞構文の節で表す主語が主節の主語と一致しないのに慣用的に省略される表現

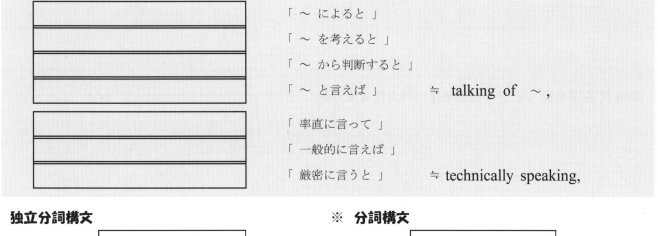

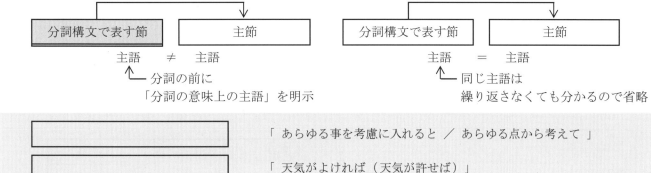

【英作文】

1 本文によると、次の文の中で正しくないものはどれですか。

2 彼の年齢を考えると、彼は若く見えます。

3 空模様から判断すると、すぐに雨が降るでしょう。

4 一般的に、女性は男性よりも長生きします。

5 豪州と言えば、あなたはコアラを見たことがありますか。

6 率直に言うと、私はカラオケがあまり好きではありません。

7 あらゆる点を考慮すると、その値段は妥当かと。

8 天気がよければ、私たちは明日ドライブに行きます。

074 関係詞 ①　　　　　　　　　　　　　　　　　　　　Relatives

関係代名詞

名詞の後で　　その名詞について説明を加える　　ことを伝える合図としての役割を果たす

「説明される名詞（先行詞）」と「説明する節」を関係づける詞

関係代名詞を使って 2つの文を 1つの文にする手順

① 2つの文に「共通の語」を見つけて それぞれの語を □ で囲む

　　□ で囲んだ語のうち 先行する名詞を先行詞という
　　　　　　　　（英語では情報が追加される対象となる語句が先・修飾語句が後）

② □ で囲んだ語のうち「代名詞」に × をする

③ 先行詞を含む文を「先行詞のところまで」書く

④ 先行詞のすぐ後に「関係代名詞」を置く

　　└ ② で × をした代名詞の「格」と「人／物かの区別」によって選択

		主格 「〜は・が」	所有格 「〜の」	目的格 「〜を・に」
先行詞	人	who	whose	whom
	物	which		which
	すべて	that		that

⑤ 関係代名詞の後に「もともと代名詞が入っていた文」を続けて書く

⑥ 先行詞を含む文に残りの語句がある場合は最後に書き足す

関係代名詞の使用例　　次の 2組の文を関係代名詞を使って 1つの文にします

A　I have a friend.　　　　　　私にはオーストラリアに住んでいる友人がいます。
　　He lives in Australia.
　　　　　　　　　　　　⇒　I have a friend who lives in Australia.

B　I have a friend.　　　　　　私には妻が中国人の［である］友人がいます。
　　His wife is Chinese.
　　　　　　　　　　　　⇒　I have a friend whose wife is Chinese.

C　I have a friend.　　　　　　私には誰からも好かれる［みんなが慕っている］友人がいます。
　　Everyone likes him.
　　　　　　　　　　　　⇒　I have a friend (whom) everyone likes.

Worksheet 074

関係代名詞

名詞の後で [　　　　　　　　　　　　　　　　] ことを伝える合図としての役割を果たす

「説明される名詞（先行詞）」と「説明する節」を関係づける詞

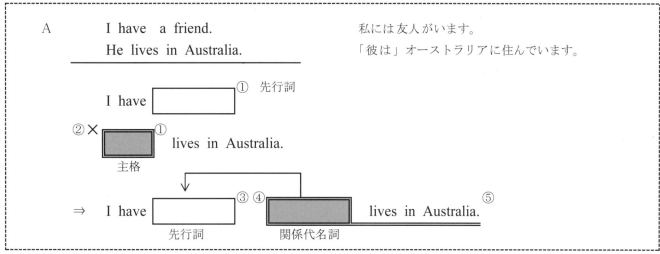

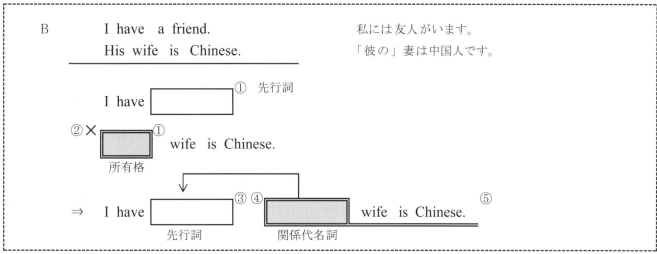

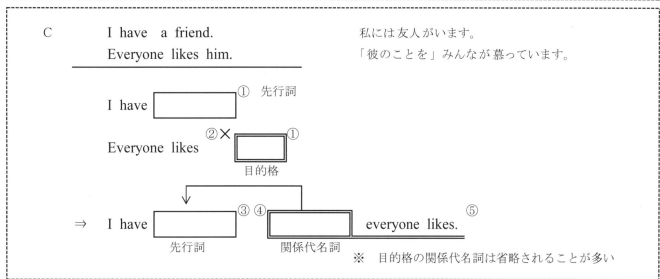

※ 目的格の関係代名詞は省略されることが多い

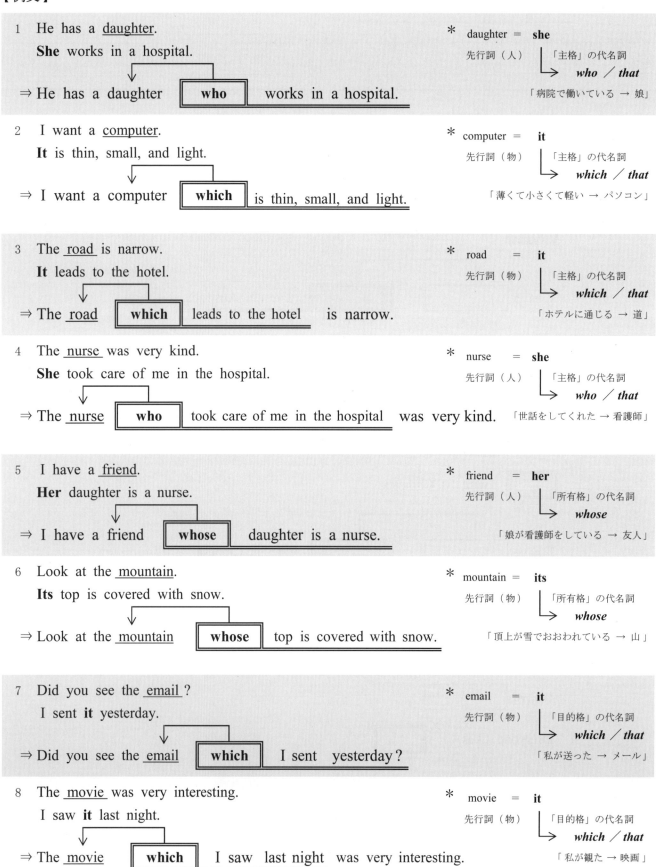

Worksheet 075

『関係詞①』関係代名詞を使って2つの文を1つの文にする手順 参照

【英作文】

1　彼には病院で働いている娘がいます。　　　　　　　　　　　He has a daughter.
　　　　　　　　　　　　　　　　　　　　　　　　　　　　　She works in a hospital.

2　私は薄くて小さくて軽いパソコンが欲しいです。　　　　　　I want a computer.
　　　　　　　　　　　　　　　　　　　　　　　　　　　　　It is thin, small, and light.

3　そのホテルに通じる道は、とても狭いです。　　　　　　　　The road is narrow.
　　　　　　　　　　　　　　　　　　　　　　　　　　　　　It leads to the hotel.

4　その病院で私を世話してくれた看護師は、とても親切でした。　The nurse was very kind.
　　　　　　　　　　　　　　　　　　　　　　　　　　　　　She took care of me in the hospital.

5　私には娘が看護師をしている友人がいます。　　　　　　　　I have a friend.
　　　　　　　　　　　　　　　　　　　　　　　　　　　　　Her daughter is a nurse.

6　その頂上が雪で覆われた山を見てください。　　　　　　　　Look at the mountain.
　　　　　　　　　　　　　　　　　　　　　　　　　　　　　Its top is covered with snow.

7　私が昨日送ったメールを見ましたか。　　　　　　　　　　　Did you see the email ?
　　　　　　　　　　　　　　　　　　　　　　　　　　　　　I sent it yesterday.

8　昨日の夜 観た映画は、とてもおもしろいものでした。　　　　The movie was very interesting.
　　　　　　　　　　　　　　　　　　　　　　　　　　　　　I saw it last night.

076　関係詞 ③　　　　　　　　　　　　　　　　　　　　　　　　Relatives

関係代名詞 that　　先行詞が人であるかどうかに関わらず who・whom・which と同様に使うことができる

　　※ 使用率は会話において高い（逆に客観性や正確さに重きが置かれる書き言葉では低い）傾向がある

that が優先される例　　先行詞が　① 人と人以外の両方　（the lady and her cat など）
　　　　　　　　　　　　　　　② 形容詞の　最上級　・序数（the first／second／third など）
　　　　　　　　　　　　　the only／the very／all／no／any などの語句で修飾されるとき

【例文】

1　今まで見た中で１番おもしろい／つまらない映画は何ですか。
　　What is **the most** interesting／boring movie
　　　　　　　　（**that**）you have ever watched?

＊ 形容詞の最上級＋先行詞
　　関係代名詞は which／who／whom よりも
　　　　　　　that が好まれる

2　彼は私が今日１番会いたくない人です。
　　He is **the last** person（**that**）I want to see today.

＊　the last　person　│ that │ I want to see
　　　　　　　　　　　　　　　　後置修飾
　　the last の日本語訳に注意
　　まわりの人を自分が会いたい順に並べたとき
　　彼は列の「最後の」人 ＝ １番会いたくない人

3　それは１番避けたい事［最悪の事態］です。
　　That is **the last** thing（**that**）we want to do.

4　まさかあなたがそんな事を言うとは思いも寄りませんでした。
　　That's **the last** thing（　　）I expected to hear from you.

＊　the last　thing　│ that │ we want to do
　　　　　　　　　　　　　　　　後置修飾
　　特に話し言葉では（省略）されることが多い

5　あなたのために私ができる事は何かありませんか。
　　Is there **anything**（　　）I can do for you?

＊　anything　│ I can do for you
　　　　　　　　　　後置修飾

6　あなたは私が信頼できる唯一の人です。
　　You are **the only** person（　　）I can trust.

＊ the only など「特定の１つのものであること」
　　を表す修飾語句を伴う場合は that が好まれる

関係代名詞 what

what には関係代名詞としてのはたらきがあり　│ ～するもの │・│ ～すること │ という意味を表す
　※　what ≒ │ the thing(s)　which │　　what には先行詞が含まれている（先行詞不要）

【例文】

7　これは私が欲しいと思っていたもの［求めていたこと］です。
　　This is **what** I wanted.

＊ This is (exactly／just) what I wanted. のように
　「まさしく」「ちょうど」などの語を伴う例が多い
　　what I wanted（to do／to hear）のように
　　後に「やりたかった」「聞きたかった」ことなど
　　を表す例も多い　≒ That's not what I meant.
　　　　　　　　　　　「そういうつもりじゃなかった」

8　私の言いたかったことはそういうことではありません。
　　That's not **what** I wanted to say.

9　今日できることを明日に延ばすな。
　　Don't put off till tomorrow **what** you can do today.

＊ what you can do today
　　≒ the thing(s) which you can do today

10　彼はいわゆる「歩く百科事典［ものしり］」です。
　　He is **what is called** "a walking encyclopedia."

＊ what is called　「いわゆる」
　　≒ what we call／what you call／what they call
　　　　　　（総称人称の選択は文脈による）

11　彼女はもはや以前の彼女ではありません［別人のようです］。
　　She is not **what** she **used to be**.

＊ what ＋ 主語 ＋ be 動詞
　　what she was 10 years ago　「１０年前の彼女」

Worksheet 076

関係代名詞 that　　先行詞が人であるかどうかに関わらず who・whom・which と同様に使うことができる
※ 使用率は会話において高い（逆に客観性や正確さに重きが置かれる書き言葉では低い）傾向がある

that が優先される例　　先行詞が　① 人と人以外の両方　（the lady and her cat など）
　　　　　　　　　　　　　② 形容詞の [　　　] ・序数（the first / second / third など）
　　　　　　　　　　　　　the only／the very／all／no／any などの語句で修飾されるとき

【英作文】

1　今まで見た中で1番おもしろい／つまらない映画は何ですか。

2　彼は私が今日1番会いたくない人です。

3　それは1番避けたい事［最悪の事態］です。

4　まさかあなたがそんな事を言うとは思いも寄りませんでした。

5　あなたのために私ができる事は何かありませんか。

6　あなたは私が信頼できる唯一の人です。

関係代名詞 what

what には関係代名詞としてのはたらきがあり [　　　] ・[　　　] という意味を表す
※　what ≒ [　　　]　　── what には先行詞が含まれている（先行詞不要）

【英作文】

7　これは私が欲しいと思っていたもの［求めていたこと］です。

8　私の言いたかったことはそういうことではありません。

9　今日できることを明日に延ばすな。

10　彼はいわゆる「歩く百科事典［ものしり］」です。

11　彼女はもはや以前の彼女ではありません［別人のようです］。

077 関係詞 ④　　　　Relatives

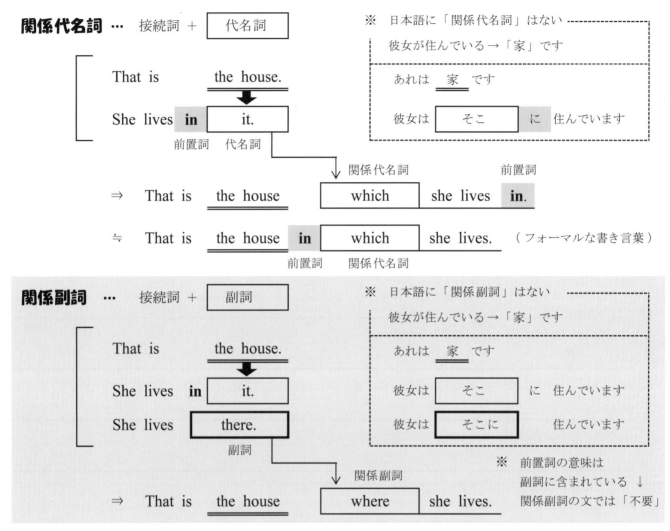

【例文】

1　これは私たちがサッカーをしたスタジアムです。　　　＊ That is the stadium.

This is the stadium	where	we played soccer.
This is the stadium	which	we played soccer in.
This is the stadium	that	we played soccer in.
This is the stadium	in which	we played soccer.

We played soccer there.（in the stadium）
We played soccer in it.（ the stadium）

副詞 there → 関係副詞 where
代名詞 it → 関係代名詞 which／that

2　これは昨年私たちが宿泊したホテルです。　　　＊ That is the hotel.

This is the hotel	where	we stayed last year.
This is the hotel	which	we stayed at last year.
This is the hotel	that	we stayed at last year.
This is the hotel	at which	we stayed last year.

We stayed there.（at the hotel）
We stayed at it.（ the hotel）

前置詞＋関係代名詞はフォーマルな書き言葉
（in／at which の形式）　　in that の形はない

3　私たちが韓国で宿泊したホテルは、快適でした。

The hotel	where	we stayed in Korea was comfortable.
The hotel	which	we stayed at in Korea was comfortable.
The hotel	that	we stayed at in Korea was comfortable.
The hotel	at which	we stayed in Korea was comfortable.

The hotel was comfortable.
We stayed there in Korea.

The hotel was comfortable.
We stayed at it in Korea.

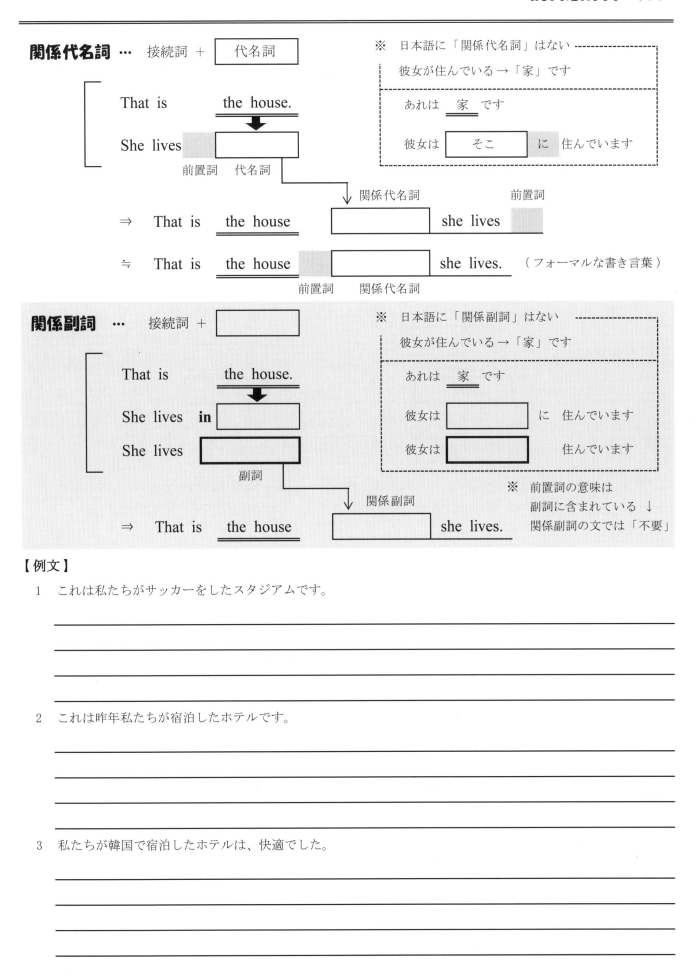

【例文】
1 これは私たちがサッカーをしたスタジアムです。

2 これは昨年私たちが宿泊したホテルです。

3 私たちが韓国で宿泊したホテルは、快適でした。

078 関係詞 ⑤　　　Relatives

前置詞 + 関係代名詞

Do you remember the day?
We first met **on** the day.
　　　前置詞　　代名詞 it

※ 日本語に「関係詞」はない
　私たちが初めて会った → 「日」を覚えていますか
　あなたは　日　を覚えていますか
　私たちは　その日　に　初めて会いました

⇒ Do you remember the day **on** which we first met?　（フォーマルな表現）
　　　　　　　　　　　　　前置詞　関係代名詞

関係副詞

Do you remember the day?
We first met **on** the day.
We first met **then**
　　　　　　　副詞

※ 日本語に「関係詞」はない
　私たちが初めて会った → 「日」を覚えていますか
　あなたは　日　を覚えていますか
　私たちは　その日　に　初めて会いました
　私たちは　その時に　初めて会いました

⇒ Do you remember the day **when** we first met?
　　　　　　　　　　　　　　関係副詞

※ when に相当するのは「前置詞＋関係代名詞」（**on which** we first met）の形式のみで
　which we first met ✕ on のように「前置詞」を後に続けることはできない

【例文】

1　私は初めて彼女に会った日のことを覚えています。
　I remember the day **when** I first met her.
　I remember **when** I first met her.
　I remember the day I first met her.
　I remember the day **on which** I first met her.

＊ 関係副詞 when ≒ 前置詞＋関係代名詞 which
　・先行詞なしで使うこともある
　・先行詞がある場合に省略されることもある
　　I remember the day.
　　I met her on the day.
　　→ the day on which I met her.

2　日本で学校が始まる月は、4月です。
　The month **when** school begins in Japan is April.
　The month **in which** school begins in Japan is April.

＊ The month is April.
　School begins in the month.
　School begins in the month.

3　私はなぜ彼女が機嫌を悪くしているのかわかりません。
　I don't know **the reason why** she is in a bad mood.
　I don't know **why** she is in a bad mood.
　I don't know **the reason** she is in a bad mood.

＊「理由」を表す関係副詞 why
　前置詞＋関係代名詞の形で
　I don't know the reason for **which** …
　と表すこともできるがフォーマルで堅い表現

4　このようにして私は英語を学びました。
　This is **how** I learned English.
　This is **the way** I learned English.

＊「方法」を表す関係副詞 how
　how は 先行詞（the way）なし
　　／先行詞（the way）のみで使う

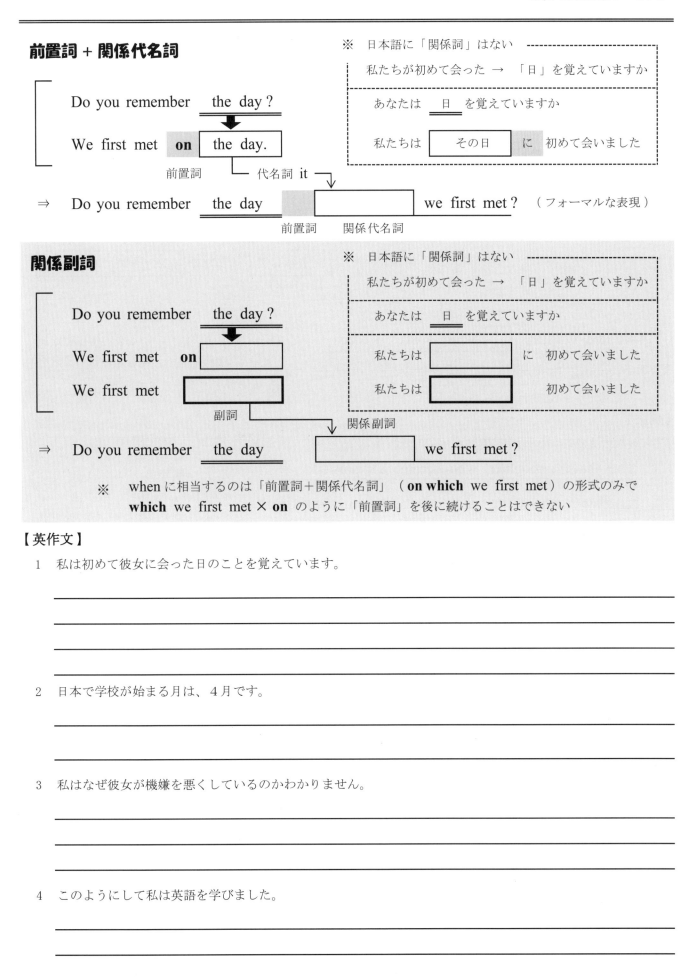

【英作文】

1　私は初めて彼女に会った日のことを覚えています。

2　日本で学校が始まる月は、4月です。

3　私はなぜ彼女が機嫌を悪くしているのかわかりません。

4　このようにして私は英語を学びました。

079 関係詞 ⑥　　　　　　　　　　　　　　　　　　　　　　　Relatives

関係詞の制限用法［限定用法］

関係詞が意味を限定

先行詞の後でその先行詞について「説明を加える」　どのような人・もの／時・場所・理由・方法であるか特定

　　　　　　　　　　　　　限定
I have two cousins　who　live in Kyoto.

私には「京都に住んでいる いとこ」が2人います。

自分の「いとこ」について
その中で「京都に住んでいる」2人を特定

※ 他にも（京都に住んでいる2人以外にも）
　　いとこがいる可能性がある

関係詞の非制限用法［継続用法］

「カンマ」の後に続く , 関係代名詞節／関係副詞節は　先行詞　について　説明を続けていく

関係代名詞 that は非制限用法で使うことはできない

→ 追加説明

I have two cousins　, who　live in Kyoto.

私には いとこが2人いて、その2人は京都に住んでいます。

「2人いるいとこ」について
さらに「京都に住んでいる」と情報を追加
　（文を終えずにそのまま継続して説明）

※ 他にいとこがいる可能性はない

【例文】

1　彼らにはピアニストになった娘が1人います。
　　They have a daughter **who** became a pianist.

＊ 制限用法［限定用法］
　ピアニストになった娘がいる
　他にピアニストではない娘もいる可能性がある

2　彼らには娘が1人いるのですが、その娘はピアニストになりました。
　　They have a daughter, **who** became a pianist.

＊ 非制限用法［継続用法］
　娘が1人いる（と言った後に追加して説明）
　他に娘がいる可能性はない

3　私の叔母は、癌で亡くなったのですが、ヘビースモーカーでした。
　　My aunt, **who** died of cancer, was a heavy smoker.

＊（挿入句）として主語について情報を追加
　　↑ 話の途中で叔母について補足説明

4　彼女は体調が悪いと言っていたのですが、それは嘘でした。
　　She said she was sick, **which** was a lie.

＊ 前の節全体について続けて説明を追加
　　, which は and it に置き換えて捉える

5　シェイクスピアは、彼の劇作品は世界的に有名なわけですが、
　　400年前に実在しました。
　　Shakespeare, **whose** plays are world famous,
　　lived 400 years ago.

＊ 前述の主語 Shakespeare について補足説明
　　話の途中で彼の作品について情報を追加
　　, whose は
　　　and his のように捉える

6　先生はある文法のテキストについて話題にしましたが、
　　私はその表題が思い出せません。
　　My teacher mentioned a grammar textbook,
　　the title of **which** I cannot remember.

＊ 前述の主語 textbook について補足説明
　　, ... which は
　　　and／but ... it のように捉える

7　そのアメリカからの観光客一行は京都・奈良に行き、
　　そこで多くの寺社を訪れて楽しみました。
　　The tourists from the U.S. went to Kyoto and Nara,
　　where they enjoyed visiting old temples and shrines.

＊ 前の節全体について補足説明
　　, where （関係副詞）は
　　　and there に置き換えて捉える
　　「そして、そこで」

8　私は10時に帰宅して、それから勉強しはじめました。
　　I came home at ten, **when** I started to study.

　　, when （関係副詞）は
　　　and then に置き換えて捉える
　　「そして、それから（その時）」

Worksheet 079

関係詞の制限用法［限定用法］

先行詞の後でその先行詞について「説明を加える」　　関係詞が意味を限定　　どのような人・もの／時・場所・理由・方法であるか特定

I have two cousins [　] live in Kyoto.　　　　限定

私には「京都に住んでいる いとこ」が2人います。

自分の「いとこ」について
その中で「京都に住んでいる」2人を特定
※ 他にも（京都に住んでいる2人以外にも）いとこがいる可能性がある

関係詞の非制限用法［継続用法］

「カンマ」の後に続く , 関係代名詞節／関係副詞節は [　　] について [　　]
関係代名詞 that は非制限用法で使うことはできない

→ 追加説明

I have two cousins , [　] live in Kyoto.

私には いとこが2人いて、その2人は 京都に住んでいます。

「2人いるいとこ」について
さらに「京都に住んでいる」と情報を追加
（文を終えずにそのまま継続して説明）
※ 他にいとこがいる可能性はない

【英作文】

1　彼らにはピアニストになった娘が1人います。

_____

2　彼らには娘が1人いるのですが、その娘はピアニストになりました。

_____

3　私の叔母は、癌で亡くなったのですが、ヘビースモーカーでした。

_____

4　彼女は体調が悪いと言っていたのですが、それは嘘でした。

_____

5　シェイクスピアは、彼の劇作品は世界的に有名なわけですが、４００年前に実在しました。

_____

6　先生はある文法のテキストについて話題にしましたが、私はその表題が思い出せません。

_____

7　そのアメリカからの観光客一行は京都・奈良に行き、そこで多くの寺社を訪れて楽しみました。

_____

8　私は１０時に帰宅して、それから勉強しはじめました。

_____

080 接続詞 ①　　　　　　　　　　Conjunctions

等位接続詞 … 語と語／句と句／節と節（文と文）を ［対等の関係で］ 接続する

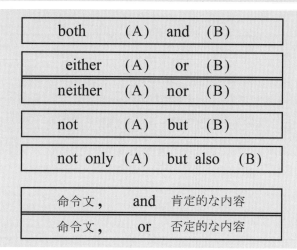

語 － 語	breakfast and dinner
句 － 句	in the class and at home
節 － 節（文 － 文）	She cooks and I wash dishes.

and	but	or	so
「～そして…」	「～しかし…」	「～または…」	「～それで…」

both (A) and (B)	「(A)と(B)のどちらも［両方とも］」
either (A) or (B)	「(A)と(B)のどちらか」
neither (A) nor (B)	「(A)と(B)のどちらも～ない」
not (A) but (B)	「(A)ではなく(B)」
not only (A) but also (B)	「(A)だけでなく(B)も」
命令文, and 肯定的な内容	「～しなさい、そうすると…」
命令文, or 否定的な内容	「～しなさい、さもないと…」

【例文】

1　私は中国と韓国に友だちがいます。
　　I have friends in China **and** (in) Korea.

＊ 句と句（in China and in Korea）を対等な関係で接続
　「言葉の経済性」← 無駄のない言葉遣いを重視
　　語句をつなぐとき繰り返す必要のないもの（in）は省略

2　北京とソウルはどちらも大都市です。
　　Both Beijing **and** Seoul are big cities.

＊ 主語は北京とソウル（Beijing and Seoul）の両方
　→ 代名詞で表すと they となるため be 動詞は are にする

3　私は中国語か韓国語のどちらかを学ぼうと考えています。
　　I'm thinking of learning Chinese **or** Korean.

＊ either (A) or (B) の形で主語をつくる場合
　動詞は片方（動詞に近い方）の主語に呼応する
　　Either Rob or I **am** going to teach Business English.

4　私は中国語と韓国語のどちらも話せません。
　　I can**not** speak　**either** Chinese　**or** Korean.
　　I can　　speak **neither** Chinese **nor** Korean.

＊ **not** either (A) or (B)　　(A)と(B)のどちらも
　≒ **neither** (A) **nor** (B)　　～ない
　≠ **not** both (A) and (B)　　～というわけではない
　　例 I can**not** speak **both** Chinese and Korean.
　　　　「両方とも話せるわけではない」

5　私の専攻は中国語ではなく韓国語です。
　　My major is **not** Chinese **but** Korean language.

＊ not (A) but (B)
　「(A)ではなく(B)」

6　彼は英語だけでなく韓国語も話します。
　　He speaks **not only** English **but** (**also**) Korean.

＊ not only (A) but also (B)　≒ (B) as well as (A)
　≒ I speak Korean **as well as** English.

7　急ぎなさい、そうすればバスに間に合いますよ。
　　Hurry up, **and** you will catch the bus.

＊ 命令文, and ＋ 肯定的な内容
　≒ If you hurry up, you will catch the bus.

8　急ぎなさい、そうしないとバスに間に合いませんよ。
　　Hurry up, **or** you will miss the bus.

＊ 命令文, or ＋ 否定的な内容
　≒ If you don't hurry up, you will miss the bus.

Worksheet 080

等位接続詞 … 語と語／句と句／節と節（文と文）を [　　　　] 接続する

○○ イメージ　　自走不可　　語－語　breakfast and dinner
　　　　　　　　　　　　　　句－句　in the class and at home
　　　　　　　　自走可　　　節－節　She cooks and I wash dishes.
　　　　　　　　　　　　　（文－文）

| [　　　] | [　　　] | [　　　] | [　　　] |

「～そして…」　「～しかし…」　「～または…」　「～それで…」

[　　　　　　　　　　　]	「(A)と(B)のどちらも[両方とも]」
[　　　　　　　　　　　]	「(A)と(B)のどちらか」
[　　　　　　　　　　　]	「(A)と(B)のどちらも～ない」
[　　　　　　　　　　　]	「(A)ではなく(B)」
[　　　　　　　　　　　]	「(A)だけでなく(B)も」

命令文, [　　]　肯定的な内容　「～しなさい、そうすると…」
命令文, [　　]　否定的な内容　「～しなさい、さもないと…」

【英作文】

1　私は中国と韓国に友だちがいます。

2　北京とソウルはどちらも大都市です。

3　私は中国語か韓国語のどちらかを学ぼうと考えています。

4　私は中国語と韓国語のどちらも話せません。

5　私の専攻は中国語ではなく韓国語です。

6　彼は英語だけでなく韓国語も話します。

7　急ぎなさい、そうすればバスに間に合いますよ。

8　急ぎなさい、そうしないとバスに間に合いませんよ。

081 接続詞 ②   Conjunctions

従属接続詞 … 節と節を ｜一方がもう一方によりかかる形で｜ 接続する

○● イメージ　　↑自走可　↑自走不可

The game was canceled ｜because｜ it was raining.
主節　　　　　　　　　　　　　　従属節

副詞節を導く従属接続詞

when	「〜する時」	before	「〜する前」
while	「〜している間」	after	「〜した後」
until	「〜するまで」	since	「〜以来／〜から」
because／as／since	「〜なので」	as	「〜するにつれて／〜するように」

| … as soon as 〜 | 「〜するとすぐに …」 |
| as far as／as long as 〜 | 「〜する限り」　※範囲／条件 |

if	「もし 〜 なら」
even if　[even though]	「たとえ 〜 だとしても」
though　[although]	「〜だけれども」

【例文】

1　停電した時、私は映画を観ているところでした。
　　I was watching a film **when** the power went out.

2　鉄は熱いうちに、打て［好機を逃すな］。
　　Strike **while** the iron is hot.

3　私は１８歳から、東京に住んでいます。
　　I have lived in Tokyo **since** I was eighteen.

4　私は１８歳まで、京都に住んでいました。
　　I had lived in Kyoto **until** I was eighteen.

5　雨が降っていたので、テニスはできませんでした。
　　We couldn't play tennis **because** it was raining.

6　私の知る限りでは、彼女は上手な英語を話します。
　　As far as I know, she speaks good English.

7　もし明日雨が降ったら、私は（出かけずに）家にいます。
　　I will stay home **if** it rains tomorrow.

8　たとえ土砂降りでも、行かなければいけない。
　　I have to go **even if** it rains cats and dogs.

9　全力を尽くしたけれど、試合に負けてしまいました。
　　Though I did my best, I lost the game.

* when は「特定の時」を表す副詞節をつくる

* while は「特定の期間」を表す副詞節をつくる

* since は動作の起点を表す
　until は動作の終点を表す

* 主節と従属節の位置は入れ替えることができる
　Because it was raining, we couldn't play tennis.
　cf. 前置詞句 because of the rain 「雨のせいで」

* 範囲　cf. as long as〜「条件」
　"I don't care who you are, where you're from, what you did, **as long as** you love me."　〜 Backstreet Boys 〜

* 条件・時を表す副詞節（if／when など＋主語＋動詞）
　誤　の中では未来のことでも現在形で表す
　I will stay home if it ×will rain tomorrow.
　it rains cats and dogs 「土砂降りになる（大雨が降る）」
　① 猫と犬を一緒にすると大暴れして収拾つかなくなる様子
　② 猫が大雨・犬が強風を招くという迷信など由来に諸説有

* Although は書き言葉で文頭で使われることが多い
　≒ I did my best, 等位接続詞 **but** I lost the game.

Worksheet 081

従属接続詞 … 節と節を [　　　　　　　　　　　] 接続する

○● イメージ　↑自走可　↑自走不可

The game was canceled | because | it was raining.
主節　　　　　　　　　　　　従属節

副詞節を導く従属接続詞

[　　　]	「～する時」	[　　　]	「～する前」
[　　　]	「～している間」	[　　　]	「～した後」
[　　　]	「～するまで」	[　　　]	「～以来／～から」
[　／　／　]	「～なので」	[　　　]	「～するにつれて／～するように」
[　…　／　]	「～するとすぐに …」		
[　　　]	「～する限り」　※範囲／条件		
[　　[　　]　]	「もし～なら」		
[　　[　　]　]	「たとえ～だとしても」		
	「～だけれども」		

【英作文】

1　停電した時、私は映画を観ているところでした。

_____

2　鉄は熱いうちに、打て。　※好機を逃すな

_____

3　私は１８歳から、東京に住んでいます。

_____

4　私は１８歳まで、京都に住んでいました。

_____

5　雨が降っていたので、テニスはできませんでした。

_____

6　私の知る限りでは、彼女は上手な英語を話します。

_____

7　もし明日雨が降ったら、私は（出かけずに）家にいます。

_____

8　たとえ土砂降りでも、行かなければいけない。

_____

9　全力を尽くしたけれど、試合に負けてしまいました。

_____

082 否定文 ① Negative Sentences

英語では文の内容を否定するときは（述語）動詞を **not** で否定する

be 動詞 ／ 助動詞　→　後に **not** をつける

主語	be 動詞				主語	助動詞	
I	am		from Tokyo.		I	can	speak Spanish.
I	am	not	from Tokyo.		I	can　not	speak Spanish.
I	was		born in Tokyo.		I	could	speak Spanish when I was young.
I	was	not	born in Tokyo.		I	could　not	speak Spanish when I was young.

一般動詞　→　前に **do [does] not ／ did not** をつけて動詞を原形にする

主語		一般動詞			主語		一般動詞
I		live	in Tokyo.		He		lives in Tokyo.
I	do　not	live	in Tokyo.		He	does　not	live in Tokyo.
I		lived	in Tokyo.		He		lived in Tokyo.
I	did　not	live	in Tokyo.		He	did　not	live in Tokyo.

【例文】

1　私は香辛料の効いた料理が好きではありません。
　　I **do not** like spicy food.
　　I am **not** fond of spicy food.
　　I am **not** a big fan of spicy food.

2　私は英語を話すのが得意ではありませんでした。
　　I **could not** speak English well.
　　I was **not** good at speaking English.
　　I was **not** a good speaker of English.

3　彼女はパソコンを使えません。
　　She **cannot** use a computer.
　　She **does not** know how to use a computer.
　　She is **not** able to use a computer.
　　She is **unable** to use a computer.

4　私はそのクラブの会員ではありません。
　　I **do not** belong to the club.
　　I am **not** a member of the club.

5　その犬は私のではありません。
　　The dog **does not** belong to me.
　　The dog is **not** mine.

＊ 否定文の形
　一般動詞　→　主語 ＋ do **not** [don't] ＋ 動詞原形
　be 動詞　→　主語 ＋ be 動詞 ＋ **not** ＋ 形容詞／名詞

　　be fond of（〜ing）「〜（すること）を愛好している」
　　be not a big fan of 〜「〜が特別好きというわけでない」

　助動詞　→　主語 ＋ 助動詞 ＋ **not** ＋ 動詞原形
　be 動詞　→　主語 ＋ be 動詞 ＋ **not** ＋ 形容詞／名詞

　　be good at（〜ing）「〜（すること）が得意だ」
　　　good at speaking 〜　　≒ good speaker of 〜
　　　good at playing soccer　≒ good soccer player
　　　good at playing the piano ≒ good pianist
　　　good at cooking　　　　≒ good cook

　疑問詞 ＋ 不定詞
　　how to 〜「〜の仕方（どうやって〜するか）」

　　　be　able to 〜「〜することができる」
　　　be unable to 〜「〜することができない」

　一般動詞　belong to 〜「〜に所属する」
　be 動詞　be a member of 〜「〜の一員である」

　　I belong to the Department of Asian Languages.
　≒ I am a student of the Department of Asian Languages.

　＜動詞＞ belong to 「〜に所属している」は進行形にしない
　　　I am ×belonging to a dance club. とするのは誤り
　cf. ＜名詞＞ belongings 「所有物、所持品」

Worksheet 082

英語では文の内容を否定するときは（述語）動詞を **not** で否定する

be 動詞／助動詞　→　後に **not** をつける

主語	be動詞			主語	助動詞	
I	am	from Tokyo.		I	can	speak Spanish.
I	[	]	from Tokyo.		I	[	]	speak Spanish.
I	was	born in Tokyo.		I	could	speak Spanish when I was young.
I	[	]	born in Tokyo.		I	[	]	speak Spanish when I was young.

一般動詞　→　前に **do [does] not ／ did not** をつけて動詞を原形にする

主語	一般動詞			主語	一般動詞	
I		live in Tokyo.		He		lives in Tokyo.
I	[	]	live in Tokyo.		He	[	]	live in Tokyo.
I		lived in Tokyo.		He		lived in Tokyo.
I	[	]	live in Tokyo.		He	[	]	live in Tokyo.

【英作文】

1　私は香辛料の効いた料理が好きではありません。

2　私は英語を話すのが得意ではありませんでした。

3　彼女はパソコンを使えません。

4　私はそのクラブの会員ではありません。

5　その犬は私のではありません。

083 否定文 ② Negative Sentences

否定語の位置 … 英語の文では **not** を置く位置によって否定する内容が変わる

不定詞句

	述語動詞		不定詞句		
I	tried		to speak to him.	私は彼に 話しかけようとした。
I	tried	not	to speak to him.	話しかけないように した。
cf. I	didn't	try	to speak to him.	話しかけようと しなかった。

He	told	me		to open the box.	彼は私に箱を 開けるように言った。
He	told	me	not	to open the box.	開けないように 言った。
cf. He	didn't	tell	me	to open the box.	開けるように 言わなかった。

【例文】

1　私はその嫌な夢のことは考えないようにしました。
　　I tried **not** to think about the nightmare.

2　私は彼らに騒がしくしないように言いました。
　　I told them **not** to be noisy.

3　私のことを許してくれなんて言いません。
　　I'm **not** asking you to forgive me.

＊「不定詞句」の否定と「述語動詞」の否定
　　not → 不定詞句　to think about the nightmare／to be noisy
　否定語の位置によって 意味が変わってしまうので注意
　　cf. 述語動詞 の否定　I **didn't tell** them to be noisy.
　　　　「騒がしくするように言わなかった。」
　　not → 述語動詞　am asking　　forgive「〜を許す」
　　cf. 不定詞句 の否定　I'm asking you **not to forgive** me.
　　　　「私を許さないようにお願いします。」

that 節

	述語動詞	that 節			
I	think	(that)	it is		a good idea.	それは よい案だと思う。

①
| I | think | (that) | it is | not | a good idea. | よい案 ではないと思う。 |

　　≒「よくない（悪い案）」というニュアンス
　　※ I think (that) + 否定文 の形は「〜ではないと思う」と断定的な判断を表すことが多い

②
| I | don't | think | (that) | it is | a good idea. | よい案 だとは思わない。 |

　　≒「よい案の条件を満たさない（ふつうの案）」というニュアンス
　　※ I don't think (that) + 肯定文 の形のように
　　　「〜だとは思わない」と直接的な否定を避ける言い方として会話では好まれることが多い

【例文】

4　私はそれが難しいとは思いません。
　　I **don't think** (that) it is difficult.

5　私は「ベジマイト」が美味しいとは思いませんでした。
　　I **didn't think** "vegemite" was delicious.

6　明日、雨が降らないことを願っています。
　　I **hope** (that) it will **not** rain tomorrow.

＊ 述語動詞の否定（文全体の否定）
　英語の語順
　　聞き手としては先に I **don't** think（思わない）と聞いた時点で
　　話し手が続く that 節で取り上げる内容について「否定的な意見」
　　を持っているのだと頭に置きながら聞いていく
　（話し手の考え：it ≠ difficult ・ vegemite ≠ delicious）
　　「難しくない」・「美味しくない」と直接的な否定はしていない

＊ that 節の否定
　　hope は that 節を否定する形のみで
　　I ×don't hope (that) のように述語動詞を否定する形にしない

Worksheet 083

否定語の位置 … 英語の文では **not** を置く位置によって否定する内容が変わる

不定詞句

	述語動詞		不定詞句		
I	tried		to speak	to him.	私は彼に 話しかけようとした。
I	tried	☐	to speak	to him.	＿＿＿＿＿＿＿＿した。
cf. I	☐ try		to speak	to him.	話しかけようと しなかった。

He	told	me		to open	the box.	彼は私に箱を 開けるように言った。
He	told	me	☐	to open	the box.	＿＿＿＿＿＿＿＿言った。
cf. He	☐ tell	me		to open	the box.	開けるように 言わなかった。

【英作文】

1　私はその嫌な夢のことは考えないようにしました。

＿＿＿＿＿＿＿＿＿＿＿＿＿＿＿＿＿＿＿＿＿＿＿＿＿＿＿＿＿＿

2　私は彼らに騒がしくしないように言いました。

＿＿＿＿＿＿＿＿＿＿＿＿＿＿＿＿＿＿＿＿＿＿＿＿＿＿＿＿＿＿

3　私のことを許してくれなんて言いません。

＿＿＿＿＿＿＿＿＿＿＿＿＿＿＿＿＿＿＿＿＿＿＿＿＿＿＿＿＿＿

that 節

	述語動詞	that 節			
I	think	(that) it is		a good idea.	それは よい案だと思う。

①
| I | think | (that) it is | ☐ | a good idea. | よい案＿＿＿＿＿ |

　≒「よくない（悪い案）」というニュアンス
　※ I think (that) ＋ 否定文 の形は「〜ではないと思う」と断定的な判断を表すことが多い

②
| I | ☐ think | (that) it is | | a good idea. | よい案＿＿＿＿＿ |

　≒「よい案の条件を満たさない（ふつうの案）」というニュアンス
　※ I don't think (that) ＋ 肯定文 の形のように
　　「〜だとは思わない」と直接的な否定を避ける言い方として会話では好まれることが多い

【英作文】

4　私はそれが難しいとは思いません。

＿＿＿＿＿＿＿＿＿＿＿＿＿＿＿＿＿＿＿＿＿＿＿＿＿＿＿＿＿＿

5　私は「ベジマイト」が美味しいとは思いませんでした。

＿＿＿＿＿＿＿＿＿＿＿＿＿＿＿＿＿＿＿＿＿＿＿＿＿＿＿＿＿＿

6　明日、雨が降らないことを願っています。

＿＿＿＿＿＿＿＿＿＿＿＿＿＿＿＿＿＿＿＿＿＿＿＿＿＿＿＿＿＿

084 否定文 ③ — Negative Sentences

否定語

not	「 ～ない 」	文（述語動詞）や節・語句の内容を否定
no	「 決して ～ない 」 「 まったく ～ない 」	名詞（補語）の前に置いてその意味を強く否定 ※ 結果その名詞の逆の意味を表すこともある
never	「 決して ～ない 」 「 いつであろうと ～ない 」	文（述語動詞）や語句の内容を否定

【例文】

1　全然わかりません。
　　I have **no** idea.

2　これは決して簡単な仕事などではありません。
　　This is **no** easy job.

3　これは簡単な仕事ではありません。
　　This is **not** an easy job.

4　彼女はいつも［いつ会いに行っても］家にいません。
　　She is **never** at home.

5　彼女は今、家にいません。
　　She is **not** at home now.

＊ no／not の使い分け
　　no … 「まったく～ない」という 強い否定 の意味を表す
　　　　　　　　　　　　　　　　≒ I **don't** have **any** idea.
　　　強く否定することで
　　　「むしろその逆だ」という意味を含ませる
　　　　　　　no easy job ≒ a **very difficult** job

　　not … 単に否定しているだけであって必ずしも
　　　　　not an **easy** job は a **difficult** job とは限らない

＊ never／not の使い分け
　　never ← **n**o**t ever**　「いつでも～ない」の意味
　　否定の状態が続いている ことを表すため「今はいない」
　　のように一時的な状態や一度だけの事を表すのには使わない
　　　　　誤　She is never at home ✕ now.

準否定語

<数量>	few	＋ 複数形の名詞	「（数が）ほとんど～ない」
	little	＋ 数えられない名詞	「（量が）ほとんど～ない」
<程度>	hardly	「ほとんど～ない」	
	scarcely	≒ barely　「かろうじて～」	
<頻度>	rarely	「めったに～ない」「たまにしか～ない」	
	hardly ever	≒ seldom　（ややフォーマルな表現）	

※ 形容詞②
※ 副詞④

【例文】

6　残された時間はほとんどありません。
　　We have **little** time left.

7　私は昨夜ほとんど［よく］眠れませんでした。
　　I could **hardly** sleep last night.

8　私は6時間以上眠ることはほとんどありません。
　　I **hardly ever** sleep more than six hours.

＊ little は数えられない名詞の量について
　　（few は数えられる名詞の数）
　「ほとんどない」という否定的な意味を表す

＊ 低い程度を表す副詞
　　≒ I could **not** sleep **well** last night.

＊ 低い頻度を表す副詞句
　　I hardly ever use "rarely."
　　"really" との発音区別に注意

私見では **hardly ever** が
英語が母語でない話者間では
1番言いやすく聞き取りやすい

Worksheet 084

否定語

☐	「 ～ない 」	文（述語動詞）や節・語句の内容を否定
☐	「 決して ～ない 」 「 まったく ～ない 」	名詞（補語）の前に置いてその意味を強く否定 ※ 結果その名詞の逆の意味を表すこともある
☐	「 決して ～ない 」 「 いつであろうと ～ない 」	文（述語動詞）や語句の内容を否定

【英作文】

1　全然わかりません。
_____

2　これは決して簡単な仕事などではありません。
_____

3　これは簡単な仕事ではありません。
_____

4　彼女はいつも［いつ会いに行っても］家にいません。
_____

5　彼女は今、家にいません。
_____

準否定語

<数量>	☐	+ 複数形の名詞　　「（数が）ほとんど～ない」	※ **形容詞** その2
	☐	+ 数えられない名詞　「（量が）ほとんど～ない」	
<程度>	☐	「ほとんど～ない」	※ **副詞** その4
	☐	≒ barely 「かろうじて～」	
<頻度>	☐	「めったに～ない」「たまにしか～ない」	
	☐	≒ seldom （ややフォーマルな表現）	

【英作文】

6　残された時間はほとんどありません。
_____

7　私は昨夜ほとんど［よく］眠れませんでした。
_____

8　私は6時間以上眠ることはほとんどありません。
_____

085 否定文 ④　　　Negative Sentences

二重否定

It is not impossible to ~	「 ~ することは不可能ではない 」
It is not unusual to ~	「 ~ することは異常なことではない、珍しいことではない 」
never fail to ~	「 必ず ~ する（ ~ しそこなうことは決してない）」
never … without (~ing)	「 ~ すれば必ず … する（ ~ することなしで … しない）」
nothing but ~	「 ~ に他ならない、~ にすぎない、~ そのものだ 」

【例文】

1　GPA 4.0 を取ることは不可能ではありません。
　　It is **not impossible** to get a 4.0 GPA.

2　3月に雪が降ることは異例なことではありません。
　　It is **not unusual** to have snow in March.

3　彼は約束を必ず守ります。
　　He **never fails to** keep his word.

4　彼らは会うと必ずケンカ［口げんか］になります。
　　They **never** meet **without** quarreling.

5　それは言い訳にすぎない。
　　It is **nothing but** an excuse.

＊二重否定　「マイナス × マイナス ≒ プラス」のイメージ
　　　impossible　（不可能）　unusual （異常）の否定語を
　　　さらに **not** で否定「ではない」としている

　　単に possible（可能）usual（通常）　　GPA＝成績平均値
　　と表すのと同じ意味にはならない　　　　Grade Point Average

強い否定 never 「 ~ どころか反対だ」という意味を含む

　　約束を守ることを　しそこなうことは　決してない　→　必ず守る
　　　　　　fail to ~　　　　　　　　　　　never

　　言い争いを　しないで会うことは　決してない　→　必ず争う
　　　　　　without ~ing　　　　　　　never

but 「 ~ を除いて、~ の他には 」

　　言い訳 以外の 何ものでもない　→　まさに言い訳だ
　　　　　　but　　　　nothing

部分否定

not always [necessarily]	「 いつも［必ずしも］~ するとは限らない 」
not all	「 すべてが ~ というわけではない 」
not everything／everyone	「 全部／全員が ~ というわけではない 」
not both	「 両方とも ~ というわけではない 」

【例文】

6　私はいつも朝ご飯を食べるわけではない。
　　I do**n't always** eat breakfast.

7　すべての学生が試験に合格したわけではなかった。
　　Not all of the students passed the exam.

8　誰もがプロのスポーツ選手になれるわけではない。
　　Not everyone can be a professional athlete.

9　彼もパソコンについて何でも知っているわけではない。
　　He does**n't** know **everything** about computers.

10　そうとは限りませんよ。（必ずしも真実ではありません）。
　　Not necessarily.（That is **not necessarily** true.）

＊部分否定
　　解釈　×　「いつも食べない（ **never** eat ）」
　　　　→　「たいてい食べるが食べないときもたまにある」

cf.　全否定　none of ~ 「すべて ~ でない」
　　None of the students passed the exam.

cf.　全否定　no one [nobody] 「誰も ~ ない」
　　No one [Nobody] can be a professional athlete.

cf.　全否定　nothing [not anything] 「全部 ~ ない」
　　He knows **nothing** about computers.
　　He doesn't know **anything** about computers.

相手の言ったことに対する部分的な否定
cf.　全否定　That is not true. 「真実ではありません。」
cf.　形容詞　It's not necessary. 「必要ではありません。」

Worksheet 085

二重否定

「 ～ することは不可能ではない 」
「 ～ することは異常なことではない、珍しいことではない 」
「 必ず ～ する (～ しそこなうことは決してない) 」
「 ～ すれば必ず … する (～ することなしで … しない) 」
「 ～ に他ならない、～ にすぎない、～ そのものだ 」

【英作文】

1　GPA 4.0 を取ることは不可能ではありません。

2　3月に雪が降ることは異例なことではありません。

3　彼は約束を必ず守ります。

4　彼らは会うと必ずケンカ［口げんか］になります。

5　それは言い訳にすぎない。

部分否定

「 いつも［必ずしも］ ～ するとは限らない 」
「 すべてが ～ というわけではない 」
「 全部／全員が ～ というわけではない 」
「 両方とも ～ というわけではない 」

【英作文】

6　私はいつも朝ご飯を食べるわけではない。

7　すべての学生が試験に合格したわけではなかった。

8　誰もがプロのスポーツ選手になれるわけではない。

9　彼もパソコンについて何でも知っているわけではない。

10　そうとは限りませんよ。（必ずしも真実ではありません）。

086 否定文 ⑤　　　　　　　　　　　　　　Negative Sentences

否定の慣用表現

表現	意味	参照
cannot help (~ing)	「～せずにはいられない、つい～してしまう」	動名詞③
cannot ～ too …	「いくら～しても…すぎることはない」	助動詞⑥
the last … to ～	「決して～しない、最も～しそうにない…だ」	比較⑧
too ～ to …	「あまりに～なので…できない」	不定詞⑦
no longer ～	「もはや～ない」	比較⑤
no way	「決して～ない」/「絶対ダメ！嫌！そんなわけがない！」	
fail to ～	「～しそこなう、～しそびれる」	
far from ～	「決して～ない（～からほど遠い）（～どころではない）」	
free from ～	「～がない（～から自由だ）」※好ましくないもの	
had hardly ～ ※過去完了形 when [before] … ※過去形	「～するとすぐに（～するかしないかのうちに）…した」（…した時、ほとんど～していない状況だった）	
it is not long before ～	「間もなく～する」	
not ～ until …	「…するまで～しない、…してはじめて～する」	

【例文】

1　（それは）仕方がない。／（私には）どうしようもない。
　　It can't be helped. ／ **I can't help it.**

＊ cannot help (~ing)
　　↑自分でコントロールができない事・行為
　　"I can't help **fall**ing in love with you." ～ Elvis Presley ～

2　彼は決して約束を破るような人ではありません。
　　He is **the last** person **to** break his promise.

＊ 約束を破る人を順に並べたとしたら
　　彼はその列の「最後の」人＝1番約束を破らなそうな人

3　いくらなんでも彼に勝つなんて無理です。
　　There is **no way** I can beat him.

＊ There is no way 主語 can ～「（主語に）できっこない」
　　"No Way !" は会話の様々な場面で使われるスラング
　　「絶対にイヤ・無理・あり得ない・まさか・すごい！」

4　私は約束を守れませんでした。
　　I **failed to** keep my word [promise].

＊ fail to ～ 「～することに失敗する」
　　↑計画していたことや本来ならばすべきこと

5　全然大丈夫じゃないよ！（困っています）。
　　I am **far from** OK !（I'm in trouble.）

＊ 強い否定のnoと同様「～どころか反対だ」の意味を表す
　　"far from perfect"「ひどい出来（完璧からほど遠い）」

6　この村には大気汚染がありません。
　　This village is **free from** air pollution.

＊ free from　好ましくないもの
　　例　danger（危険）・pain（苦痛）・hunger（飢餓）
　　　　stress（ストレス）・anxiety（不安）・strain（緊張）

7　その電話はほとんど使いもしないうちに壊れました。
　　I **had hardly** used the phone **before** it broke.

＊ when／before it broke （それが壊れたとき）
　　I had hardly used it （ほとんど使っていなかった）

8　間もなく春が訪れるでしょう。
　　It won't be long before spring comes.

＊ before spring comes （春が来る前に）
　　it won't be long （長い時間はないだろう）

9　あなたにおしえてもらってはじめてその事を知りました。
　　I did**n't** know about it **until** you told me.

＊ until you told me （あなたがおしえてくれるまで）
　　I didn't know about it （私は知らなかった）

Worksheet 086

否定の慣用表現

（ ～ing ）	「 ～ せずにはいられない、つい ～ してしまう 」	動名詞③
	「 いくら ～ しても … すぎることはない 」	助動詞⑥
	「 決して ～ しない、最も ～ しそうにない … だ 」	比較⑧
	「 あまりに ～ なので … できない 」	不定詞⑦
	「 もはや ～ ない 」	比較⑤
	「 決して ～ ない 」／「 絶対ダメ！嫌！そんなわけがない！」	
	「 ～ しそこなう、～ しそびれる 」	
	「 決して ～ ない（ ～ からほど遠い ）（ ～ どころではない ）」	
	「 ～ がない（ ～ から自由 だ ）」※好ましくないもの	
※ 過去完了形　　※ 過去形	「 ～ するとすぐに（ ～ するかしないかのうちに ）… した 」（ … した時、ほとんど ～ していない状況だった ）	
	「 間もなく ～ する 」	
	「 … するまで ～ しない、… してはじめて ～ する 」	

【英作文】

1　（それは）仕方がない。／（私には）どうしようもない。

2　彼は決して約束を破るような人ではありません。

3　いくらなんでも彼に勝つなんて無理です。

4　私は約束を守れませんでした。

5　全然大丈夫じゃないよ！（困っています）。

6　この村には大気汚染がありません。

7　その電話はほとんど使いもしないうちに壊れました。

8　間もなく春が訪れるでしょう。

9　あなたにおしえてもらってはじめてその事を知りました。

087 疑問文 ①　　　Interrogative Sentences

英語では相手に何かを尋ねるときは　|文の最初|　で「疑問文」であることを示す

be 動詞／助動詞　→　主語の前に置きなおして．（ピリオド）を？（クエスチョンマーク）にする

	主語	be 動詞				主語	助動詞	
	He	is	from Seoul.			I	can	speak English.
Is	he		from Seoul?		Can	you		speak English?
	He	was	born in Seoul.			I	could	speak English when I was little.
Was	he		born in Seoul?		Could	you		speak English when you were little?

一般動詞　→　前に do [does] ／ did をつけて動詞を原形にし．を？にする

	主語	一般動詞				主語	一般動詞	
	I	live	in Tokyo.			He	lives	in Tokyo.
Do	you	live	in Tokyo?		Does	he	live	in Tokyo?
	I	lived	in Tokyo.			He	lived	in Tokyo.
Did	you	live	in Tokyo?		Did	he	live	in Tokyo?

【例文】

1　あなたはその計画に賛成ですか反対ですか。
　　Are you for or against the plan?
　　Do you **agree** or **disagree** with the plan?

2　ケガはありませんか。／ケガしませんでしたか。
　　Are you hurt?　／　**Did** you **get** hurt?

3　分かりますか［理解できていますか］。
　　Are you with me?

4　あなたはそのリスク［危険性］を認識していますか。
　　Are you aware of the risk?

5　あなたは前回ここに来ていましたか。
　　Were you here last time?

6　マニュアル［MT］車を運転できますか。
　　Can you drive a manual transmission?

7　それは後にしてもらっていいですか。
　　Can it wait?

8　楽しい時間を過ごせましたか。
　　Did you **have** a good time?

9　それは税込みですか。
　　Does it include tax?

＊ be 動詞の疑問文／一般動詞の疑問文
　　I am for　　　／I　agree with the plan.　「賛成です。」
　　I am against／I disagree with the plan.　「反対です。」
　　cf. agree to ～「（相手の提示する条件など）に合意する」

＊ be 動詞 ＜現在形＞（事故を目にした場面などで）現状を尋ねる
　　一般動詞 ＜過去形＞ 過去に起こったことについて尋ねる

＊ 説明している内容について相手がついてきているかの確認
　　≒ Do you understand?／Did you get the picture?／Got it?

　　be aware of ～ 「～に気づいている、認識している」
　　be well [fully] aware of ～ 「～を十分承知している」

＊ be 動詞の過去形　　am・is ／ are
　　　　　　　　　　　→ was　→ were

＊ can　　　← 身に備わった能力
　　be able to　 一時的な能力（今することが可能な状態かどうか）
　　　≒ Do you know how to drive a manual transmission?
　　手が離せない状況で相手から何か頼み事をされたときなど
　　「それ今じゃなきゃダメ？後でいいでしょ？」といったニュアンス

＊ 一般動詞　Do [Does] ／ Did を前において動詞を原形にする
　　　≒ Did you have fun? ／ Did you enjoy yourself?

　　include 「（全体の一部として）～を含む」
　　　例　The price includes consumption [sales] tax.
　　　　　Breakfast is included in the room rate.

Worksheet 087

英語では相手に何かを尋ねるときは　|文の最初|　で「疑問文」であることを示す

be動詞／助動詞　→　主語の前に置きなおして．（ピリオド）を？（クエスチョンマーク）にする

```
        主語   be動詞                        主語   助動詞
        He    is   from Seoul.              I    can   speak English.
|Is|    he         from Seoul?      |Can|   you        speak English?

        He    was  born in Seoul.           I    could speak English when I was little.
|Was|   he         born in Seoul?   |Could| you        speak English when you were little?
```

一般動詞　→　前に **do [does]** ／ **did** をつけて動詞を原形にし．を？にする

```
        主語   一般動詞                       主語   一般動詞
        I     live  in Tokyo.                He   lives in Tokyo.
|Do|    you   live  in Tokyo?       |Does|   he   live  in Tokyo?

        I     lived in Tokyo.                He   lived in Tokyo.
|Did|   you   live  in Tokyo?       |Did|    he   live  in Tokyo?
```

【英作文】

1　あなたはその計画に賛成ですか反対ですか。
___

2　ケガはありませんか。／ケガしませんでしたか。
___

3　分かりますか（理解できていますか）。
___

4　あなたはそのリスク［危険性］を認識していますか。
___

5　あなたは前回ここに来ていましたか。
___

6　マニュアル［MT］車を運転できますか。
___

7　それは後にしてもらっていいですか。
___

8　楽しい時間を過ごせましたか。
___

9　それは税込みですか。
___

088 疑問文 ② — Interrogative Sentences

疑問詞を使う疑問文

疑問代名詞	who	what	which	whose	「誰のもの？」
疑問副詞	when	where	how	why	How come

疑問詞	what	which	whose	+ 名詞

【例文】

1　誰がX線を発見したのですか。
　　Who discovered X-rays?

2　あなたのお手本としている人は誰ですか。
　　Who is your role model?

3　あなたの専攻は何ですか。
　　What is your major?

4　どちらがあなたの傘ですか。
　　Which is your umbrella?

5　誰を一番尊敬していますか。
　　Who do you respect the most?

6　お仕事は何をされていますか。
　　What do you do (for a living)?

7　犬と猫のどちらが好きですか [どちらを好むか]。
　　Which do you prefer, dogs or cats?

8　いつ出発するのですか。
　　When are you leaving?

9　どこでこの靴を買ったのですか。
　　Where did you buy these shoes?

10　どうやってそこまで行ったらいいですか。
　　How do I get there?

11　どうして遅れて来たのですか。
　　Why did you come late?
　　How come you came late?

12　今日は何曜日ですか。
　　What day is it today?

13　どの季節が好きですか。
　　Which season do you like?

14　これは誰の傘ですか。
　　Whose umbrella is this?

---

* 疑問詞 ＝ 主語
　一般動詞の文でも do [does] ／did を使って疑問文にしない
　疑問詞の位置に答え（主語：Roentgen）が入る
　答えとなる情報は疑問詞（＝ 主語）の位置に入る
　(　) is my role model.　　role model「模範となる人」

専攻の例
My major is ＿．　Linguistics 言語学・Sociology 社会学
　　　　　　　　　Chinese Language & Culture 中国語中国文化

「疑問詞＋名詞」の形でも同様の意味を表すことができる
　≒ **Which umbrella** is yours?
　　「どちらの傘があなたの（もの）ですか。」

* 疑問詞 ＝ 目的語
　答えとなる情報は目的語の位置に入る　I respect (　).

≒ What line of business are you in?　職種を尋ねる表現

I'm (a) ＿　例：bank clerk 銀行員・freelancer フリーで働く人
　　　　　public worker 公務員・self-employed worker 自営業

選択疑問文
≒ Which do you like better, dogs or cats?

* 疑問詞 ← 副詞
　疑問副詞 when が動詞 leave を修飾している

* 疑問詞 ＋ 疑問文
　　When／How／Why ＋ did you buy these shoes?

* 方法を尋ねる表現　「どうやって」
　cf. **What** do you call ～ in English?
　　　× How　「英語で～を何て言いますか。」

* 理由を尋ねる表現
　　　　　　　　　does／did を使って疑問文にしないため
　　　　　　　　　3人称・単数・現在の s／過去形に注意
　How come ＋ 主語 ＋ 動詞
　　他の疑問詞と違って後を疑問文の語順にしない

* 「曜日」
　cf.「日付」**What is the date** today?「今日は何日ですか。」

* which はいくつかあるものの中から（四季など選択肢を意識して）
　「どの～」と尋ねるときに使う　cf. **What color**「何色」

* whose を疑問代名詞として使って同様の意味を表すこともできる
　≒ **Whose** is this umbrella?「この傘は誰の（もの）ですか。」

Worksheet 088

疑問詞を使う疑問文

| 疑問代名詞 | who | what | which | | 「誰のもの？」 |
| 疑問副詞 | when | where | how | why | |

| 疑問詞 | what | which | | + 名詞 |

【英作文】

1　誰がX線を発見したのですか。

2　あなたのお手本としている人は誰ですか。

3　あなたの専攻は何ですか。

4　どちらがあなたの傘ですか。

5　誰を一番尊敬していますか。

6　お仕事は何をされていますか。

7　犬と猫のどちらが好きですか [どちらを好むか]。

8　いつ出発するのですか。

9　どこでこの靴を買ったのですか。

10　どうやってそこまで行ったらいいですか。

11　どうして遅れて来たのですか。

12　今日は何曜日ですか。

13　どの季節が好きですか。

14　これは誰の傘ですか。

089 疑問文 ③　　　Interrogative Sentences

疑問詞を使ったさまざまな会話表現

【例文】

1　私はいくら払ったらいいですか。
How much do I owe you?

2　費用はどれくらいかかりますか。
How much does it cost?

3　新大阪駅までの運賃はいくらですか。
What is the fare to Shin-Osaka Station**?**

4　距離はどれくらいありますか。
How far is it?

5　時間はどれくらいかかりますか。
How long does it take?

6　あなたはそのニュースについてどう思いますか。
What do you think about [of] the news**?**
How do you feel about the news**?**

7　誰と一緒に行ったのですか。
Who did you go with?

8　誰に投票するつもりですか。
Who are you going to vote for?

9　あなたは何のために英語を勉強しているのですか。
What do you study English **for?**

10　あなたのお姉さんはどんな感じの人ですか。
What is your sister **like?**

11　それは一体どういう意味ですか。
What is that supposed to mean?

12　何か用ですか。
What do you want?

13　タクシーを利用したらどうなの。
Why don't you take a taxi**?**

14　誰も気にしやしないよ。／誰にも分かりやしないよ。
Who cares**?**　　／**Who** knows**?**

15　どうしたらそんなことが言えるのですか。
How can you say that?

16　何てことを（するの）［よくもそんなことが...］。
How could you（do that）**?**

---

* 直訳　「私はあなたにいくらの借りがありますか。」
　　会計でまとめて払ってくれた人に申し出たり
　　受けたサービスの代金を尋ねたりする場面で使われる表現

* 具体的な内容を尋ねるときは to rent a room のように後に続ける
　　　　　　　　　　　　　　　（部屋を借りるのに）
　　cf.
　　　　How much is it?　「それはいくらですか。」

* 運賃 fare ／値段 price　　What's the price of the ticket?
　　答え方の例　It costs about 15,000 yen.

* 距離　How far + be 動詞　「（距離が）ある」
　　答え方の例　It is 500 kilometers（from Tokyo）.

* 時間　How long + 一般動詞 take　「（時間が）かかる」
　　答え方の例　It takes 2.5 hours by bullet train（to Osaka）.

* 考え・意見　例 I think it's good.／I don't think it's true.
　→ think　　　A big news.／It has little to do with us. など

　気持ち・感情　例 I'm excited about it.／I'm not surprised.
　→ feel　　　I'm happy.／I'm upset.／I don't care. など

* 疑問詞 ＝ 前置詞の目的語
　　go with ～　「～と行く」　　　With who?「誰と？」
　　vote for ～「～に投票する」　For who?「誰に？」
　　文法的には who ではなく目的格の whom が入るところだが
　　whom の使用例は形式ばった場面に限り会話ではかなり少ない

* What ... for ? の形で目的・理由を尋ねる
　≒ **Why** do you study English?　　For what?「何のために」

* What is 主語 like ? の形で人の容姿・性格
　　　　　　　　　　　　／物事の様子・性質を尋ねる
　　cf.
　　What does your sister like?「お姉さんは何が好きですか。」

* 相手の言ったことに反感を持ったときなどに問いただす表現
　　関連表現　What are you talking about?
　　　　　　　「一体何を言っているんですか、あなたは。」

* ストレートな表現でぞんざいな印象を与える可能性が高いため
　　使う相手・場面に注意　　cf.（How）may I help you?
　　　　　　　　　　　　　　　／What can I do for you?

* Why don't you ～?
　　カジュアルな提案の表現「～したらどう？」

* 修辞疑問文　疑問文の形をしていても相手に質問するためでなく
　　　　　　　自分の考えを強調するための表現法

　　誰が気にするのか　→　「誰も気にしないよ、構うもんか」
　　誰が分かるのか　　→　「誰にも分かりやしないって」
　　どうしたらそう言えるのか　→「言えるわけがないでしょ」
　　どうしたらそうできるのか　→「ありえないでしょ」

　　相手の言動に対する驚きや怒りなどの感情を表す
　　≒ How dare you（do that）?

Worksheet 089

疑問詞を使ったさまざまな会話表現

【英作文】

1　私はいくら払ったらいいですか。

2　費用はどれくらいかかりますか。

3　新大阪駅までの運賃はいくらですか。

4　距離はどれくらいありますか。

5　時間はどれくらいかかりますか。

6　あなたはそのニュースについてどう思いますか。

7　誰と一緒に行ったのですか。

8　誰に投票するつもりですか。

9　あなたは何のために英語を勉強しているのですか。

10　あなたのお姉さんはどんな感じの人ですか。

11　それは一体どういう意味ですか。

12　何か用ですか。

13　タクシーを利用したらどうなの。

14　誰も気にしやしないよ。／誰にも分かりやしないよ。

15　どうしたらそんなことが言えるのですか。

16　何てことを（するの）［よくもそんなことが...］。

090 疑問文 ④ Interrogative Sentences

間接疑問

疑問文を他の文に組み込むと「文」ではなく「文の一部（節）」となるため
疑問文の語順ではなく　| 疑問詞 | ＋ | 主語 | ＋ | 動詞 |　とする

質問に Yes／No で答える動詞

主語 ＋ 述語動詞 ＋ | 疑問詞 | ＋ | 主語 | ＋ | 動詞 |

| 疑問詞 | ＋ | 動詞 |　※ 疑問詞が主語である疑問文

| if | ＋ | 主語 | ＋ | 動詞 |　※ 疑問詞のない疑問文

質問に Yes／No で答えない動詞　※ 他に believe・suppose など

| 疑問詞 | ＋ **do you think** ＋ | 主語 | ＋ | 動詞 |

【例文】

1　彼女はどこに住んでいるのですか。
　　　　　　　　Where does she live ?

＊ 疑問詞 ＋ 一般動詞の 疑問文
　　　　→ 節
　　　　［疑問詞 ＋ 主語 ＋ 動詞］
　I don't know | where | she lives.
疑問文ではなくなるので「肯定文の語順」

2　私は、彼女がどこに住んでいるのか知りません。
　　I don't know **where** she lives.

3　電話でどれだけ長く話すかは問題ではありません。
　　It doesn't matter **how long you talk** on the phone.

＊ オーストラリアの公衆電話料金（市内通話￠50）
　1度かけた後は通話の時間に応じて加算されて
　いかないため料金は10秒でも1時間でも同額
　（ちなみに ＄1 入れてもお釣りは出てこない）

間接疑問の節を
補語の位置に置くと内容が強調される

4　大切な点は、どれだけ頻繁に電話を使うかです。
　　The important point is **how often you use** the phone.

5　彼女に何があったのですか。
　　　　　　　　What happened to her ?

＊ 疑問詞 ＋ 一般動詞の 疑問文
　　（主語）　　→ 節
　　　　　　　［疑問詞 ＋ 動詞］
　I don't know | what | happened to her.
疑問文でなくなるので文のおわりは．（ピリオド）

6　私は、彼女に何があったのか知りません。
　　I don't know **what** happened to her.

7　彼は交換留学生ですか。
　　　　　　　　Is he an exchange student ?

＊ 疑問詞がない疑問文の間接疑問
　　　　　　→ 節　「〜かどうか」
　　　　　　［if ＋主語＋動詞］
　I'm not sure | if | he is 〜
　　≒ whether he is 〜 or not
　　　　「〜か、そうではないか」

8　私には、彼が交換留学生かどうかちょっとわかりません。
　　I'm not sure **if** he is an exchange student.

9　あなたは、彼女がどこに住んでいると思いますか。
　　Where do you think she lives ?

＊ Where does she live ? という疑問文に
　| do you think |　を組み込むときは
　　　　　　　　疑問詞の後に挿入する

10　何様のつもりですか［あなたは自分が誰だと思っていますか］。
　　Who do you think you are ?

間接疑問は文の一部（文ではなく節）であるため
疑問文の語順は肯定文の語順になる

→ 主語・動詞の位置（she lives／you are）
　動詞の形（**lives**）に注意　| do you think |

11　あなたは、どちらのチームが勝つと思いますか。
　　Which team do you think **will win** ?

主語（疑問詞＋名詞） Which team will win ?

Worksheet 090

間接疑問

疑問文を他の文に組み込むと「文」ではなく「文の一部（節）」となるため
疑問文の語順ではなく ☐ + ☐ + ☐ とする

質問に Yes／No で答える動詞

主語 + 述語動詞 + | 疑問詞 | + | ☐ | + | ☐ |
　　　　　　　　　| 疑問詞 | + | ☐ |　　　※ 疑問詞が主語である疑問文
　　　　　　　　　| ☐ | + | 主語 | + | 動詞 |　※ 疑問詞のない疑問文

質問に Yes／No で答えない動詞　　※ 他に believe・suppose など

☐ + **do you think** + ☐ + ☐

【英作文】

1　彼女はどこに住んでいるのですか。

_____

2　私は、彼女がどこに住んでいるのか知りません。

_____

3　電話でどれだけ長く話すかは問題ではありません。

_____

4　大切な点は、どれだけ頻繁に電話を使うかです。

_____

5　彼女に何があったのですか。

_____

6　私は、彼女に何があったのか知りません。

_____

7　彼は交換留学生ですか。

_____

8　私には、彼が交換留学生かどうかちょっとわかりません。

_____

9　あなたは、彼女がどこに住んでいると思いますか。

_____

10　何様のつもりですか [あなたは自分が誰だと思っていますか]。

_____

11　あなたは、どちらのチームが勝つと思いますか。

_____

— 181 —

091 付加疑問 ①　　　　　　　Tag - Questions

付加疑問

肯定文に　否定形　の付加疑問　／　否定文に　肯定形　の付加疑問　をつけることで
　　　　「 〜ですよね 」　　　　　　　　　「 〜ではないですよね 」

相手に　確認　をする　（ ↗ 上がり口調 ）
　　　　同意　を求める（ ↘ 下がり口調 ）意味を表す

be 動詞／助動詞 ← ,　be 動詞／助動詞 ＋ 文の主語を示す　代名詞

1
Sangjun is　　from Seoul.
Sangjun is　　from Seoul, **isn't** he ?
　　　　<肯定>　　　　　　　<否定>

2
Sangjun is not from Seoul.
Sangjun is not from Seoul, **is** he ?
　　　　<否定>　　　　　　　<肯定>

3
Sangjun can　　speak English.
Sangjun can　　speak English, **can't** he ?
　　　　<肯定>　　　　　　　<否定>

4
Sangjun cannot speak English.
Sangjun cannot speak English, **can** he ?
　　　　<否定>　　　　　　　<肯定>

一般動詞 ← ,　do [does]／did ＋ 文の主語を示す　代名詞

5
You　　know Sangjun.
You　　know Sangjun, **don't** you ?
　　　<肯定>　　　　　<否定>

6
You do not know Sangjun.
You do not know Sangjun, **do** you ?
　　　<否定>　　　　　　<肯定>

7
Sangjun　　lived in Seoul.
Sangjun　　lived in Seoul, **didn't** he ?
　　　<肯定>　　　　　　<否定>

8
Sangjun did not live in Seoul.
Sangjun did not live in Seoul, **did** he ?
　　　<否定>　　　　　　　<肯定>

現在完了 ← ,　have [has]／had ＋ 文の主語を示す　代名詞

9
You have visited Seoul.
You have visited Seoul, **haven't** you ?
　　<肯定>　　　　　　<否定>

10
You have never visited Seoul.
You have never visited Seoul, **have** you ?
　　<否定>　　　　　　　　<肯定>

命令文　動詞原形 … , **will you** ? ↗　　　**Let's** 動詞原形 … , **shall we** ? ↗

11
　　Give me a hand.
→ Give me a hand, **will** you ?

12
　　Let's take a break.
→ Let's take a break, **shall** we ?

Worksheet 091

付加疑問

肯定文に _____ の付加疑問 ／ 否定文に _____ の付加疑問 をつけることで
　　　「 〜ですよね 」　　　　　　　　　「 〜ではないですよね 」

　　相手に _____ をする　（ ↗ 上がり口調 ）
　　　　　　を求める　　（ ↘ 下がり口調 ）意味を表す

be動詞／助動詞 ←　, be動詞／助動詞 ＋ 文の主語を示す 代名詞

1　サンジュンはソウル出身ですよね。
Sangjun _____ from Seoul, _____ ?

2　サンジュンはソウル出身ではありませんよね。
Sangjun _____ from Seoul, _____ ?

3　サンジュンは英語を話せますよね。
Sangjun _____ speak English, _____ ?

4　サンジュンは英語を話せませんよね。
Sangjun _____ speak English, _____ ?

一般動詞 ←　, do [does]／did ＋ 文の主語を示す代名詞

5　あなたはサンジュンを知っていますよね。
You _____ know Sangjun, _____ ?

6　あなたはサンジュンを知りませんよね。
You do not know Sangjun, _____ ?

7　サンジュンはソウルに住んでいたんですよね。
Sangjun _____ lived in Seoul, _____ ?

8　サンジュンはソウルに住んでいませんでしたよね。
Sangjun did not live in Seoul, _____ ?

現在完了 ←　, have [has]／had ＋ 文の主語を示す代名詞

9　あなたはソウルを訪れたことがありますよね。
You have visited Seoul, _____ ?

10　あなたはソウルを訪れたことがありませんよね。
You have never visited Seoul, _____ ?

命令文

11　ちょっと手を貸してもらえますかね。
Give me a hand, _____ ?

12　ちょっと休憩をとりましょうよ。
Let's take a break, _____ ?

092　付加疑問 ②　　　　　　　　　　　　　　　　　Tag - Questions

付加疑問への答え方

日本語 → その 質問の内容 について	英語 → その 文の述語動詞 について
「はい」　≒　「その通りです」	"Yes"　≒　＜肯定＞
「いいえ」　≒　「そうではありません」	"No"　≒　＜否定＞

珈琲は好きではありませんよね。　　　　　　　You **don't** like coffee, do you?
　[珈琲は好きではないのですか。]　否定疑問　　　[**Don't** you like coffee?]

はい・(いいえ)　※ そんなことはありません、　　　(Yes)・No　※ Yes, I do. = I like coffee.
　　　　　　　　珈琲は好きです。

(はい)・いいえ　※ そうなんです、　　　　　　　　Yes・(No)　※ No, I don't. I don't like coffee.
　　　　　　　　珈琲は好きではないんです。

　　ポイント　聞かれた内容の通りかどうか　　　　　ポイント　like かどうか

英語では日本語のように「はい、そうではありません。」・「いいえ、そうです。」という答え方はしない
　　　　　× Yes, I don't.　　　　　× No, I do.

日本語と英語で答え方の違いを理解すること自体はさほど難しいことではないとしても
実際に会話の中で反射的に（相づちのように）Yes・No を間違えないで使えるようになるには練習が必要

傘は持ってこなかったでしょ？	You didn't bring your umbrella, **did you**?
(はい)・いいえ　← そう、傘持ってこなかったんだよね。 はい・(いいえ)　← そんなことないよ、持ってきたよ。 　※ 相手の言った内容の通りかどうか	Yes・(No)　← I didn't (bring my umbrella). (Yes)・No　← I did [I brought my umbrella]. 　※ brought かどうか

あなたは2年生ではありませんよね？	You are not a sophomore, **are you**?
はい・(いいえ)　← そうではありません、2年生です。 (はい)・いいえ　← そうです、2年生ではありません。 　※ 相手の言った内容の通りかどうか	(Yes)・No　← I am (a sophomore student). Yes・(No)　← I'm not (a sophomore student). 　※ am a sophomore かどうか

あなたは泳げないんでしたよね？	You cannot swim, **can you**?
(はい)・いいえ　← そうなんです、泳げないんです。 はい・(いいえ)　← そんなことありません、泳げますよ。 　※ 相手の言った内容の通りかどうか	Yes・(No)　← I can't (swim). (Yes)・No　← I can (swim). 　※ can swim かどうか

京都へは行ったことないんでしょ？	You have never been to Kyoto, **have you**?
はい・(いいえ)　← そんなことないよ、行ったことあるよ。 (はい)・いいえ　← そう、まだ行ったことないんだ。 　※ 相手の言った内容の通りかどうか	(Yes)・No　← I have (been to Kyoto). Yes・(No)　← I haven't (been to Kyoto). 　※ have been to Kyoto かどうか

Worksheet 092

付加疑問への答え方

日本語 → その [　　　　　] について	英語 → その [　　　　　] について
「はい」 ≒ 「　　　　　　　」	"Yes" ≒ <　　　　>
「いいえ」 ≒ 「　　　　　　　」	"No" ≒ <　　　　>

珈琲は好きではありませんよね。　　　　　　You **don't** like coffee, do you?
［珈琲は好きではないのですか。］否定疑問　　　　［ **Don't** you like coffee? ］

はい・いいえ	※ 珈琲は好きです。	Yes・No	※ I like coffee.
はい・いいえ	※ 珈琲は好きではないんです。	Yes・No	※ I don't like coffee.

ポイント [　　　　　　　　　　] 　　　　　　ポイント [　　　　　　　　　　]

英語では日本語のように「はい、そうではありません。」・「いいえ、そうです。」という答え方はしない
　　　× Yes, I don't.　　　　× No, I do.

下の４つの付加疑問の英文を書き、それに対する自分自身の答えをそれぞれ日本語と英語で選んでみましょう。
日本語の「はい」と英語の No／日本語の「いいえ」と英語の Yes という組み合わせになっていれば正解です。

1　傘は持ってこなかったでしょ？

　　_____

　　自分の答え （ はい ・ いいえ ）　　Your Answer: Yes ・ No

2　あなたは２年生ではありませんよね？

　　_____

　　自分の答え （ はい ・ いいえ ）　　Your Answer: Yes ・ No

3　あなたは泳げないんでしたよね？

　　_____

　　自分の答え （ はい ・ いいえ ）　　Your Answer: Yes ・ No

4　京都へは行ったことないんでしょ？

　　_____

　　自分の答え （ はい ・ いいえ ）　　Your Answer: Yes ・ No

— 185 —

093 話法 ① — Direct/Indirect Narration

話法 … 他の人が話したことをさらに他の人に伝える方法

┌ 直接話法 … そのまま「　」で

例　サムの台詞　「僕はサッカー選手になりたい。」　　間接話法 … 伝える人の視点 で言い換えて

→ 直接話法：サムは「僕はサッカー選手になりたい」と言っています。
　　Sam says "I want to be a soccer player."

→ 間接話法：サムは自分（彼）はサッカー選手になりたいと言っています。
　　Sam says (that) he wants to be a soccer player.

話法の転換　（直接話法 ⇄ 間接話法）

| 伝達動詞 ・ 時制 ・ 人称代名詞 ・ 指示語 ・ 修飾語句 | に表現上の違いが出る |

直接話法　　　　　　　　　　　　　　　間接話法

say (to 人), "平叙文"　（人に）「　」と言う　　　tell 人 (that) ~　　（人に）～と話す・伝える

say (to 人), "動詞原形 …"　＜命令文＞　　　　　tell 人 to ~　　　　「～するように言う」
　　　　　　 "Don't ~"　　＜否定の命令文＞　　tell 人 not to ~　　「～しないように言う」
　　　　　　 "Please ~"　　＜丁寧な命令文＞　　ask 人 to ~　　　　「～するように頼む」
　　　　　　 "Let's ~"　　　＜勧誘の文＞　　　 suggest that we ~　「～することを提案する」

say (to 人), "疑問詞のない疑問文"　　　　　　　ask 人 if ＋ 主語 ＋ 動詞　　「～か尋ねる」
　　　　　　 "疑問詞のある疑問文"　　　　　　　ask 人 疑問詞 ＋ 主語 ＋ 動詞　「～か尋ねる」

【例文】

1　サムは、私に「僕はサッカー選手になりたい」と言いました。
　　Sam **said to** me, "**I want** to be a soccer player."

2　サムは、私に自分［彼］はサッカー選手になりたいと話しました。
　　Sam **told** me (that) **he wanted** to be a soccer player.

3　先生は、私たちに図書館では静かにするように言いました。
　　Our teacher **told** us **to** be quiet in the library.

4　先生は、私たちに図書館では騒がしくしないように言いました。
　　Our teacher **told** us **not to** be noisy in the library.

5　妹は、私に大学構内を案内するようにお願いしてきました。
　　My sister **asked** me **to** show her around the campus.

6　私は、彼女に学食でランチを食べることを提案しました。
　　I **suggested** to her (that) **we** have lunch at the cafeteria.

7　私は、彼女に学食でランチを食べたいかどうか尋ねました。
　　I **asked** her **if** she wanted to have lunch at the cafeteria.

8　私は、サムにどれくらい日本に住んでいるか聞いてみました。
　　I **asked** Sam **how long** he had lived in Japan.

＊ 直接話法 ⇄ 間接話法
　伝える相手の視点で言い換える

　　伝達動詞　　said to me → told me
　　人称代名詞　I → he
　　時制　　　　want → wanted

＊ 直接話法
　Our teacher said to us,
　　"Be quiet in the library."
　　"Don't be noisy in the library."

My sister said to me,
　"Please show me around the campus."

I said to my sister,
　"Let's have lunch at the cafeteria."

　"Do you want to have lunch
　　　　　　　at the cafeteria?"

I said to Sam,
　"How long have you lived in Japan?"
　現在の状況を表す場合は he has lived

Worksheet 093

話法 … 他の人が話したことをさらに他の人に伝える方法
　　　　　　　　　　　　　　　　　　　　　　└ 直接話法 … そのまま「　」で
例　サムの台詞　「僕はサッカー選手になりたい。」　　間接話法 … [　　　] で言い換えて

→ 直接話法：サムは「僕はサッカー選手になりたい」と言っています。
　　　　　　Sam says "I want to be a soccer player."
→ 間接話法：サムは自分（彼）はサッカー選手になりたいと言っています。
　　　　　　Sam says (that) he wants to be a soccer player.

話法の転換（直接話法 ⇄ 間接話法）

| [　　] ・ 時制 ・ 人称代名詞 ・ 指示語 ・ 修飾語句 | に表現上の違いが出る |

直接話法

say (to 人), "平叙文"　（人に）「　」と言う

say (to 人), "動詞原形 …"　＜命令文＞
　　　　　　"Don't ～"　＜否定の命令文＞
　　　　　　"Please ～"　＜丁寧な命令文＞
　　　　　　"Let's ～"　＜勧誘の文＞

say (to 人), "疑問詞のない疑問文"
　　　　　　"疑問詞のある疑問文"

間接話法

tell 人 (that) ～　　（人に）～ と話す・伝える

[　　　　　　　　]　「～するように言う」
[　　　　　　　　]　「～しないように言う」
[　　　　　　　　]　「～するように頼む」
suggest that we ～　「～することを提案する」

　　　　　　　主語＋動詞　　「～か尋ねる」
ask 人　疑問詞＋主語＋動詞　「～か尋ねる」

【英作文】

1　サムは、私に「僕はサッカー選手になりたい」と言いました。
_____

2　サムは、私に自分［彼］はサッカー選手になりたいと話しました。
_____

3　先生は、私たちに図書館では静かにするように言いました。
_____

4　先生は、私たちに図書館では騒がしくしないように言いました。
_____

5　妹は、私に大学構内を案内するようにお願いしてきました。
_____

6　私は、彼女に学食でランチを食べることを提案しました。
_____

7　私は、彼女に学食でランチを食べたいかどうか尋ねました。
_____

8　私は、サムにどれくらい日本に住んでいるか聞いてみました。
_____

094 話法 ② — Direct/Indirect Narration

話法の転換　（直接話法 ⇌ 間接話法）

| 伝達動詞 | ・ | 時制 | ・ | 人称代名詞 | ・ | 指示語 | ・ | 修飾語句 | に表現上の違いが出る |

【例文】

時制　…「台詞」にある動詞と伝達動詞で一致させる

1. サムは、私に「僕は今すごく忙しいんだ」と言いました。
   Sam said to me, "**I am** very busy **now**."

2. サムは、私に彼はその時すごく忙しいと言っていました。
   Sam said to me (that) **he was** very busy **then**.

＊「伝える相手の視点」で言い換える
- 時制　　　　am → was
- 人称代名詞　I → he
- 修飾語句　now → then

人称代名詞　…伝える人の視点から見た主語・目的語に言い換える

3. サムは、私に「僕はカノジョとパーティーに行くところだ」と言いました。
   Sam **said to** me, "**I am** going to the party with **my** girlfriend."

4. サムは、私に（彼の）カノジョとパーティーに行くところだと話しました。
   Sam **told** me that **he was** going to the party with **his** girlfriend.

- 人称代名詞　I → he
- 　　　　　　my → his
- （間違えると状況が変わるので注意）
- 伝達動詞　said to → told
- 時制　　　am → was

指示語　…伝えている場面で指すものの有無による

5. サムは、私に「この車は君のものですか」と言ってきました。
   Sam **said to** me, "**Is this** car **yours**?"

6. サムは、私にあの車／この車が私のものかどうか尋ねてきました。
   Sam **asked** me　**if that** car／this car **was mine**.

- 指示語　this → that
- （指すものが現場にあれば this）
- 伝達動詞　said to → asked
- 間接疑問　疑問文 → if 節
- 時制　　is → was
- 所有代名詞　yours → mine

修飾語句　…時や場所を表す語句

7. サムは、私に「明日僕はアメリカに行くんだ」と言いました。
   Sam **said to** me, "**I am** going to the U.S. **tomorrow**."

8. サムは、私に次の日に彼はアメリカに行くと話していました。
   Sam **told** me that **he was** going to the U.S. **the next day**.

- 修飾語句　tomorrow
- 　　→ the next [following] day
- （昨日の「台詞」であれば today）
- 伝達動詞　said to → told
- 人称代名詞　I → he
- 時制　　　am → was

9. サムは、私に「僕はここで君を待っているよ」と言いました。
   Sam **said to** me, "**I will** wait for **you here**."

10. サムは、私に（彼は）そこで／ここで私を待っていると伝えました。
    Sam **told** me that **he would** wait for **me there**／here.

- 修飾語句　here → there
- （同じ場所での「台詞」なら here）
- 伝達動詞　said to → told
- 人称代名詞　I／you → he／me
- 時制　　　will → would

※ 時の表現 — 転換例 —

直接話法 ⇌ 間接話法		
~ ago ⇌ ~ before	next ~ ⇌ the next ~ ／ the following ~	
「伝える時点・状況」に応じて表現する	tomorrow　the next day　the following day	
now ⇌ then	last ~ ⇌ the ~ before ／ the previous ~	
today ⇌ that day	yesterday　the day before　the previous day	

Worksheet 094

話法の転換 （直接話法 ⇄ 間接話法）

| 伝達動詞 | ・ | 時制 | ・ | 人称代名詞 | ・ | 指示語 | ・ | 修飾語句 | に表現上の違いが出る

【英作文】

| 　　　　　　　　　 | … 「台詞」にある動詞と伝達動詞で一致させる

1　サムは、私に「僕は今すごく忙しいんだ」と言いました。
　　_____

2　サムは、私に彼はその時すごく忙しいと言っていました。
　　_____

| 　　　　　　　　　　　　　 | … 伝える人の視点から見た主語・目的語に言い換える

3　サムは、私に「僕はカノジョとパーティーに行くところだ」と言いました。
　　_____

4　サムは、私に（彼の）カノジョとパーティーに行くところだと話しました。
　　_____

| 　　　　　　　　　　　　　　　　 | … 伝えている場面で指すものの有無による

5　サムは、私に「この車は君のものですか」と言ってきました。
　　_____

6　サムは、私にあの車／この車 が私のものかどうか尋ねてきました。
　　_____

| 　　　　　　　　　　　　　　　　　　 | … 時や場所を表す語句

7　サムは、私に「明日僕はアメリカに行くんだ」と言いました。
　　_____

8　サムは、私に次の日に彼はアメリカに行くと話していました。
　　_____

9　サムは、私に「僕はここで君を待っているよ」と言いました。
　　_____

10　サムは、私に（彼は）そこで／ここで 私を待っていると伝えました。
　　_____

※　時の表現 －転換例－
　　直接話法 ⇄ 間接話法　　　　～ ago ⇄　　　　　next ～ ⇄ ／ the following ～
　　「伝える時点・状況」　　　　now ⇄　　　　　tomorrow　　 the following day
　　に応じて表現する　　　　　　today ⇄　　　　 last ～ ⇄ ／ the previous ～
　　　　　　　　　　　　　　　　　　　　　　　　 yesterday　　 the previous day

095 仮定法 ①　　Subjunctive mood

仮定法 … 「現実離れ」の表現　　「もし（仮に）～ だったら」

現実とは違うこと ・ 過去の事実とは違うこと を述べる法

現在のことは 過去形 ・ 過去のことは 過去完了形 によって現実との距離感を表す

法 (mood)
発話内容に対する話者の心的態度を「動詞の語形変化」によって表現する文法手段
- 直説法 … 動詞が表す行為・状態を事実として述べる法　← 動詞が時制に従って変化
- 仮定法 … 現実・過去の事実とは違うことを述べる法　← 動詞の時制をずらして表現
- 命令法 … 相手への命令／指示／依頼を述べる法　← 動詞原形

基本形式　< if を使った仮定法の文 >

仮定法過去　「もし～なら…だろうに」　　If 主語 過去形 ～ ,
「現在」の事実との距離感を「過去形」で表す　　主語 would 動詞原形 …

仮定法過去完了　「もし～だったら…だっただろう」　　If 主語 had 過去分詞 ～ ,
「過去」の事実との距離感を「過去完了形」で表す　　主語 would have 過去分詞 …

【例文】

1. （今）もしクーポンをお持ちなら、割引しますよ（ご提示ください）。
   If you **have** a coupon, I (**will**) **give** you a discount.

   ＊ 直説法 → 事実や可能性のあること
   （相手がクーポンを持っている可能性があると考えている場合）

2. （今）もしクーポンをお持ちなら、割引できるのですが（すみません）。
   If you **had** a coupon, I **would give** you a discount.

   ＊ 仮定法過去 → 現在の事実と違う／可能性のないこと
   （クーポンを持っていない相手に）

3. （あの時）もしクーポンを持っていたら、割引してもらえたんだけどなあ。
   If I **had had** a coupon, I **would have got** a discount.

   ＊ 仮定法過去完了 → 過去の事実と違うこと
   （クーポンを持っていなかった場合）

4. 彼女のアドレスがわかれば、メールを送れるのに。
   If I **knew** her address, I **could send** her an email.

   ＊ 仮定法過去 ⇔ 現在の状況
   実際は知らないのでメールを送れない

5. 彼女のアドレスがわかっていたら、メールを送れたのに。
   If I **had known** her address, I **could have sent** her an email.

   ＊ 仮定法過去完了 ⇔ 過去の事実
   実際は知らなかったのでメールを送れなかった

6. 私だったら、それを買うけどなあ。
   If I were you, I **would** buy it.

   ＊ 仮定法過去　現実 I ≠ you
   be 動詞はどの主語についても were を使うことが多い

7. 10分早く家を出ていたら、電車に乗れた／乗り遅れなかったのに。
   If I **had left** home ten minutes earlier,
   I **would have caught** ／ I **would not have missed** the train.

   ＊ 仮定法過去完了
   実際には早く出発しなかった
   電車に乗れなかった
   文脈によっては could・might を使う
   「～できる・かもしれないのに」

Worksheet 095

仮定法 … 「現実離れ」の表現   「もし（仮に） ～ だったら」

☐ ・ ☐ を述べる法

現在のことは ☐ ・ 過去のことは ☐ によって現実との距離感を表す

> **法（mood）**
> 発話内容に対する話者の心的態度を「動詞の語形変化」によって表現する文法手段
> 　直説法 … 動詞が表す行為・状態を事実として述べる法　← 動詞が時制に従って変化
> 　仮定法 … 現実・過去の事実とは違うことを述べる法　　← 動詞の時制をずらして表現
> 　命令法 … 相手への命令／指示／依頼を述べる法　　　　← 動詞原形

基本形式　＜ if を使った仮定法の文 ＞

仮定法過去	「もし ～ なら … だろうに」	If 主語 ☐ ～ , 主語 ☐ 動詞原形 …
	「現在」の事実との距離感を「過去形」で表す	

仮定法過去完了	「もし ～ だったら … だっただろう」	If 主語 ☐ 過去分詞 ～ , 主語 ☐ 過去分詞 …
	「過去」の事実との距離感を「過去完了形」で表す	

【英作文】

1　（今）もしクーポンをお持ちなら、割引しますよ。

_____

2　（今）もしクーポンをお持ちなら、割引できるのですが。

_____

3　（あの時）もしクーポンを持っていたら、割引してもらえたんだけどなあ。

_____

4　彼女のアドレスがわかれば、メールを送れるのに。

_____

5　彼女のアドレスがわかっていたら、メールを送れたのに。

_____

6　私だったら、それを買うけどなあ。

_____

7　10分早く家を出ていたら、電車に乗れた／乗り遅れなかったのに。

_____

096 仮定法 ② Subjunctive mood

仮定法の表現 Ⅰ

I wish	主語 過去形／過去完了形	「〜なら／だったらよかったのになあ」
If only	主語 過去形／過去完了形	「〜でさえすればなあ／さえしていたらなあ」
… as if	主語 過去形／過去完了形	「まるで〜かのように／だったかのように…」
It is time	主語 過去形	「もう〜してもよい頃だろう」
If it were not for 〜, （仮定法過去） ／ If it had not been for 〜, （仮定法過去完了）		「もし〜がなかったら」 ≒ Without 〜, ／ But for 〜,

【例文】

1 あなたがここにいたらよかったのに。
   I wish you **were** here.

   ＊仮定法過去
   I wish に続く節で過去形を使うことにより
   現在の「実現可能性のない願望」を表す
   　　実際には あなたはここにいない
   　　　　　　　犬は話せない
   　　　　　　　私は免許証を持っていない
   　　願望

2 私の犬が話すことができたらいいのになあ。
   I wish my dog **could talk**.

3 私が運転免許証を持っていたらなあ。
   I wish I **had** a driver's license.

   cf. **If only** I **had** a driver's license.
   　　強い願望「持ってさえいれば…」

4 もっと頑張って勉強しておけばよかったなあ。
   I wish I **had studied** harder.

   ＊仮定法過去完了
   I wish に続く節で過去完了形を使うと
   過去の「事実とは違うこと」への願望を表す
   　　実際には 熱心に勉強しなかった
   　　　　　　彼の助言を聞かなかった
   　　　　　　早く出発しなかった
   　　強い後悔

5 彼のアドバイスをちゃんと聞いておけばよかったなあ。
   I wish I **had listened** to his advice.

6 あと10分早く家を出てさえいればよかったなあ。
   If only I **had left** home ten minutes earlier.

   cf. **I wish** I **had left** home earlier.
   　　「早く出発していればよかった。」

7 彼はまるでアメリカ人のように英語を話します。
   He speaks English **as if** he **were** an American.

   ＊仮定法過去
   話し手は「彼」について事実とは違う
   ・アメリカ人ではない
   ・分かっていない（知ったかぶり）
   という考えを過去形によって表している

8 彼はまるで何でも知っているかのような口ぶりで話をします。
   He talks **as if** he **knew** everything.

9 彼らはまるで何年間も友だちだったかのように話をしていました。
   They were talking **as if** they **had been** friends for years.

   ＊仮定法過去完了
   話し手は「彼ら」について事実ではない
   ・実際は旧友ではない
   ・本当に幽霊を見たわけでない
   ということを過去完了形で表している

10 彼らはまるで幽霊でも見たかのような顔つきをしていました。
    They looked **as if** they **had seen** a ghost.

11 あなたもそろそろ結婚してもいい頃でしょう。
    It is about **time** you **married**.

    ＊仮定法過去
    現在「あるべき」と考える状況からの乖離
    を過去形によって表している

12 もしも音楽がなかったら、私の人生は退屈だろう。
    If it were not for music, my life would be boring.

    ＊仮定法過去　⇔　現在の状況
    音楽はあるので退屈ではない

13 もしも彼女の助けがなかったら、私はそのまま溺れていただろう。
    If it had not been for her help, I would have drowned.

    ＊仮定法過去完了　⇔　過去の事実
    助けがあったので溺れなかった

Worksheet 096

仮定法の表現 Ⅰ

	主語 過去形／過去完了形	「 ～なら／だったらよかったのになあ 」
	主語 過去形／過去完了形	「 ～でさえすればなあ／さえしていたらなあ 」
	主語 過去形／過去完了形	「 まるで ～ かのように／だったかのように … 」
	主語 過去形	「 もう ～ してもよい頃だろう 」
／	（仮定法過去） （仮定法過去完了）	「 もし ～ がなかったら 」 ≒ Without ～ , ／ But for ～ ,

【英作文】

1　あなたがここにいたらよかったのに。

2　私の犬が話すことができたらいいのになあ。

3　私が運転免許証を持っていたらなあ。

4　もっと頑張って勉強しておけばよかったなあ。

5　彼のアドバイスをちゃんと聞いておけばよかったなあ。

6　あと１０分早く家を出てさえいればよかったなあ。

7　彼はまるでアメリカ人のように英語を話します。

8　彼はまるで何でも知っているかのような口ぶりで話をします。

9　彼らはまるで何年間も友だちだったかのように話をしていました。

10　彼らはまるで幽霊でも見たかのような顔つきをしていました。

11　あなたもそろそろ結婚してもいい頃でしょう。

12　もしも音楽がなかったら、私の人生は退屈だろう。

13　もしも彼女の助けがなかったら、私はそのまま溺れていただろう。

097 仮定法 ③　　　　　　　　　　　　　　Subjunctive mood

仮定法の表現 Ⅱ

I was wondering	if you would／could ～	「～していただけないかと思ったのですが」
I would appreciate it	※I 自分の動作の場合	「～していただけたらありがたいのですが」
It would be great		「幸いなのですが」
Would it be all right		「～していただいてもよろしいでしょうか」
Would you mind		「構いませんか」

If 主語 were to 動詞原形 ～ ,	仮定法未来	「もし～することになったとしたら、」
What would you do if ～	仮定法過去	「もし～したら、どうしますか」
Could you ～ ？／ Could I ～ ？		「～していただけますか／してもよろしいでしょうか」

※ if 節や I wish などの表現を使わなくても「主語」・「副詞句」・「不定詞句」・「前置詞句」などに
　仮定・条件の意味を含ませて　現実との心理的距離　を表すこともできる

【例文】

1　私に推薦書を書いていただけると、とてもありがたいのですが。
　　I would (really) appreciate it
　　if you could write a letter of recommendation for me.

2　車に乗せていただけないかと思ったのですが（いかがでしょうか）。
　　I was wondering if you could give me a ride.

3　すみません、お会計をお願いいたします。
　　Excuse me, **could I** have the check [bill] ?

4　もう一度生まれ変わるとしたら、私はパイロットになりたいです。
　　If I were to be born again, I **would** like to be a pilot.

5　もし１００万ドル持っていたら、どうしますか。
　　What would you do if you **had** a million dollars ?

6　本当の友だちなら、そんなことはしないでしょう。
　　A true friend would not do such a thing.

7　３年前だったら、私は「はい」と答えたことでしょう。
　　Three years ago, I **would have** answered "yes."

8　彼が英語を話すのを聞いたら、彼を母語話者かと思うでしょう。
　　To hear him speak English,
　　you **would** take him for a native speaker.

9　あなたの助けがなかったら、私はこれをやれなかったでしょう。
　　Without your help, I **couldn't have done** this.

＊丁寧な依頼の表現
　仮定法過去を使うと直接的な意味合いが薄れ
　「引き受けてもらえそうにない願い」として
　控えめに依頼する表現となる

　進行形で動作の途中であることを示すことで
　「（お願いしてよいものか）考え中の段階です」
　といったニュアンスで相手の意向を伺う表現

　形式上の丁寧さ
　　＞ Can I have the check ? ＞ Check, please.

＊仮定法未来　未来についての想像を表す
　were to を should にすると「万一 ～ なら」
　という可能性がほぼないことを表す

＊仮定法過去
　現実と違う・話者が可能性がないと思うこと
　（可能性が十分ある場合は仮定法を使わない）

＊主語　A true friend が仮定の意味を含み if 節
　　　　「もし ～ なら」に相当する内容を表す

＊副詞句　「時」
　　Three years ago に仮定の意味が含まれる
　　in Tokyo「もしこれが東京なら」のように
　　「場所」を表す副詞句が使われることもある

＊不定詞句
　　To hear him speak が仮定の意味を表す
　　　take ～ for …　「～を…とみなす」

＊前置詞句
　　Without ～「～なしで」≒ But for ～
　≒ **If it had not been for** your help, …

仮定法の表現 Ⅱ

	if you would/could ～　「～していただけないかと思ったのですが」
	※ I 自分の動作の場合　「～していただけたらありがたいのですが」
	「幸いなのですが」
	「～していただいてもよろしいでしょうか」
	「構いませんか」

If 主語　　　動詞原形 ～ ,	仮定法 未来	「もし ～ することになったとしたら、」
if ～	仮定法 過去	「もし ～ したら、どうしますか」
／		「～していただけますか／してもよろしいでしょうか」

※ if 節や I wish などの表現を使わなくても「主語」・「副詞句」・「不定詞句」・「前置詞句」などに
　仮定・条件の意味を含ませて _____ を表すこともできる

【英作文】

1　私に推薦書を書いていただけると、とてもありがたいのですが。

_____

2　車に乗せていただけないかと思ったのですが（いかがでしょうか）。

_____

3　すみません、お会計をお願いいたします。

_____

4　もう一度生まれ変わるとしたら、私はパイロットになりたいです。

_____

5　もし１００万ドル持っていたら、どうしますか。

_____

6　本当の友だちなら、そんなことはしないでしょう。

_____

7　３年前だったら、私は「はい」と答えたことでしょう。

_____

8　彼が英語を話すのを聞いたら、彼を母語話者かと思うでしょう。

_____

9　あなたの助けがなかったら、私はこれをやれなかったでしょう。

_____

098 代名詞 ①　　　　Pronouns

人称代名詞

文の中で 名詞の代わり をして主語や目的語などになる

英語ではそれぞれ 文の中でのはたらき によって「主格」や「目的格」のように 形が変わる

Michael loves Michel.　※英語では日本語のように主格・目的格の語順を自由に変えることはできない
↓　　　　↓
He loves her.　　「マイケル（彼）が ミシェル（彼女）を 愛している。」
主格　　目的格　　「マイケル（彼）を ミシェル（彼女）が 愛している。」

人称代名詞の形

		主格「～は・が」	所有格「～の」	目的格「～を・に」	所有代名詞「～のもの」	再帰代名詞「～自身」
単数	一人称	I	my	me	mine	myself
	二人称	you	your	you	yours	yourself
	三人称	he	his	him	his	himself
		she	her	her	hers	herself
		it	its	it	―	itself
複数	一人称	we	our	us	ours	ourselves
	二人称	you	your	you	yours	yourselves
	三人称	they	their	them	theirs	themselves

you	「人々」具体的に「あなた」にあたる特定の人を表さない使い方
we ／ they	主に話者自身を含む／含まないかによって使い分けられる
～ and I	「私と～は」　※話し言葉では Me and ～

【例文】

1　私には友人がいます。彼はオーストラリアに住んでいます。　　＊ friend → he 主格　　関係代名詞
　　I have a friend.　**He** lives in Australia.　　　　　　≒ I have a friend **who** lives in Australia.

2　私には友人がいます。彼の妻は中国人です。　　　　　　　　　＊ friend → his 所有格　関係代名詞
　　I have a friend.　**His** wife is Chinese.　　　　　　　≒ I have a friend **whose** wife is Chinese.

3　私には友人がいます。誰もが彼のことを慕っています。　　　　＊ friend → him 目的格　関係代名詞（省略）
　　I have a friend.　Everyone likes **him**.　　　　　　　≒ I have a friend everyone likes.

4　ニュージーランドでは英語を話します。　　　　　　　　　　　＊「一般の人々」を表す You／We／They
　　They speak English in New Zealand.　　　　　　　　　人称代名詞の選択は「話者の帰属意識」による
　　　　　　　　　　　　　　　　　　　　　　　　　　　　　　cf. **We** speak English in New Zealand.
5　この建物では禁煙です。　　　　　　　　　　　　　　　　　　　　**We／They** speak Japanese in Japan.
　　You must not smoke in this building.　　　　　　　規則には人を主語にしない表現が多い
　　　　　　　　　　　　　　　　　　　　　　　　　　　　　　Smoking is not allowed [permitted] here.
6　私とジョンは高校のときからの友だちです。　　　　　　　　　＊ ～ and I
　　John **and I** are friends from high school.　　　　　話し言葉　**Me and** John are friends from high school.

Worksheet 098

人称代名詞

文の中で [　　　　　　] をして主語や目的語などになる

英語ではそれぞれ [　　　　　　　　　] によって「主格」や「目的格」のように [　　　　　　　]

Michael loves Michel. ※

[　　　] loves [　　　]
主格　　　　　目的格

英語では日本語のように主格・目的格の語順を自由に変えることはできない

「マイケル（彼）が ミシェル（彼女）を 愛している。」
「マイケル（彼）を ミシェル（彼女）が 愛している。」

人称代名詞の形

		主格 「〜は・が」	所有格 「〜の」	目的格 「〜を・に」	所有代名詞 「〜のもの」	再帰代名詞 「〜自身」
単数	一人称	I	my	me	mine	myself
	二人称	you				
	三人称	he				
		she				
		it				
複数	一人称	we				
	二人称	you				
	三人称	they				

[　　　　　　]　「人々」　具体的に「あなた」にあたる特定の人を表さない使い方
[　　／　　]　　　　　　主に話者自身を含む／含まないかによって使い分けられる
[　　　　　　]　「私と〜は」　※ 話し言葉では [Me and 〜]

【英作文】

1　私には友人がいます。彼はオーストラリアに住んでいます。

_____

2　私には友人がいます。彼の妻は中国人です。

_____

3　私には友人がいます。誰もが彼のことを慕っています。

_____

4　ニュージーランドでは英語を話します。

_____

5　この建物では禁煙です。

_____

6　私とジョンは高校のときからの友だちです。

_____

099 代名詞 ②　　　　　　　　　　　　　　　　　　　　Pronouns

所有代名詞

所有格＋名詞 を表し「単独で」使うことができる

　my computer　⇒　mine　　　※　This is my friend Michael.　　特定の１人の友だち
　私のパソコン　　「私の（もの）」　　A friend of mine　visited me.　何人かいる友だちのうち不特定の１人

再帰代名詞

①　主語と動詞　［自動詞＋前置詞／他動詞］　の目的語が同じ場合に使う
　　She　looked at　herself　in the mirror.　「彼女は鏡の中の自分（彼女自身）を見つめた。」
　　I　enjoyed　myself　at the party.　「私はそのパーティーで楽しんだ（私自身を楽しませた）。」

②　「自分で」という意味を強調する
　　I myself will do the work.　「私は自分でその仕事をやります。」

指示代名詞

this / that	近く／遠くにある特定の人やもの・文全体や一部を指す代名詞
＜単数＞　that	≒ the ＋ 単数名詞
＜複数＞　those	≒ the ＋ 複数名詞

　　　　　　　　　　　　　　繰り返しを避けるため
　　　　　　　　　　　　　　すでに出た名詞・句・節の代わりに使う

【例文】

1　私の昔からの友だちが１人シンガポールに住んでいます。
　　An old friend of **mine** lives in Singapore.

2　それはあなたが自分でやるべきです。
　　You should do it **yourself**.

3　すみません、こっちの話［独り言を言っていただけ］です。
　　Sorry, I was just talking to **myself**.

4　（お菓子を）どうぞ 自由に召し上がってください。
　　Please help **yourself** (to some sweets).

5　「私には…という夢があります。これは我々の希望です。」
　　"I have a dream that …． **This** is our hope."

6　A:「トランプをしよう。」 ← B:「それはいい考えだ。」
　　A: "Let's play cards."　　B: "**That**'s a good idea."

7　オーストラリアの人口は日本（のそれ）よりも少ない。
　　The population of Australia is smaller than
　　　　　　　　　　　　　that of Japan.

8　オーストラリアの交通規則は日本（のそれ）とは違う。
　　The traffic rules of Australia are different from
　　　　　　　　　　　　those of Japan.

＊ 冠詞と代名詞を同時に使うことはできない
　→　冠詞＋名詞＋ of ＋所有代名詞
　　　a　friend　of　mine

＊ 再帰代名詞
　　文末に加えると「自分で」という意味を強調する

＊ その他　再帰代名詞を使った定型表現

　Enjoy yourself.　　　　　「楽しんでね。」
　Let me introduce myself.　「自己紹介させて。」
　Make yourself at home.　　「くつろいでいてね。」
　Take care of yourself.　　「お大事に。」

＊ 指示代名詞　this／that で直前の文全体を指す例

　　this は心理的に近いもの → 自分の言ったこと
　　　"I have a dream" Martin Luther King, Jr.
　　　　　(August 28th 1963)
　　that は心理的に遠いもの → 相手の言ったこと

＊ 前出の名詞・名詞句の代わり

　　比較の対象となっているのは「人口」・「交通規則」
　　　that　← the population
　　　those ← the traffic rules

　　　　　　　　　　　　　　　　　１km²あたりの
　2017年6月　　　人口　　　　　人口密度
　出典：　豪州　24,617,713 人　　3 人
　worldmeters　日本　126,063,237 人　346 人

Worksheet 099

所有代名詞

所有格＋名詞 を表し「単独で」使うことができる

my computer ≒ mine　　※ This is my friend Michael.　　特定の1人の友だち
私のパソコン　「私の（もの）」　　_____ visited me.　何人かいる友だちのうち不特定の1人

再帰代名詞

① 主語と動詞 ［自動詞＋前置詞／他動詞］ の目的語が同じ場合に使う

　____ looked at _____ in the mirror.　「彼女は鏡の中の自分（彼女自身）を見つめた。」
　____ enjoyed _____ at the party.　「私はそのパーティーで楽しんだ（私自身を楽しませました）。」

② 「自分で」という意味を強調する

　I _____ will do the work.　「私は自分でその仕事をやります。」

指示代名詞

／	近く／遠くにある特定の人やもの・文全体や一部を指す代名詞
＜単数＞	≒ the ＋ 単数名詞　　繰り返しを避けるため
＜複数＞	≒ the ＋ 複数名詞　　すでに出た名詞・句・節の代わりに使う

【英作文】

1　私の昔からの友だちが1人シンガポールに住んでいます。
_____

2　それはあなたが自分でやるべきです。
_____

3　すみません、こっちの話[独り言を言っていただけ]です。
_____

4　（お菓子を）どうぞ 自由に召し上がってください。
_____

5　「私には…という夢があります。これは我々の希望です。」
_____

6　A：「トランプをしよう。」 ← B：「それはいい考えだ。」
_____

7　オーストラリアの人口は日本（のそれ）よりも少ない。
_____

8　オーストラリアの交通規則は日本（のそれ）とは違う。
_____

100 代名詞 ③　　Pronouns

不定代名詞

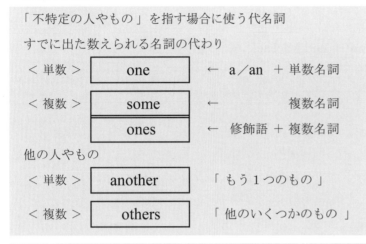
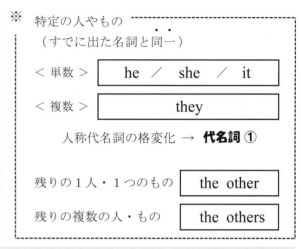

one ～, the other ☆	「1つは ～ 、（残りの）もう1つの方は … 」
one ～, the others ☆★☆☆☆ ☆ ☆☆☆☆	「1つは ～ 、 残りは（すべて）… 」
some ～, others … ☆★☆☆☆ ☆ ☆☆ーー	「あるものは ～ 、 またあるものは … 」「～ もあれば、… もある」
some ～, the others … ☆★☆☆☆ ☆ ☆☆☆	「あるものは ～ 、 残りは（すべて）… 」

【例文】

1　辞書をなくしてしまいました。　買わないといけません。
　　I have lost my dictionary.　I have to buy **one**.

＊ one ← a dictionary　（不特定の名詞）
　新しく買うのは同じ辞書（版）であっても
　なくした辞書そのものではない

2　辞書をなくしてしまいました。　探さないといけません。
　　I have lost my dictionary.　I have to find **it**.

＊ it ← the dictionary　（特定の名詞）
　探すのはなくした辞書そのもの

3　A:「どちらの傘があなたのですか。」　B:「赤い方です。」
　　A: "Which umbrella is yours?"　B: "The red **one**."

＊（修飾語＋）one ← umbrella
　数えられない名詞の代わりには使えない
　Which wine do you prefer? The red *wine*.
　　　　　　　　　　　　　　　　　　×one

4　口で言うことと実際にすることは別だ［言うは易く行うは難し］。
　　Saying is **one** thing and doing is **another**.

＊ another ← an + other から派生
　Saying is different from doing.
　　　　／ Easier said than done.

5　他人の権利を尊重するべきです。
　　We should respect the rights of **others**.

＊ others
　「だれ」と特定していないので the はつけない

6　シンシアは彼女の妹とそっくりです。私には見分けられません。
　　Cynthia looks just like her sister.
　　I can't tell **one** from **the other**.

＊ one / the other
　2人のうち一方（one）を指すと他方は
　特定される（the）残りの1人（other）
　　　　　　　　　　　↑ her sister

7　学校まで歩きで行く学生もいれば、バスで行く学生もいます。
　　Some students go to school on foot and **others** by bus.

＊ Some / others
　徒歩の学生を除く全員がバスに乗るという
　状況でなければ定冠詞の the はつけない
　　　　（自転車利用などあれば）

8　招待客たちが次々に到着し始めました。
　　The guests began to arrive **one after another**.

＊ one after another
　不定数の人やものが「相次いで」「続々と」

Worksheet 100

不定代名詞

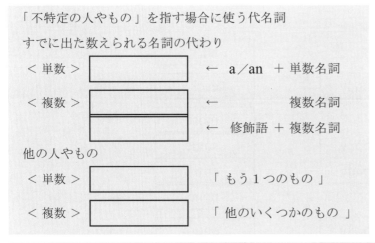
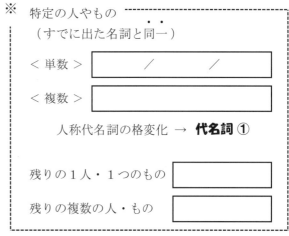

【英作文】

1　辞書をなくしてしまいました。　買わないといけません。

_____

2　辞書をなくしてしまいました。　探さないといけません。

_____

3　A:「どちらの傘があなたのですか。」　B:「赤い方です。」

_____

4　口で言うことと実際にすることは別だ[言うは易く行うは難し]。

_____

5　他人の権利を尊重するべきです。

_____

6　シンシアは彼女の妹とそっくりです。私には見分けられません。

_____

7　学校まで歩きで行く学生もいれば、バスで行く学生もいます。

_____

8　招待客たちが次々に到着し始めました。

_____

101 代名詞 ④ Pronouns

不定代名詞

不特定の人やものを指す場合に使う代名詞

「全部」	「全員」	
everything	everyone	everybody

「何か」	「誰か」	
something	someone	somebody
anything	anyone	anybody

「何もない」	「誰もない」	
nothing	no one	nobody

| each other | one another | 「お互いに」 |

形容詞として
名詞の前に置くことができるものも多い

all	「すべて」
each	「それぞれ」
most	「ほとんど」
some	「いくらか」
any	
none	「まったく ない」
both	「両方とも」
either	「どちらか 一方」
neither	「どちらも ない」

【例文】

1　学生全員が試験に合格しました［不合格者はゼロでした］。
　　All of the students passed the exam.
　　None of the students failed the exam.

2　学生はそれぞれ［一人ひとりが］自分のロッカーを持っています。
　　Each of the **student** has his／her own locker.

3　私たちはお互いに楽しく語り合いました。
　　We enjoyed talking with **each other**.

4　（それは）あなたには関わりのない事です［余計なお世話だ］。
　　（It's）**none** of your business.

5　それは私には全く関係のない事です。
　　It has **nothing** to do with me.

6　どこで切手を買えるか知っていますか。何枚か必要なのですが。
　　Do you know where I can buy stamps? I need **some**.

7　切手が要るのですが。持っていませんか。
　　I need some stamps. Do you have **any**?

8　A:「どっちの色がいいですか。」 B:「どちらでもいいです。」
　　A: "Which color do you want?" B: "**Either** will do."

9　私は彼らのうちどちらも［両方とも］信頼しています。
　　I trust **both** of them.

10　私は彼らのうちどちらも［両方とも］信頼していません。
　　I **don't** trust **either** of them.
　　I trust **neither** of them.

＊ all「全員」⇔ none「誰もいない」全否定
　cf. not all ～「全員～と限らない」 部分否定
　　Not all of the students passed the exam.
　　「学生たち全員が合格したわけではない。」
　cf. every ～ 「それぞれの ～」＜単数扱い＞
　　Every student passed the exam.
　　each student のように形容詞の働きもする

＊「お互い」 each other ≒ one another
　　　　　　特定の人　　一般的な人の間で
　「お互いに」という副詞ではなく代名詞
　　　　　　→ 自動詞に続く前置詞が必要

＊ none
　　≒ Mind your own business.
　　「自分の事だけ心配していなさい。」

＊ have ( ) to do with ～ 「～と関係がある」
　　nothing ／ little ／ something ／ much
　　（無／ほとんどない／いくらか／大いに）

＊ some ← stamps
　　　　　　　　cf. 形容詞としての用法
　　　不定代名詞　　　some stamps

＊ any　何かがあるかないかを尋ねる疑問文で
　　cf. 何かを勧める・頼む疑問文では some
　　　　Would you like some (cookies)?

＊ either
　　cf. Either color is fine.
　　　　形容詞 名詞 「どっちの色もいいね。」

＊ both
　　cf. not both 「両方とも ～とは限らない」
　　部分否定　You can't marry both of them.
　　　　「両方と結婚できるわけではない。」

＊ either
　　　　全否定　not either ≒ neither
　neither ← 否定の意味（接頭辞 n）＋ either

Worksheet 101

不定代名詞

不特定の人やものを指す場合に使う代名詞

「 全部 」	「 全員 」
	everybody

「 何か 」	「 誰か 」
	somebody
	anybody

「 何もない 」	「 誰もない 」
	nobody

	one another 「 お互いに 」

形容詞として
名詞の前に置くことができるものも多い

	「 すべて 」
	「 それぞれ 」
	「 ほとんど 」
	「 いくらか 」
	「 まったく ない 」
	「 両方とも 」
	「 どちらか一方 」
	「 どちらもない 」

【英作文】

1　学生全員が試験に合格しました[不合格者はゼロでした]。

2　学生はそれぞれ[一人ひとりが]自分のロッカーを持っています。

3　私たちはお互いに楽しく語り合いました。

4　（それは）あなたには関わりのない事です[余計なお世話だ]。

5　それは私には全く関係のない事です。

6　どこで切手を買えるか知っていますか。何枚か必要なのですが。

7　切手が要るのですが。持っていませんか。

8　A:「どっちの色がいいですか。」　B:「どちらでもいいです。」

9　私は彼らのうちどちらも[両方とも]信頼しています。

10　私は彼らのうちどちらも[両方とも]信頼していません。

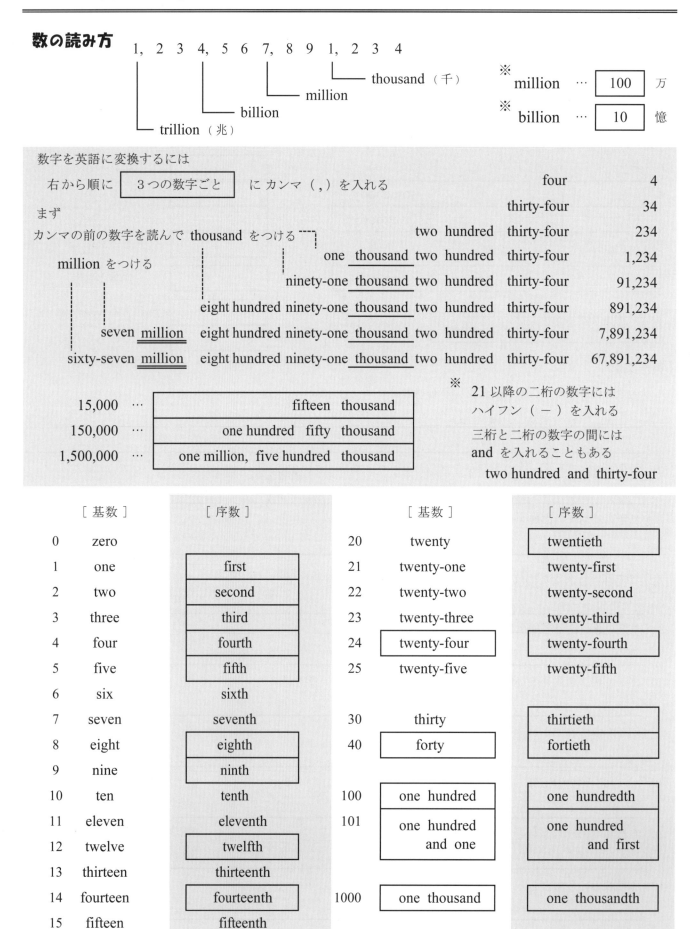

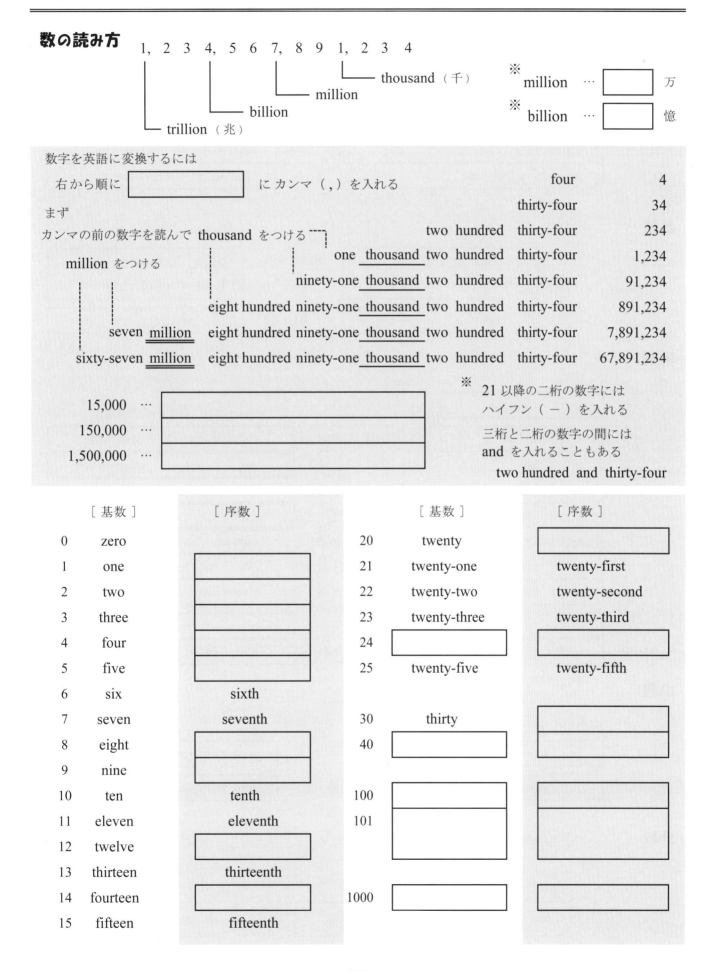

103 数詞 ② — Numerals/Others

年号

743 年	seven (hundred and) forty-three	2000 年	(the year) two thousand
1185 年	eleven eighty-five	2001 年	two thousand and one
1603 年	sixteen oh three	2018 年	two thousand and eighteen
1867 年	eighteen sixty-seven	2020 年	two thousand and twenty
1989 年	nineteen eighty-nine		(the year) twenty twenty

日付

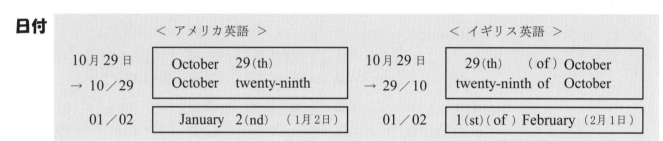

	＜アメリカ英語＞		＜イギリス英語＞
10月29日 → 10／29	October 29(th) / October twenty-ninth	10月29日 → 29／10	29(th) (of) October / twenty-ninth of October
01／02	January 2(nd) （1月2日）	01／02	1(st) (of) February （2月1日）

時刻

				＜イギリス英語＞ past／to を使う頻度が高い
7:00	seven (o'clock)			
7:05	seven oh five	＝	7時 5分過ぎ	five (minutes) past seven
7:10	seven ten	＝	7時10分過ぎ	ten (minutes) past seven
7:15	seven fifteen	＝	7時15分過ぎ	quarter past seven
7:30	seven thirty	＝	7時30分過ぎ	half past seven
7:45	seven forty-five	＝	8時15分前	quarter to eight
7:50	seven fifty	＝	8時10分前	ten (minutes) to eight
7:55	seven fifty-five	＝	8時 5分前	five (minutes) to eight
12:00	twelve (o'clock) p.m.	＝	正午	noon
00:00	twelve (o'clock) a.m.	＝	真夜中	midnight

小数

小数点を point と読む・それ以下は数字を1つずつ読む

1.414	one point four one four	0.123	zero point one two three
3.141	three point one four one	0.05	zero point zero five

分数

分子を「基数」／分母を「序数」で読む　　分子が2以上の場合は複数形　　※ 4分の1は quarter

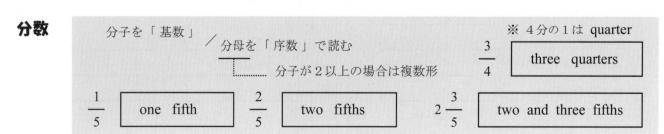

Worksheet 103

年号

743 年		2000 年	(the year) two thousand
1185 年	eleven eighty-five	2001 年	
1603 年		2018 年	two thousand and eighteen
1867 年	eighteen sixty-seven	2020 年	
1989 年			

日付

	<アメリカ英語>		<イギリス英語>
10月29日 → 10／29		10月29日 → 29／10	
01／02		01／02	

時刻

<イギリス英語> past／to を使う頻度が高い

7:00				
7:05		=	7時 5分過ぎ	
7:10	seven ten	=	7時10分過ぎ	
7:15	seven fifteen	=	7時15分過ぎ	
7:30		=	7時30分過ぎ	
7:45	seven forty-five	=	8時15分前	
7:50	seven fifty	=	8時10分前	
7:55		=	8時 5分前	
12:00		=	正午	
00:00		=	真夜中	

小数

小数点を point と読む・それ以下は数字を1つずつ読む

1.414		0.123	
3.141		0.05	

分数

分子を「基数」／分母を「序数」で読む
分子が2以上の場合は複数形

$\frac{1}{5}$		$\frac{2}{5}$		$2\frac{3}{5}$		$\frac{3}{4}$	

104 数詞 ③ — Numerals / Others

金額

ドル	$ 2.50	two (dollars) (and) fifty (cents)	
	$ 19.95	nineteen (dollars) (and) ninety-five (cents)	
ユーロ	€19.95	nineteen (euros) (and) ninety-five (cents)	
ポンド	£19.95	nineteen (pounds) (and) ninety-five (pence)	※ 1 pound = 1 penny × 100 [100 pence]
円	¥113	one hundred and thirteen yen	
1万円	¥10,000	ten thousand yen	※ yen は複数形にしない
10万円	¥100,000	one hundred thousand yen	× yens

温度

華氏 ℉	86℉	eighty-six degrees	Fahrenheit	[fǽrənhàit]	ドイツの物理学者
摂氏 ℃	30℃	thirty degrees	Celsius	[sélsiəs]	スウェーデンの天文学者

Celsius ≒ Centigrade

※ 摂氏 ℃ = $\frac{5}{9}$ ×(華氏 ℉ − 32)　　$\frac{5}{9}$ ×(86 − 32) = 30

数式

1 + 2 = 3	one plus two equals three.
	one and two makes three.

86 − 32 = 54	Eighty-six minus thirty-two equals fifty-four.
	Thirty-two from eighty-six leaves fifty-four.

54 × 5 = 270	Fifty-four multiplied by five equals two hundred (and) seventy.
	Fifty-four times five makes two hundred (and) seventy.

| 270 ÷ 9 = 30 | Two hundred (and) seventy divided by nine equals thirty. |

※ equal / make / leave / go のかわりに be 動詞を使うこともできる

その他

長さ
- 1 mile ≒ 1.61 kilometers
- 1 yard ≒ 0.91 meters (91.44 centimeters)
- 1 feet ≒ 30.48 centimeters
- 1 inch ≒ 2.54 centimeters

速さ
- 1 mile/hour ≒ 1.61 kilometers/hour

重さ
- 1 pound ≒ 0.45 kilograms (454 grams)
- 1 ounce ≒ 28.35 grams

容積
- 1 gallon ≒ 3.79 liters
- 1 pint ≒ 0.57 liters

Worksheet 104

金額

ドル	$2.50	
	$19.95	nineteen (dollars) (and) ninety-five (cents)
ユーロ	€19.95	
ポンド	£19.95	※ 1 pound = 1 penny × 100 [100 pence]
円	¥113	yen
1万円	¥10,000	yen ※ yen は複数形にしない
10万円	¥100,000	yen × yens

温度

華氏 ℉	86℉	Fahrenheit [ˈfærənhàit] ドイツの物理学者
摂氏 ℃	30℃	Celsius [ˈsélsiəs] スウェーデンの天文学者

Celsius ≒ Centigrade

※ 摂氏℃ = $\frac{5}{9}$ ×（華氏℉ − 32）　　$\frac{5}{9} \times (86 - 32) = 30$

数式

1 + 2 = 3	one and two makes three.
86 − 32 = 54	Thirty-two from eighty-six leaves fifty-four.
54 × 5 = 270	Fifty-four times five makes two hundred (and) seventy.
270 ÷ 9 = 30	

※ equal ／ make ／ leave ／ go のかわりに be 動詞を使うこともできる

その他

長さ　1 mile ≒ 1.61 kilometers
　　　1 yard ≒ 0.91 meters
　　　　　　（91.44 centimeters）
　　　1 feet ≒ 30.48 centimeters
　　　1 inch ≒ 2.54 centimeters

速さ　1 mile／hour ≒ 1.61 kilometers／hour
重さ　1 pound ≒ 0.45 kilograms（454 grams）
　　　1 ounce ≒ 28.35 grams
容積　1 gallon ≒ 3.79 liters
　　　1 pint ≒ 0.57 liters

105　前置詞 ①　　　　Prepositions

前置詞

名詞の前に置いて　場所・時　などを示す（副詞の）はたらきをする

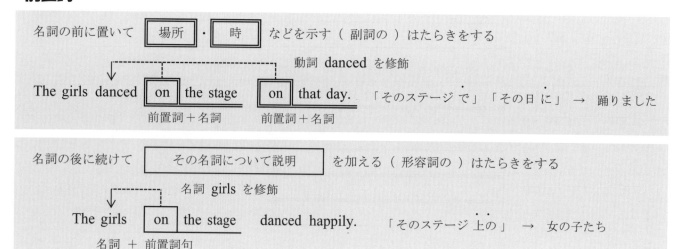

名詞の後に続けて　その名詞について説明　を加える（形容詞の）はたらきをする

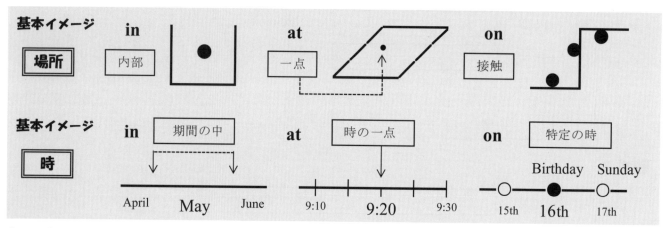

【例文】

1　その封筒の中には何が入っているのですか。
　　What's **in** the envelope?

　　＊　in　場所の内部
　　「〜の中に」　容器のように何かを入れるものを表す

2　私は一昨日東京に着きました。
　　I arrived **in** Tokyo the day before yesterday.

　　「〜に／で」　広がりのある空間 の内部を表す
　　　　　　　　　物理的な広さというよりイメージ

3　私は明日のこの時間に羽田に到着します。
　　I'll arrive **at** Haneda **at** this time tomorrow.

　　＊　at　場所の一点　広がりを意識しない点 を表す
　　「〜に／で」　地図上で指す目的地点や
　　　　　　　　　路線図で見る駅やバス停など

4　壁に（貼って）ある地図を見てください。
　　Please look **at** the map **on** the wall.

　　＊　on　場所との接触
　　「〜に」　場所を面としてとらえ
　　　　　　　何かがくっついている ことを表す

5　うるう年の２月には（日数が）２９日あります。
　　There are 29 days **in** February **in** a leap year.

　　＊　in　期間の内　ある程度幅のある期間 を表す
　　「〜の中に」　「年月」には幅があるのでその中
　　　　　　　　　　in February／in a leap year

6　私の姪は２０１２年２月２９日に誕生しました。
　　My niece was born **on** February 29th **in** 2012.

　　＊　on　特定の時
　　「〜に」　cf. on February 29th 「○月○日」
　　　　　クリスマスや誕生日など 特定の日

7　大学附属図書館は土曜日は午後５時に閉館します。
　　The university library closes
　　　　　　　at five **in** the afternoon **on** Saturday.

　　＊　at　時の一点　その他　日付・曜日も on で表す
　　「〜に」　時の一点として 時刻 は at で表す
　　at noon 「正午に」　cf. in the afternoon 「午後に」

Worksheet 105

前置詞

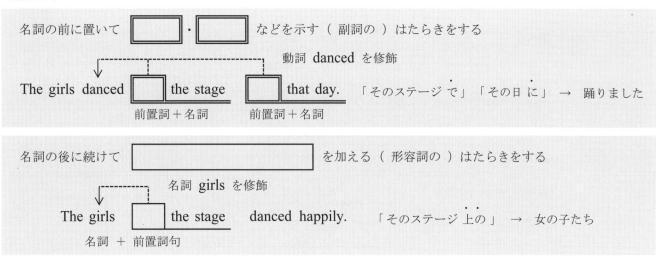

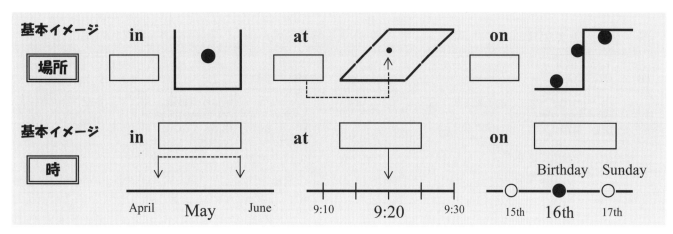

【英作文】

1　その封筒の中には何が入っているのですか。

2　私は一昨日東京に着きました。

3　私は明日のこの時間に羽田に到着します。

4　壁に（貼って）ある地図を見てください。

5　うるう年の２月には（日数が）２９日あります。

6　私の姪は２０１２年２月２９日に誕生しました。

7　大学附属図書館は土曜日は午後５時に閉館します。

106 前置詞 ②　　Prepositions

時 を表す前置詞の基本イメージ

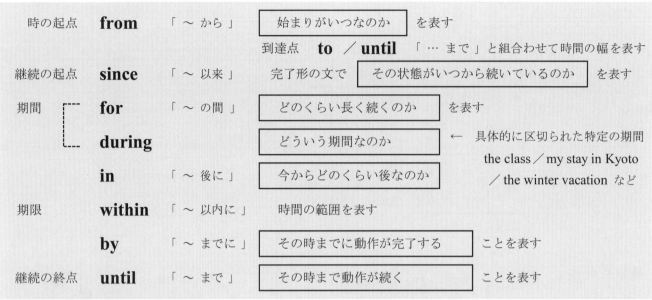

in / on

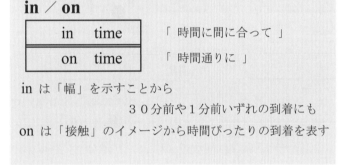

inは「幅」を示すことから
　　　３０分前や１分前いずれの到着にも
onは「接触」のイメージから時間ぴったりの到着を表す

in / at

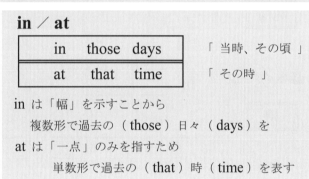

inは「幅」を示すことから
　　　複数形で過去の（those）日々（days）を
atは「一点」のみを指すため
　　　単数形で過去の（that）時（time）を表す

【例文】

1　図書館は、平日午前９時から午後７時５０分まで開館しています。
　　The library is open **from** 9:00 a.m. **to** 7:50 p.m. on weekdays.

　　＊ from … to ～　「…から～まで」
　　　　時の起点 → 到達点を表す

2　彼は１９８７年から／３１年間 神田外語大学で教えています。
　　He has been teaching in KUIS **since** 1987／**for** 31 years.

　　＊ since 「～以来、～から」
　　　／for 「～の間」
　　　　継続の起点／期間を表す

3　夏・冬・春休み中留学生は週４０時間までアルバイトすることが認められる。
　　International students are allowed to work part-time up to
　　40 hours per week **during** summer, winter and spring breaks.

　　＊ during 「～の間（ずっと）」
　　　　特定の期間
　　　　（始めから終わりまで）を表す
　　　28 hours per week **during** term

4　図書館は１０分後に閉館します。
　　The library will be closed **in** 10 minutes.

　　＊ in 「～後に、～で」
　　　　時間の枠を設定して
　　　　その枠が終わる時点を表す

5　学生は本を２週間以内に返却しなければいけません。
　　Students must return the books **within** two weeks.

　　＊ within 「～以内に」
　　　　時間の範囲を表す

6　私はレポートを明日までに書かなければいけません。
　　I have to write a paper **by** tomorrow.

　　＊ by 「～までに」　動作完了の
　　　　× 明日まで　書く　期限を表す
　　　　→ 明日までに書く

7　私はそのレポートを夜中の１時までやっていました。
　　I was working on the paper **until** one o'clock in the morning.

　　＊ until 「～まで」
　　　　動作継続の終点を表す

Worksheet 106

時 を表す前置詞の基本イメージ

時の起点	from	「〜から」	____ を表す
		到達点 to / until 「…まで」と組合わせて時間の幅を表す
継続の起点	since	「〜以来」	完了形の文で ____ を表す
期間	for	「〜の間」	____ を表す
	during		← 具体的に区切られた特定の期間 the class / my stay in Kyoto / the winter vacation など
	in	「〜後に」	____
期限	within	「〜以内に」	時間の範囲を表す
	by	「〜までに」	____ ことを表す
継続の終点	until	「〜まで」	____ ことを表す

in / on

	「時間に間に合って」
	「時間通りに」

in は「幅」を示すことから
　　　　３０分前や１分前いずれの到着にも
on は「接触」のイメージから時間ぴったりの到着を表す

in / at

	「当時、その頃」
	「その時」

in は「幅」を示すことから
　　　　複数形で過去の（those）日々（days）を
at は「一点」のみを指すため
　　　　単数形で過去の（that）時（time）を表す

【英作文】

1　図書館は、平日午前９時から午後７時５０分まで開館しています。

_____

2　彼は１９８７年から／３１年間 神田外語大学で教えています。

_____

3　夏・冬・春休み中留学生は週４０時間までアルバイトすることが認められる。

_____

4　図書館は１０分後に閉館します。

_____

5　学生は本を２週間以内に返却しなければいけません。

_____

6　私はレポートを明日までに書かなければいけません。

_____

7　私はそのレポートを夜中の１時までやっていました。

_____

107 前置詞 ③ Prepositions

方向 を表す前置詞の基本イメージ

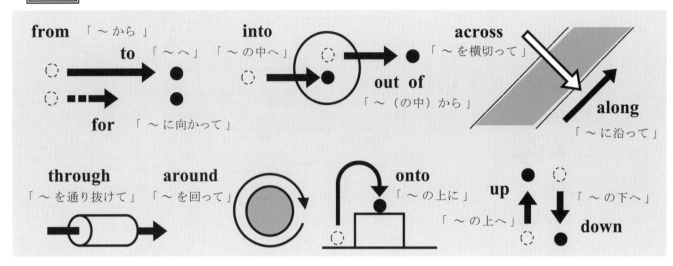

【例文】

1 私は明後日（東京を出て）大阪に発ちます。
   I'm leaving (Tokyo) **for** Osaka the day after tomorrow.

2 この列車は博多行きです。
   This train is (bound) **for** Hakata.

3 東京から大阪まで約2時間半かかります。
   It takes about two and a half hours **from** Tokyo **to** Osaka.

4 私は最近韓国料理にはまっています。
   I'm **into** Korean food lately.

5 このテキストは役に立ちますが、ちょっと時代遅れです。
   This textbook is useful, but a little **out of** date.

6 誰でもカルチャーショックを経験するものです。
   Everyone goes **through** culture shock.

7 通りの向こう側に郵便局があります。
   There is a post office **across** the street.

8 私は海岸沿いを運転するのが大好きです。
   I love to drive **along** the coast.

9 地下鉄が街中をあちこち移動するのには一番よい手段でしょう。
   The subway is probably the best way to get **around** the city.

10 その犬はソファーの上に跳び上りました。
    The dog jumped **onto** the sofa.

11 階段を上るとMULC［多言語コミュニケーションセンター］に行けます。
    If you walk **up** the stairs, you'll get to the MULC.

12 この通りをまっすぐ歩いて行けば、野球場に着きますよ。
    Walk **down** this street, and you'll get to the stadium.

* leave …　　　「…を出発する」
  leave for ～　「～へ出発する」
  for　目標へ向かう方向 を表す
  　大阪行きの新幹線：東京・品川駅→
  　新横浜→名古屋→京都→新大阪駅
  to　到達点を含む方向 を表す
  　大阪行きの飛行機　a flight to Osaka
  　：羽田空港→伊丹空港

* 前置詞の意味の広がり
  into　　→ "I am into ～"
  「～の中へ」　中に入り込んでしまう
  　　　　　　ほど～に夢中になる
  out of　→ "～is out of date"
  「～の外へ」　現在の時の外にある
  　　　　　　（時代遅れである）
  through　→ "go through ～"
  「～を通って」通り抜けて進んで行く
  　　　　　　（困難等を経験する）

* ⊢　原義 a + cross
  　（十字になるように）横切って

* along　線状の・細長いもの（long）
  　の方向に沿うイメージ

* 基本イメージ「周辺」→「あちこちに」
  　around　動的　「ぐるりと囲む」
  cf. about　静的　「周りにある」

  cf. to the sofa「ソファーに向かって」
  　　on the sofa「ソファーの上に」

* up　「（低い位置から）～の上に」
  （Multilingual Communication Center）

  down the street ≒ along the street
  坂を／南へ下る（down）状況よりは
  「ここから離れて行く」という意識による

Worksheet 107

方向 を表す前置詞の基本イメージ

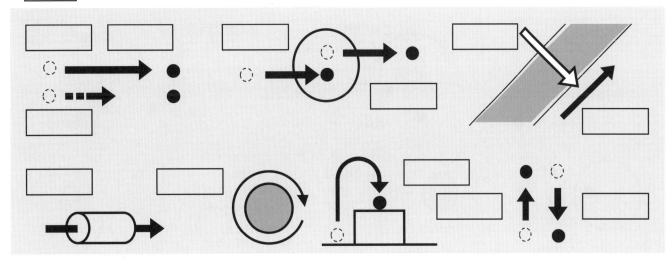

【英作文】

1　私は明後日（東京を出て）大阪に発ちます。

2　この列車は博多行きです。

3　東京から大阪まで約2時間半かかります。

4　私は最近韓国料理にはまっています。

5　このテキストは役に立ちますが、ちょっと時代遅れです。

6　誰でもカルチャーショックを経験するものです。

7　通りの向こう側に郵便局があります。

8　私は海岸沿いを運転するのが大好きです。

9　地下鉄が街中をあちこち移動するのには一番よい手段でしょう。

10　その犬はソファーの上に跳び上がりました。

11　階段を上るとMULC［多言語コミュニケーションセンター］に行けます。

12　この通りをまっすぐ歩いて行けば、野球場に着きますよ。

108 前置詞 ④ Prepositions

位置 を表す前置詞の基本イメージ

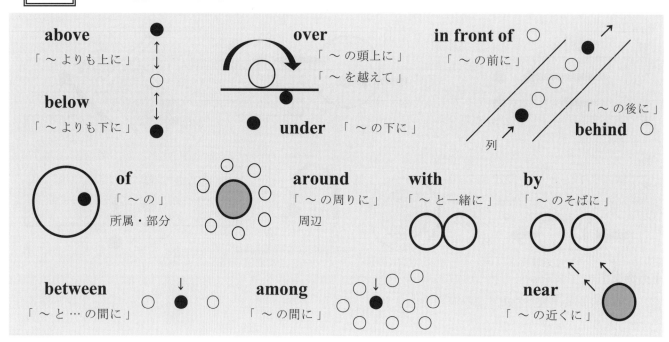

【例文】

1 ブリティッシュ・ヒルズは海抜１０００メートルに位置します。
British Hills is located 1,000 meters **above** sea level.

2 冬には気温が氷点下［ゼロ度以下］まで下がることもよくあります。
The temperature often falls **below** zero in winter.

3 彼はテーブルの上に大きな地図を広げました。
He spread a large map **over** the table.

4 私は TOEIC で高得点を取るようプレッシャーをかけられています。
I am **under** pressure to get a high score in TOEIC.

5 陰で人の悪口を言うものではありません。
We shouldn't speak ill of others **behind** their backs.

6 私はその映画の最後のシーンが好きです。
I like the last scene **of** the movie.

7 このあたりにガソリンスタンドはありますか。
Is there a gas station **around** here?

8 （レストランで）窓際の席をお願いしたいのですが。
I'd like a table **by** the window.

9 私は課題で忙しくしています。
I'm busy **with** my assignment.

10 アメリカ英語とイギリス英語の違いを（１つでも）言えますか。
Can you tell any differences **between** American **and** British English?

＊（相対的）位置関係
　above／below　（ある基準）よりも上に／下に
　over／under　（何か）の上に／下に
　基本イメージ
　over　何かの上を覆って（一点だけでなく）
　　cf. **on** the table　「置いてあって」
　　　　on the wall　「貼ってあって」
　under　何かの下に覆われて
　under pressure　「プレッシャーの下で」
　under the influence of ～　「～の影響下で」

＊ behind ~'s back　⇔　face to face
　「陰で（背中の後で）」　「面と向かって」

＊ of　部分　the last scene of the movie
　　　所属　a member of the team

＊ around　＜米＞ gas [service] station
　　　周辺　＜英＞ petrol station
　　　　　　cf. stand「屋台・出店」

＊ 距離感
　by　視覚的　２つのものが同時に視界に入るような近さ
　near　感覚的　話者の主観による近さ
　with　同伴　「～と一緒に／～で」

＊ 例
　Spelling　center/color　centre/colour
　Grammar　I have ~　I have got ~
　Vocabulary　French fries　chips

Worksheet 108

位置 を表す前置詞の基本イメージ

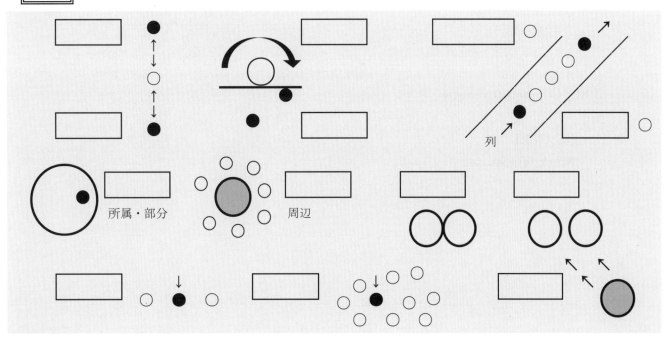

【英作文】

1　ブリティッシュ・ヒルズは海抜１０００メートルに位置します。

2　冬には気温が氷点下［ゼロ度以下］まで下がることもよくあります。

3　彼はテーブルの上に大きな地図を広げました。

4　私はTOEICで高得点を取るようプレッシャーをかけられています。

5　陰で人の悪口を言うものではありません。

6　私はその映画の最後のシーンが好きです。

7　このあたりにガソリンスタンドはありますか。

8　（レストランで）窓際の席をお願いしたいのですが。

9　私は課題で忙しくしています。

10　アメリカ英語とイギリス英語の違いを（１つでも）言えますか。

【著者略歴】

北村孝一郎（きたむら・こういちろう）

東京都出身。上智大学比較文化学部卒業。シドニー大学より M.A.および M.Phil.取得。神田外語大学外国語学部 国際コミュニケーション学科 准教授。英語教育、異文化間コミュニケーション研究、ICT を活用した英語教材開発に従事。

【英文校閲】

Mark Winchester（マーク・ウィンチェスター）

英文法授業ノート　　　　　　　　　　　　　　　　　　　　　　NDC835/vi,217p/30cm

2018 年 8 月 10 日　初版第 1 刷発行
2025 年 6 月 20 日　　　第 36 刷発行

［著　者］　北村孝一郎
［発行者］　佐野元泰
［発行所］　神田外語大学出版局
　　　　　　〒261-0014　千葉県千葉市美浜区若葉 1-4-1
　　　　　　TEL 043-273-1481
　　　　　　http://www.kandagaigo.ac.jp/kuis/press/
［発売元］　株式会社ぺりかん社
　　　　　　〒113-0033　東京都文京区本郷 1-28-36
　　　　　　TEL 03-3814-8515
　　　　　　http://www.perikansha.co.jp
［印刷・製本］　壮光舎印刷株式会社

©Koichiro Kitamura, 2018
ISBN978-4-8315-3011-0　Printed in Japan